欧洲碳中和丛书
European Carbon Neutrality

欧洲能源转型万里行

何继江 等／著

社会科学文献出版社
SOCIAL SCIENCES ACADEMIC PRESS (CHINA)

何继江

清华大学科技与社会研究所博士、清华大学能源环境经济研究所博士后。

清华大学社会科学学院能源转型与社会发展研究中心常务副主任，清华大学社会科学学院—联合国防治荒漠化公约秘书处"可再生能源促进生态修复和可持续生计"项目部负责人，全球每人1千瓦光伏倡议发起人。

发起并组织开展能源转型万里行活动，驾驶电动汽车进行了中国海南环岛考察、中国北方六省考察、欧洲考察等活动，对国内外的电力系统转型、供热能源转型、交通能源转型、工业能源转型等进行了广泛而深入的考察和研究。

总　序

碳中和与温室气体净零排放

政府间气候变化专门委员会（IPCC）2018 年发布的《IPCC 全球升温 1.5℃特别报告》对碳中和等名词做了定义：①碳中和（carbon-neutral），是指一个国家/地区/部门/行业等在一定时间内的二氧化碳排放量与应用二氧化碳去除技术的二氧化碳吸收量达到平衡，又称为净零二氧化碳排放，或表述为二氧化碳净零排放，简称净零碳排放或净零碳。有时候用更简略的"零碳"表达净零碳的含义。②净零排放（net-zero emission），是指净零温室气体排放，或表述为温室气体净零排放，即一个国家/地区/部门/行业等在一定时间内的温室气体排放量与应用温室气体去除技术的温室气体吸收量达到平衡。③气候中性（climate-neutral），当一个国家/地区/部门/行业等的活动对气候系统没有产生净影响时，就是气候中性（或叫气候中立）。在气候中性的定义中，还必须考虑区域或局部的地球物理效应，例如辐射效应（比如来自飞机凝结轨迹的辐射效应）。

2019 年 12 月，欧盟委员会发布《欧洲绿色协议》，明确了欧盟 2050 年气候中性目标和温室气体净零排放目标。由于温室气体包括二氧化碳，所以欧盟的 2050 年温室气体净零排放目标包括二氧化碳净零排放目标，即碳中和目标。

2020 年 9 月 22 日，中国宣布 2030 年前实现碳达峰，2060 年前实现碳中和。2021 年 7 月 24 日，在主题为"全球绿色复苏与 ESG 投资机遇"的全球财富管理论坛 2021 北京峰会上，中国气候变化事务特使解振华表示，

2030 年前碳达峰指的是二氧化碳的达峰，2060 年前实现碳中和包括全经济领域温室气体的排放，既包括二氧化碳，也包括甲烷、氧化亚氮等温室气体。这表明中国所说的"碳中和"与"温室气体净零排放"含义相同。

《联合国气候变化框架公约》在 1997 年的《京都议定书》中规定了六种受控温室气体，它们分别是二氧化碳（CO_2）、甲烷（CH_4）、氧化亚氮（N_2O）、氢氟碳化物（HFCs）、全氟碳化物（PFCs）和六氟化硫（SF_6）。二氧化碳是最重要的温室气体，其他温室气体可根据其温室效应换算为二氧化碳当量。

欧盟 2050 年温室气体净零排放的目标可以等同于欧洲 2050 年碳中和。非欧盟成员国瑞士、挪威、冰岛等国确定在 2050 年或在此之前实现碳中和。本丛书以"欧洲碳中和"命名，本丛书中出现的"碳中和"意义均等同于"温室气体净零排放"。

能源转型与碳中和

1990 年以来，全球温室气体排放量大幅增加，欧盟的温室气体排放量明显减少，在全球温室气体排放量中的占比大幅缩小，从 1990 年的大约 25% 降至 2019 年的不足 7%。欧盟 2019 年的温室气体排放量比 1990 年减少了 24%，这意味着欧盟已经实现了到 2020 年温室气体排放量减少 20% 的目标，同时欧盟努力追求的可再生能源在能源消费中占比 20% 的目标也已基本实现。现在，欧盟明确了 2050 年碳中和的长期目标，还制定了 2030 年比 1990 年减排至少 55% 的目标和行动方案。欧盟在温室气体减排和能源转型领域的探索及其成果值得全球各国深入研究。

能源转型对于碳中和至关重要，因为能源温室气体排放量大约占全球温室气体排放总量的 3/4。国际能源署 2021 年 5 月发布的《2050 年净零排放：全球能源部门路线图》展示了电力、热力、交通等领域能源转型的路线图，明确强调实现全球碳中和目标需要前所未有的能源转型。欧盟在 2030 年计划中设定了可再生能源在能源消费中占比达 40% 的目标。未来 10 年，欧盟的能源转型进程将进一步加速，并成为欧盟 2050 年实现碳中和的关键驱动因素。

光伏对于碳中和的重要性，再怎么强调也不为过。在欧洲过去 30 年的能源转型进程中，光伏发挥了超预期的作用。在未来，光伏还将扮演更加重要的角色。根据国际能源署的《2050 年净零排放：全球能源部门路线图》，2050 年，可再生能源电力在全球发电总量中的占比将为 88%，其中光伏发电和风力发电的总和将占到近 70%，而 2020 年这一数字仅为 29%。国际能源署在这份报告中非常明确地强调，太阳能是世界上最大的能源来源，未来 30 年，光伏年新增装机容量将大约是 630 吉瓦，甚至更多。光伏将毫无疑问地成为全球第一大电力来源。

碳中和、能源转型、光伏，这三个关键词构成了欧洲碳中和丛书的核心。

从欧洲万里行到欧洲碳中和丛书

欧洲万里行是清华大学社会科学学院能源转型与社会发展研究中心组织的能源转型万里行系列考察活动的一部分，主要是指 2019 年 7 月至 2020 年 10 月对欧洲 24 国的考察。考察使用的交通工具有飞机、轮船、火车、汽车和自行车等，绝大部分考察为自驾车考察，行程大约 5 万里。欧洲万里行的考察成果汇成了欧洲碳中和丛书三册，共计 37 章。

《欧洲碳中和 2050》收录了 12 章，内容包括欧洲考察概述、有关欧洲碳中和的 5 篇专题研究报告和对欧洲 6 个国家的能源转型考察报告，分别是德国、奥地利、丹麦、法国、冰岛和英国，其中冰岛的现场考察是 2017 年进行的。

《欧洲能源转型万里行》收录了 12 章，内容涉及电力、供热、建筑、生物质能源、垃圾能源化、电动汽车、电气化公路、自行车等。因在瑞典考察时间最长，而且瑞典的能源转型在欧洲具有领先性，该书大部分章节或多或少涉及瑞典的内容，单独一章的有芬兰和德国，挪威、英国、丹麦、拉脱维亚等国的考察内容列有单独的小节。对于在欧洲其他国家的考察，该书也不同程度地做了收录。

《欧洲光伏万里行》共 13 章，收录的是对欧洲国家光伏情况的考察研究报告。2019 年 4 月，清华大学社会科学学院能源转型与社会发展研究中心在成立仪式上提出"全球每人 1 千瓦光伏"倡议。光伏是欧洲万里行的考察重点,因此本丛书专门有一本书收录有关光伏的考察研究报告。在该书中,有关德国光伏的专题考察报告有 5 章,瑞士、斯洛文尼亚、荷兰、奥地利、意大利、列支敦士登、英国 7 个国家各一章,还有一章分析欧洲的漂浮式光伏。

杜祥琬院士、张玉卓院士、周孝信院士、生态环境部李高司长、国家气候战略中心首任主任李俊峰、北京国际能源专家俱乐部总裁陈新华、通威集团董事局主席刘汉元、隆基股份总裁李振国、桑尼公司董事长李新富、英利创始人苗连生为本丛书撰写了序言。各位专家的序言根据内容特点,分别收录在三册书中。对于各位专家的鼓励,特别表示诚挚的感谢。

何继江

序　一

全球气候变化深刻影响着人类生存和发展，是各国共同面临的重大挑战。在这一大背景下，越来越多的国家提出碳中和愿景和目标，一场波澜壮阔的全球绿色低碳转型大潮正在形成。作为实现碳达峰、碳中和的重要方式，全球能源转型进程不断加速，低碳化、多元化、数字化成为能源发展的刚性要求，新能源、可再生能源发展迅速。国际能源署公布的数据显示，2020 年全球可再生能源新增装机容量约为 280 吉瓦，同比增长超过 45%，创下自 1999 年以来最大增量。

作为应对气候变化、减少温室气体排放行动的有力倡导者，欧洲加快发展低碳经济，积极推动能源转型，走在了全球前列。早在 2008 年，欧盟就提出"气候行动和可再生能源一揽子计划"。这一计划被广泛认为是全球通过气候和能源一体化政策实现减缓气候变化目标的重要基础。

2019 年 12 月，欧盟委员会正式公布《欧洲绿色协议》，提出通过利用清洁能源、发展循环经济、抑制气候变化等措施，到 2050 年在全球范围内率先实现碳中和。2020 年 3 月，欧盟委员会发布首部《欧洲气候法》提案，正式将"碳中和"目标纳入法律，以实现整个欧盟的温室气体净零排放。在一系列法规约束和政策引导下，欧盟各国纷纷制定能源转型目标，加快了低碳、零碳能源转型和现代能源体系重塑的进程。欧洲大陆正以自己的节奏，以行动派的姿态，不可逆转地走向绿色低碳发展。

何继江博士是我的老朋友，长期从事低碳政策、能源转型、能源互联网等方面的研究，是国内不多的具有全球视野的能源学者。这次他和团队历时近 16 个月，冒着新冠肺炎疫情风险穿梭欧洲诸国，行万里路，读万卷书，记录了所见所闻、所思所想，才有了这套欧洲碳中和丛书。丛书包括

《欧洲碳中和 2050》《欧洲光伏万里行》《欧洲能源转型万里行》三册，全面分析了欧洲国家碳市场、电力市场、可再生能源发展等情况，同时探讨了非能源领域的社会实践，为中国加快能源转型进程，实现碳达峰、碳中和目标，构建清洁低碳、安全高效的现代能源体系提供了有益借鉴，具有重要参考价值。

一百多年前，一批进步的中国人"开眼看世界"，通过游历欧洲诸国，获得了很多新知。当今中国在绿色发展理念的指引和驱动下，正在开启一场规模空前、影响深远的经济社会全方位变革，阔步走向人与自然和谐共生的现代化。越来越多的中国学者站在构建人类命运共同体的高度，以全球视野放眼天下，在深入对比中思考什么是适合中国的绿色发展之路。这套丛书就贯穿着这种思想和情怀。

张玉卓

中国工程院院士

序　二

2020 年，欧盟正式宣布了 2050 年实现碳中和的战略愿景和目标。北欧各国制定的实现碳中和的时间要更早一些，德国则在 2021 年 6 月宣布将实现碳中和的时间从 2050 年提前至 2045 年。

我对欧洲应对气候变化和能源转型工作一直给予很高的关注，积极关注和研究欧洲国家为应对石油危机、气候变化而积极发展可再生能源的技术创新和制度设计。1988 年，政府间气候变化专门委员会（IPCC）甫一成立，我就作为中国方面推荐的专家参与了 IPCC 第一次到第四次评估报告的起草工作，其间与欧洲方面一直保持密切的合作。1994 年，我和联合国开发计划署、世界银行的同事一起编写第一份关于中国温室气体排放控制策略的研究报告，得到欧洲研究伙伴的大力支持。在世界自然基金会（WWF）的资助下，我也曾经在欧洲进行简短的游历。我深感欧洲在能源转型方面的努力与应对气候变化的执着。虽美国一次次逃避，欧洲却矢志不渝。

清华大学的何继江博士利用访学之机在欧洲的考察时间长达近 16 个月，看到了以往能源专家在研究或考察中难以触达的很多细节。这套丛书不但介绍了欧洲很多领域的能源技术情况，还生动真实地展现了欧洲社会转型的一些生活形态，展现了社会民众迈向碳中和的决心和共识。

基于多年来从事中国能源研究和世界气候变化谈判的工作经历，我深刻认识到：不论意识形态有多大差别，社会制度有什么不同，无论是哪个国家、哪个政府，都希望人民的生活更美好，都意识到必须保护人类共同的地球家园。人类只有一个共同的未来，正在逐步成为全球共识。对于中国来说，实现碳中和的目的只有一个，就是与世界其他各国一道，保护地球家园，营造人类共同的未来，让包括中华民族在内的全人类的生活更美好。

　　碳中和既是中国发展转型的内在需求，也是保护地球家园最低限度的行动，代表着人类绿色低碳转型的大方向。我们必须跟上时代，不应犹豫不决。在这条道路上，我们必定会遇到诸多困难，但为了实现高质量发展和高水平治理，必须形成共识，积极拥抱碳中和，在发展中解决困难和问题。

　　近年，各国纷纷宣布碳中和目标。世界正在展开一场围绕碳中和的生态文明竞赛。碳中和正在推动经济发展方式由资源依赖转向技术依赖。碳中和是科技创新的竞赛，所有的问题都可以通过创新来解决，这是我们必须正视的一个问题，我们要努力提高创新能力，包括技术创新和体制机制创新等。碳中和目标的实现不单是实现能源系统转型，更是实现经济社会的系统性变革。应该充分认识到这是经济社会的系统性变革，除了能源之外，还包括发展方式和生活方式的转变，这些都需要创新。

　　碳中和是一场全球创新竞赛，而最终的赢家，不是哪一个国家、哪一个民族，而是整个人类，因为通过我们的努力，保护了人类赖以生存的地球家园。

李俊峰

国家应对气候变化战略研究和国际合作中心首任主任

序　三

2020年9月22日，习近平主席在第75届联合国大会一般性辩论上庄严承诺"中国将提高国家自主贡献力度，二氧化碳排放力争于2030年前达到峰值，努力争取2060年前实现碳中和"。这一重大决定获得欧盟及世界各国的广泛赞誉，《纽约时报》、彭博新闻社、路透社等西方媒体评价这是"过去10年最大的一条气候新闻"，"这些承诺将发挥关键作用"。中国这次的积极表态对全世界无疑是一个巨大鼓舞，有力提升了国家形象。随后，日本、韩国相继承诺2050年达到碳中和。2020年12月12日，习近平主席在气候雄心峰会上进一步宣布，"到2030年，中国单位国内生产总值二氧化碳排放将比2005年下降65%以上，非化石能源占一次能源消费比重将达到25%左右，……风电、太阳能发电总装机容量将达到12亿千瓦以上"。这彰显了中国重信守诺、为全球应对气候变化做出更大贡献的大国担当。

2021年1月20日，美国总统拜登上任第一天即宣布美国重返《巴黎协定》，并在就职演说中谈到，要让"使用19世纪科技、燃烧化石燃料的肮脏日子画上句号"。1月27日，拜登再度表示"我们在应对这场气候危机方面已经等得太久，我们不能再等，现在是时候采取行动了"。目前，全球190多个国家再次达成高度共识，共同推进人类能源转型、应对全球气候变化。在此背景下，加快能源清洁低碳转型发展是落实中国能源安全新战略的迫切需要，是中国深度参与全球能源治理的必然要求，是中国积极推动全球一体化、体现大国担当的必然选择，是推进全球可持续发展的必由之路，是中国再次崛起和中华民族伟大复兴的必要条件。加快光伏等可再生能源发展，成为实现碳中和目标、筑牢中国能源和外汇安全体系的重要保障。

就在习近平主席宣布 2030 年前碳达峰、2060 年前碳中和目标的时刻，何继江博士正在欧洲开展为期近 16 个月的能源转型考察工作。从 2019 年 7 月到 2020 年 10 月，何博士从北欧到西欧，从东欧到南欧，足迹遍及欧洲 24 个国家。即使在新冠肺炎疫情肆虐期间，他也没有停下前行的脚步，通过实地考察、现场交流、文献研读等方式，周密而细致地对欧洲推进能源转型、推动碳中和目标达成的具体措施进行了深入研究。在此过程中，何博士带领团队从宏观到微观，总结了大量欧洲能源转型案例，探访了上百个光伏屋顶、光伏建筑一体化、地面光伏、农光/牧光互补示范项目，积累了大量的一手数据和文献资料，为中国推进能源转型提供了鲜活的素材和可借鉴的先进经验。考察期间，何博士还在紧张的行程中多次参与国内、国际的学术研讨交流活动，一方面将欧洲考察的见闻和思考第一时间与国内分享，另一方面将中国近年来在推动能源转型、绿色发展方面的努力向西方国家做了详细介绍。何博士以非凡的勇气，用脚步丈量欧洲，用镜头记录绿色发展，用实际行动架起了中欧交流的桥梁，为中国的可持续发展贡献了自己的力量。

多年来，何博士一直奋战在推进能源转型的一线，始终致力于开展与能源转型和社会发展相关的政策研究、技术创新研究、商业模式研究和社会研究，长期保持着与产业一线、行业协会、政府主管部门的紧密互动和沟通交流，有效推动了产学研深度融合。何博士不仅是一位学者，也是一位理想家、实干家。他和清华大学社会科学学院能源转型与社会发展研究中心，于 2019 年率先发起了全球每人 1 千瓦光伏倡议，具体行动可包括每人安装 1 千瓦光伏，购买 1 千瓦光伏的产权，购买 1 千瓦光伏的绿色电力，向自己的大学和中小学母校捐建 1 千瓦光伏等。希望 2035 年前后，全球光伏装机达到 90 亿千瓦，基本实现人均 1 千瓦的目标。对应中国，到 2035 年，即"十六五"规划结束时，光伏装机达到 14 亿千瓦，实现人均 1 千瓦目标。现在看来，这一目标之于全球，尚无法满足 2050 年全球平均气温上升幅度控制在 1.5℃ 以内的目标；之于中国，将大概率于 2035 年前完成。在当时的政策环境、产业状况下，该倡议的提出无疑是超前的、极具想象力和前瞻性的。此外，何博士还带领团队与联合国防治荒漠化公约组织合作，在促进生态环境修复方面做了大量卓有成效的工作。

　　始终保持对未知领域的探寻，保持乐观和勤勉，笔耕不辍，践行低碳环保理念，是何博士给我留下的深刻印象。他对自己的期许，尤为发人深省："我在地球的一生，除了著作，什么也不必留下，至于垃圾和排放，让我做一个大零蛋。"

　　为了蓝天白云、青山绿水常在，为了我们的子孙后代，为了地球的明天，让我们都做一个大零蛋。

　　是为序。

刘汉元

十一届全国政协常委

十三届全国人大代表

通威集团董事局主席

序 四

气候变化是人类面临的全球性问题。为应对气候挑战，"碳中和"已成为全球各国的共同目标。习近平主席也向全世界庄严承诺中国将力争于2030年前达到二氧化碳排放峰值，于2060年前实现碳中和。欧洲是低碳发展的先驱者。由何继江博士领衔的欧洲能源转型万里行团队，历时近16个月，在新冠肺炎疫情中纵横欧洲24国，给我们带来了极其宝贵的欧洲能源发展第一手资料。本丛书详细展示了欧洲各国能源发展的先进理念，为中国能源转型和实现碳中和提供了可借鉴的经验和发展思路，也带给像我这样的光伏从业者诸多启发和思考，让我们看到了中国光伏未来发展的无限可能。

在全球"碳中和"大背景下，绿色低碳转型是大势所趋，光伏将成为未来能源的主力军。2021年6月，国家能源局在全国正式推行整县（市、区）屋顶分布式光伏开发试点计划。该试点工作也是实现"碳达峰、碳中和"与乡村振兴两大国家战略的重要措施。中国的能源转型正走在快车道上，正如丛书中所言，这不仅需要政府、专家、企业的参与，更需要全民参与。希望所有人努力创造，共同奔向"碳中和"。

阳光无限，合作无限，未来无限！

李新富

杭州桑尼能源科技股份有限公司创始人

自 序

一 考察情况概述

本次欧洲能源转型万里行总计考察了欧洲 24 个国家。最北到达北极圈，北纬 66 度以北的地区，即芬兰的罗瓦涅米，著名的圣诞老人故乡。那里正值冬季，必须穿雪裤和羽绒服来保暖。最南的考察地点是西班牙首都马德里，那里靠近北纬 40 度。另一个靠南的地点是意大利罗马，到达时正好是 8 月初，我被热得头晕眼花。

考察期间，我一直带着这样一面旗帜：主题词是能源转型考察，还有两个主题语——每人 1 千瓦光伏和零碳（见图 1）。有这样一面旗帜，可以很方便地与当地民众沟通。他们总是很友好地向我介绍他们的情况和观点。

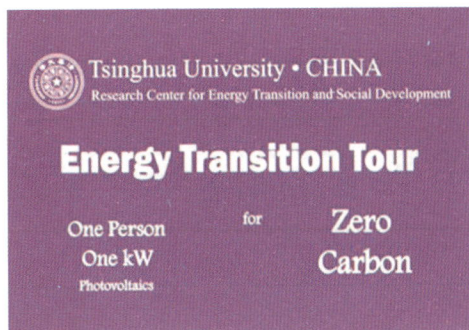

图 1 欧洲能源转型万里行考察旗帜

2019 年，我在北欧持续考察，重点是瑞典，其次是挪威、芬兰和丹麦。我还去过西欧的比利时、荷兰、卢森堡、德国、法国。2020 年 1 月，我自驾车进行环波罗的海考察，重点是瑞典、芬兰和波罗的海三国。

　　2020 年 2 月之后的考察因为新冠肺炎疫情而出现许多变数，每天都在做动态决策，每周几乎都有一次方案的大调整。2 月底，丹麦开始有新冠肺炎确诊病例。3 月 2 日之后，我直奔德国波恩，途中不再进博物馆等人群聚集的场所。3 月 4 日到达波恩，3 月 6 日波恩确诊第二例新冠肺炎病例。很快，疫情迅速蔓延，我被封闭在了波恩。

　　从 7 月 10 日到 9 月 14 日为期 66 天的东欧和南欧考察，是在疫情中进行的。7 月是疫情低谷，我还曾想远至希腊，看看欧洲太阳能资源最好地区的光伏。在布达佩斯的时候，中国驻匈牙利大使馆的同志建议我们不要进入塞尔维亚和罗马尼亚，以免返回的时候被隔离两周。况且罗马尼亚不是申根协议成员国，过海关不那么方便，塞尔维亚不是欧盟国家，要办落地签。我听从劝告，当即改变计划，转向克罗地亚。匈牙利到克罗地亚的海关一地两检，两国海关窗口相距仅 3 米，然而手续办了一个半小时，主要是因为疫情。在边检官的通融下，我们进入了克罗地亚，并没有再往巴尔干半岛的南部去，而是进入斯洛文尼亚，回到自驾车畅通无阻的申根协议成员国。

　　8 月初在意大利时，我还有过去西班牙的打算，但很快西班牙第二波疫情出现，于是放弃考察西班牙。在热那亚的时候，我观望了一天，放弃了去法国尼斯和马赛的计划，从都灵走隧道直奔瑞士，踏上返回波恩的路。回头来看，在欧洲第一波和第二波疫情之间进行 66 天的考察简直是一个奇迹。有些考察行程有同伴陪同，也有相当行程是独自行进，一人一车一旗帜。图 2 是穿越勃朗峰隧道时的照片。

图 2　穿越勃朗峰

二　考察国家和城市概述

在各个国家考察时都去了首都，然后会争取选第二大城市或其他较大的城市（见表1）。比如在爱沙尼亚，去了首都塔林、第二大城市塔尔图。也争取在一些较小的城市停留，如考察了拉脱维亚的陶格斯匹尔斯，以便对比不同规模城市的社会发展情况和能源特点。另外也注意选择一些有特色的工业城市，如挪威石油城市斯塔万格、矿业小镇罗罗斯、水电小镇尤坎，以及爱沙尼亚的油页岩矿业和电力城市纳尔瓦。我们曾多次经过德国鲁尔工业区，考察了杜伊斯堡、杜塞尔多夫以及鲁尔博物馆等。在瑞典遇到纺织之都，即瑞典的曼彻斯特——布罗斯；在丹麦也遇到纺织之都，即丹麦的曼彻斯特——瓦埃勒，感受了纺织业的转型升级。农村的小镇也是重要的考察地点，如德国艾费尔火山县的云克拉特小镇、意大利西北边境奥斯塔河谷里的小镇雷梅斯－圣－杰奥尔杰斯、奥地利的奇勒河谷小镇、克罗地亚首都萨格勒布郊区的小镇。

表 1　考察城市汇总

	国家及序号	考察城市
北欧国家	1. 瑞典	首都斯德哥尔摩、韦斯特罗斯、谢莱夫特奥、哥德堡、韦克舍、马尔默、吕勒奥、于默奥等
	2. 芬兰	首都赫尔辛基、埃斯波、图尔库、坦佩雷、瓦萨、奥卢、罗瓦涅米、万塔等
	3. 挪威	首都奥斯陆、卑尔根、斯塔万格、特隆赫姆、尤坎等
	4. 丹麦	首都哥本哈根、森讷堡、欧登塞
	5. 冰岛	首都雷克雅未克
西欧国家	6. 德国	首都柏林、汉堡、波恩、斯图加特、慕尼黑、弗莱堡、乌尔姆、纽伦堡、莱比锡、海德堡、法兰克福、科隆、杜伊斯堡、杜塞尔多夫
	7. 英国	首都伦敦、剑桥、布莱顿
	8. 法国	首都巴黎、里尔、斯特拉斯堡
	9. 比利时	首都布鲁塞尔、鲁汶
	10. 荷兰	首都阿姆斯特丹、瓦赫宁根、格罗宁根

	国家及序号	考察城市
西欧国家	11. 卢森堡	首都卢森堡
	12. 奥地利	首都维也纳、萨尔茨堡
	13. 意大利	首都罗马、特伦托、佛罗伦萨、威尼斯、比萨、热那亚、都灵等
	14. 西班牙	首都马德里
波罗的海国家	15. 爱沙尼亚	首都塔林、塔尔图、纳尔瓦
	16. 拉脱维亚	首都里加、陶格斯匹尔斯
	17. 立陶宛	首都维尔纽斯
东欧国家	18. 波兰	首都华沙
	19. 捷克	首都布拉格、布尔诺
	20. 斯洛伐克	首都布拉迪斯拉发
	21. 匈牙利	首都布达佩斯、保克什、齐尔茨
	22. 克罗地亚	首都萨格勒布、里耶卡
	23. 斯洛文尼亚	首都卢布尔雅那、科佩尔
其他国家	24. 瑞士	首都伯尔尼、日内瓦、苏黎世、洛桑等
	25. 列支敦士登	首都瓦杜兹

注：北欧的挪威和冰岛，以及瑞士和列支敦士登都不是欧盟成员国。冰岛考察于 2017 年 4 月。

考察途中的住宿主要是通过 Airbnb 订的民宿。这让我有机会体验各国不同的厨房、卧室、供暖和垃圾分类方法。有些民宿提供早餐，这让我体会了不同国家的饮食特色。与房东的沟通也使我了解到各地民众各具特色的生活，以及他们对环保和能源转型的看法。

三　能源转型，博采众长

2018 年，欧盟国家可再生能源占比平均水平不到 20%。排名第一的是瑞典，它已经于 2018 年提前超额完成原定的 2020 年的目标。排名第二的芬兰也超额完成任务。在前 10 名国家中，有 5 个是西欧国家，有 5 个是东欧国家。排在最后的国家有西欧的荷兰和卢森堡，其化石能源占比均超过 90%。

2019 年欧盟国家可再生能源占比数据（见图 3）显示，欧盟 27 国均于 2019 年实现 2020 年目标，如果把英国算上，则未实现 2020 年目标，因为英国可再生能源占比仅 12%。排名第一的是瑞典，可再生能源占比高达 56%，已经超额完成原定的 2020 年的目标；排名第二的是芬兰，占比为 43%；排名第三的是拉脱维亚，占比为 41%，这是 3 个占比超过 40% 的国家。还有 4 个占比超过 30% 的国家，分别是丹麦（37%）、奥地利（34%）、爱沙尼亚（32%）、葡萄牙（31%）。在前 10 名国家中，有 5 个是西欧国家，有 5 个是东欧国家。排在最后几名的国家有卢森堡、马耳他和荷兰，可再生能源占比均不足 10%。

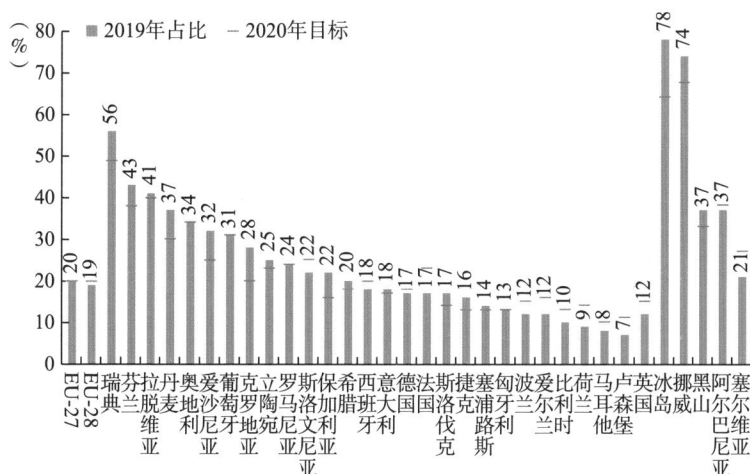

图 3　2019 年欧盟国家及其他国家可再生能源占比及 2020 年目标

资料来源：Eurostat（online data code：nrg_ ind_ ren）。

冰岛和挪威虽不是欧盟成员国，但能源政策与欧盟高度协同。2019 年，两国可再生能源占比超过欧盟所有国家，冰岛为 78%，挪威为 74%。据冰岛能源局发布的数据，2020 年冰岛可再生能源占比达到 90%。欧盟还发布了黑山、阿尔巴尼亚、塞尔维亚等数个欧盟候选国的数据，2019 年黑山和阿尔巴尼亚可再生能源占比均为 37%，与欧盟国家中排名第四的丹麦相当。

下面简述所考察的欧洲国家的特色能源项目和能源政策。

1. 瑞典：垃圾热电联产、垃圾热电厂的储热罐、垃圾热电厂的大型热泵、空气源热泵和地源热泵、数据中心供热项目、多种形态的光伏创新应用（屋顶光伏、光伏建筑一体化、光伏 + 旅游、路侧光伏等）、氢能建筑、氢能社区、光伏加氢站、充电网络、电气化停车场、电气化公路、氢气炼钢项目、碳税、生物柴油、生物质工厂、生物质炉具、餐厨垃圾沼气工厂、快充电动公交车、木质建材、电气化厨房、户用智慧供热系统、配地暖设施的街道、垃圾分类及回收体系、垃圾能源化、装垃圾的纸袋、二手店、昆虫宾馆、自行车停车设施和自行车道路桥涵、绿电证书制度、生态电力证书制度、北欧电力市场。

2. 芬兰：垃圾热电联产、热电厂的储热罐、输配分离、电力公司的终端促销、7000米深井的中深层地热供热、充电站、北欧电力市场、雪橇交通工具、装垃圾的可降解塑料袋、超级铁路试验场。

3. 挪威：石油公司的转型努力、水电站、充电设施、零能耗建筑、零排放实验室、快充电动公交车、共享单车、电助力自行车、自行车洗车装置、禁售燃油车制度、碳税政策、绿电证书制度、零排放航运规划、碳捕集与封存（CCS）、海上风电。

4. 丹麦：太阳能供热站、大型储热水池、生物质供热站、户用生物质锅炉供热、户用光伏、农村光伏、城市建筑光伏、低碳建筑、微电网、生物柴油、自行车道路桥涵、自行车停车设施、城际自行车道。

5. 冰岛：地热供暖、地热发电、配地暖设施的街道、绿色甲醇、充电桩。

6. 德国：退核政策、退煤政策、各种形态的光伏（路侧光伏、屋顶光伏、农光一体、光伏建筑一体化、农田光伏等）、陆上风电、海上风电、能源互联网、城市智慧供热、充电网络、自行车骑行系统、城际自行车道、CCS、生物质炉具、各种充电设施、汽车企业的光伏风电充电桩、光伏光热一体化户用供热系统、木质建材、超市的免费快充站。

7. 英国：零碳社区、零能耗建筑、零能源账单房屋、光伏众筹项目、《气候变化法》、零碳电网规划。

8. 法国：核电站、气候议员制度、生物多样性花园、禁售燃油车制度、充电桩和微型电动汽车、装食品的小纸袋。

9. 比利时：共享电动汽车、屋顶光伏。

10. 荷兰：农田上的光伏、污染土地上的光伏、温室大棚、农业技术、自行车骑行体系、天然气公司转型、木质建筑、能源地图。

11. 卢森堡：钢铁厂旧址上的大学、低碳建筑。

12. 奥地利：风电、水电、未投运的核电站、停运的煤电站、垃圾电站、充电桩、公民光伏电站（光伏众筹和光伏理财）。

13. 意大利：高速公路服务区光伏停车场、户用光伏、天然气供暖和炊事、生物质壁炉。

14. 西班牙：光伏、光热电站。

15. 爱沙尼亚：油页岩火电厂、油页岩矿场里的风电、科学馆中的能源技术项目。

16. 拉脱维亚：生物质壁炉、旅游景点的充电桩和服务设施。

17. 立陶宛：建筑光伏、光伏充电桩、抽水蓄能电站配漂浮式光伏。

18. 波兰：多种形态的交通光伏、广告光伏。

19. 捷克：无人值守、可以无限接近的核电站，农业科技，共享单车站的光伏。

20. 斯洛伐克：没有看到特别的能源项目，首都布拉迪斯拉发与维也纳仅相距 60 公里，维也纳城郊遍布风力发电机，而布拉迪斯拉发完全看不到风力发电机。

21. 匈牙利：拥有光伏和太阳能热水、低碳建筑的生态旅馆，戒备森严无法靠近的核电站。

22. 克罗地亚：BIPV、配备光伏和节能技术的生物质工厂、太阳能集热板、科技馆的光伏展、科技馆的低碳技术展。

23. 斯洛文尼亚：地库式垃圾桶、超市带瓶打葡萄酒、发达的充电网络、农村的光伏车棚、用于供暖的太阳能集热器、容量 500 升的大型储热水箱。

24. 瑞士：各种形态的 BIPV、户用光伏、户用光伏储能一体化项目、家庭的昆虫宾馆、具有观赏性的玻璃材质的生物质壁炉、奶牛场的沼气加工站及加气站、安装建筑光伏的电子化服务系统。

25. 列支敦士登：能效城市、屋顶光伏、国家屋顶光伏资源测算、安装建筑光伏的电子化服务系统。

目　录

第一章　零碳电力系统的竞赛 ··· 001

　一　目前的近零碳电力系统 ··· 001

　二　向零碳电力系统冲刺 ··· 005

　三　德国的高比例可再生能源电力系统 ······················· 010

　四　发掘电力灵活性资源 ··· 013

　五　碳强度与零碳电力系统 ··· 015

　六　总结和思考 ··· 016

　七　专家点评 ··· 017

第二章　瑞典的绿色供热系统 ··· 020

　一　瑞典概况 ··· 020

　二　瑞典能源发展现状与气候目标 ······························· 021

　三　瑞典供热系统 ·· 024

　四　瑞典热电联产 ·· 028

　五　总结和思考 ··· 031

第三章　芬兰埃斯波市能源转型 ······································· 033

　一　芬兰概况 ··· 034

　二　埃斯波市概况 ·· 034

　三　埃斯波市碳中和目标和富腾公司介绍 ······················ 036

　四　埃斯波市清洁供热计划 ··· 039

　五　埃斯波市供热能源转型方案 ··································· 039

　六　总结和思考 ··· 046

第四章　瑞典零能耗建筑 ················· 048

　一　瑞典哥德堡零能耗建筑 ············· 048

　二　ZERO SUN 零能耗建筑 ············· 058

　三　瓦格达氢能社区 ··············· 062

　四　总结和思考 ··············· 064

第五章　欧洲生物质炉具 ················· 067

　一　德国生物质炉具考察 ············· 067

　二　瑞典生物质炉具考察 ············· 074

　三　芬兰生物质炉具考察 ············· 076

　四　拉脱维亚生物质炉具考察 ··········· 077

　五　生物质炉具考察总结 ············· 079

　六　对中国农村生物质供热的一些思考 ······· 080

　七　专家点评 ················· 081

第六章　瑞典和丹麦的生物质供热 ··········· 082

　一　瑞典生物质供热 ··············· 082

　二　丹麦生物质供热 ··············· 090

　三　欧盟生物质供热 ··············· 106

　四　专家点评 ················· 112

第七章　瑞典垃圾分类及能源化利用 ········· 114

　一　考察瑞典垃圾分类 ············· 114

　二　瑞典垃圾管理与步骤 ············· 115

　三　瑞典居民日常垃圾分类和回收行为 ······· 119

　四　瑞典垃圾回收体系 ············· 120

　五　瑞典垃圾能源化利用 ············· 123

　六　欧洲其他国家垃圾处理考察 ········· 126

第八章　瑞典交通能源转型 ··············· 131

　一　瑞典碳中和目标和能源转型 ········· 131

二　瑞典交通能源转型 ·································· 133

三　瑞典交通能源转型政策体系 ························ 142

四　瑞典生物燃料战略 ······························ 148

五　瑞典交通电气化探索 ···························· 151

六　总结和思考 ·································· 152

第九章　德国充电网络考察 155

一　德国充电设施分布概况 ·························· 156

二　德国充电设施运作状况 ·························· 157

三　德国充电设施特色项目 ·························· 161

四　德国充电设施总结 ······························ 166

第十章　挪威和瑞典充电设施 171

一　挪威和瑞典充电设施考察 ························ 171

二　挪威和瑞典交通减排目标 ························ 179

三　挪威和瑞典充电设施和停车场 ···················· 180

四　挪威和瑞典鼓励电动汽车发展的政策 ················ 187

五　总结和思考 ·································· 189

第十一章　欧洲电气化公路 191

一　电气化公路的减排技术方案 ······················ 191

二　瑞典电气化公路政策与实践 ······················ 193

三　德国电气化公路政策与实践 ······················ 198

四　英国电气化公路规划 ···························· 203

五　电气化公路能否从试点到路网？ ·················· 204

六　对中国的借鉴和启示 ···························· 206

七　专家点评 ·································· 206

第十二章　欧洲自行车与交通减排 210

一　自行车作为通勤工具的复兴 ······················ 210

二　种类繁多、不断发展的自行车 ···················· 211

三　自行车道考察 …………………………………………………… 222

四　自行车相关设施考察 …………………………………………… 232

五　欧洲政策鼓励自行车 …………………………………………… 240

六　总结和思考 ……………………………………………………… 244

七　专家点评 ………………………………………………………… 246

后　记 ………………………………………………………………… 249

跋 ……………………………………………………………………… 251

致　谢 ………………………………………………………………… 256

第一章
零碳电力系统的竞赛

在能源转型的过程中，电力系统的脱碳往往是关键。从各国经验看，电力系统实现零碳排放的时间节点会早于整体经济的零碳化。欧洲已经有许多国家走上了零碳电力系统转型的道路，少数国家基于得天独厚的水文条件或地热资源几乎达到近零碳电力系统。本章将对欧洲国家电力系统脱碳的历程进行介绍，然后对灵活性资源在帮助消纳间歇性可再生能源、维持电力和电网频率稳定方面的重要作用做出解释。

一　目前的近零碳电力系统

（一）冰岛

冰岛有"冰火之国"之称。特殊的地质构造赋予了冰岛特别的可再生能源。冰岛地处北美洲板块和欧亚板块中间的大西洋中脊上，异常活跃的火山活动为其带来了丰富的地热资源。此外，冰岛有11%的国土被冰川覆盖，冰川季节性融化汇成河流，由高山流向大海，为冰岛提供了丰富的水力资源。

因此，依靠得天独厚的水力资源和地热资源，冰岛电力系统几乎达到净零碳。2020年，冰岛191亿千瓦时的发电量来自水力发电和地热发电。目前，冰岛是世界上人均电力消费量最大的国家（每人每年约55000千瓦时）。相比之下，欧盟各国人均电力消费量平均水平不到6000千瓦时。此外，冰岛还具备丰富的、几乎尚未开发的风电资源，在水电的灵活性保障下，风力发电会成为该国未来多元化电力资源的优先选项。

冰岛的地热资源除了用于发电和区域供热（见图1-1），还广泛应用于道路融雪、场馆供热、海水养殖、食品烘干、洗浴与旅游服务、温室栽培等，为社会带来的益处数不胜数。可以说，冰岛的经济在很大程度上是由水力资源、地热资源等绿色能源推动的，目前仅交通运输业仍依赖化石燃料。

图1-1 地热发电厂

优越的发电资源和廉价的电力吸引了大量的能源密集型工业公司来到冰岛，如电解铝工厂。冰岛的电价低到即便从澳大利亚和加勒比海地区运输铝土矿以进行高能耗的冶炼也具有经济性。因此，在过去20年中，冰岛重工业电力消费量一直在快速增加。

然而，即使依靠可再生的水电和地热电力运行，这些工业设施在生产铝和其他金属的过程中也会释放一定的二氧化碳（冰岛重工业二氧化碳排放量约占该国二氧化碳排放总量的48%）。为减少这部分碳排放，冰岛利用地热供能捕捉工业产生的二氧化碳，同时用零碳电力制造绿氢，并将两者结合制成甲醇用于甲醇汽车（见图1-2）。这可以代替柴油，从而加速冰岛交通能源的净零碳转型。

由于地理位置特殊，冰岛的电力系统相对孤立，其电力网架与世界其他地区互不连通。近年，冰岛国内关于跨国电力互联的声音逐渐增加。支

CRI ETL 绿色甲醇工厂
CRI ETL Green MeOH Plant

工业规模工厂
电制甲醇工厂：全球首创
碳循环量：6000吨/年
甲醇产量：4000吨/年
可再生电能：6兆瓦

注册：ISCC Plus
证书：SGS
原料：CO_2
能源：非生物质可再生能源
产品：Vulcanol，甲醇每MJ减排90%CO_2

图 1－2　冰岛绿色甲醇工厂

持者认为互联可以增加电力经济的多元性，与欧洲电网连接可以减少冰岛紧急储备，在发生电力危机时可以直接从欧洲进口电力。而且，在欧盟2050 年净零碳计划下，欧洲各国风电、光伏装机容量快速增加，这导致冰岛具有强灵活性的水力发电和地热发电产生溢价，给冰岛带来一个出口商机。冰岛电力公司首席执行官霍德尔·阿纳尔森说："在某种程度上向欧洲出口电力在技术上早已可行，但直到最近出口电力才被认为在经济上可行。"同时，反对的声音认为出口本国的零碳电力最终只会提高本国的电价，削弱其对大型工厂的吸引力，得不偿失，而且冰岛应扩大本国的热能综合利用规模以创造就业机会，而不是用于大宗出口。此外，搭建传输网络或铺设海底电缆的费用高，资金需求大，由谁支付也未可知，因此应进一步挖掘本国风电潜力而非依靠电力进出口来提升电力系统稳定性。2016年，冰岛曾与英国达成协议，研究建造 1000 公里长的 IceLink 电缆——世界上最长的海底电力互联电缆，为英国 160 万个家庭供电。但英国脱欧带来的不确定性和冰岛国内民众对于电缆修建成本和高电价的担忧，使该计划未能继续推进，目前已处于搁置状态。

总之，地热资源和水力资源已经使冰岛电力系统几乎达到净零碳。未来，为适应能源密集型行业需求的日益增长，冰岛可以通过发展风电或与欧洲国家电力互联来增强电力系统多元性。同时，稳定地出口水电和热电可以使冰岛帮助欧洲国家平衡间歇性风光发电，推进零碳电力系统建设。

（二）挪威

挪威的水力资源得天独厚。西部地区陡峭的山谷和河流，以及西风作用产生的充沛降水，给挪威带来了丰富的水力资源。19 世纪末，挪威人开始利用流向峡湾的河流发电。目前，挪威是欧洲最大的水力发电国，也是世界第七大水力发电国。2014 年，挪威总发电量为 1400 亿千瓦时，其中有 1360 亿千瓦时来自水电站，占发电总量的 97%。2019 年，挪威的水电总装机容量达到 32.7 吉瓦，抽水蓄能容量为 1.4 吉瓦。2020 年，1416 亿千瓦时的水力发电量贡献了该国 92.3% 的电力生产量，风电占比 6.5%，天然气发电占比不足 1%，挪威电力系统接近零碳排放。

得益于廉价而又充足的水电，挪威交通运输领域的电气化发展水平世界领先。挪威是人均电动汽车拥有量最多的国家。在政府的各种激励政策下，2018 年 9 月以来，挪威电动汽车的销量超过了传统燃油汽车。挪威政府还设置了从 2025 年开始禁售燃油汽车的目标。挪威城市里的充电桩等基础设施达到很高的覆盖度，不管是街道还是地下停车场，充电桩密度都很大。

与冰岛不同，挪威与欧洲许多国家之间存在电网互联。作为拥有欧洲一半水库存储能力的国家，挪威很多水电站有水库库容，总计超过 75% 的水电生产能力是高灵活性的。因此，该国的水力资源不仅被视作区域零碳电源，而且是欧洲部分国家重要的电力灵活性资源：当它们的风电、光伏出力较小的时候，挪威便向其输出水电；当它们的风力资源或光照优越的时候，挪威则从这些国家购买电力，甚至将水抽进水坝以存储这些电能。因此，挪威又被称作欧洲的绿色电池。

目前，挪威主要向瑞典、丹麦、荷兰和芬兰出口水电，进行电力交换。2016～2018 年，挪威平均每年净输出电力约 130 亿千瓦时，相当于该国总发电量的 11% 左右。另外，随着通往德国和英国电力市场的输电线路规划完成并进入建设阶段，预计挪威向北欧市场以外地区的电力出口将显著增加。

对于挪威来说，除了通过电力互联进一步增强本国电力系统的可靠性，还可以通过在不同时间段进行电力交易而获得更多电力收入。丹麦会在风力资源优越时向挪威出口过剩风电，而且通常是在晚上，其电价往往较低，并呈下降趋势。丹麦会在风电出力较小时从挪威进口水电，而且通常是在白天，其电价往往较高。丹麦从挪威进出口电力的价格之差近年有所增加。挪威的水电不但为丹麦的风电消纳做出重要贡献，而且从中获利甚丰。

总之，挪威利用得天独厚的水电资源，几乎达到净零碳电力系统，也基于此不断发展碳足迹几乎为零的电动汽车，有力推动了交通能源减排。作为可以稳定输出灵活水电的国家，挪威的电力出口将在帮助德国、英国等风电国家削峰填谷和应对电源短缺方面发挥越来越重要的作用。

二　向零碳电力系统冲刺

（一）奥地利

奥地利是一个山地国，大部分国土在阿尔卑斯山脉附近，只有 32% 的国土海拔低于 500 米，最高海拔达 3798 米。因此，凭借高山地形、高降水量和源自阿尔卑斯山脉的多条河流，奥地利拥有大量的水力资源。19 世纪 80 年代，奥地利人开始用商业水力发电机为灯泡照明提供动力。

近 30 年来，水力发电量占奥地利电力消费总量的 60% ~ 70%。奥地利约有 2882 个水力发电厂连入主电网，另外约有 2400 个自用水电厂为居民独立提供电力。截至 2017 年，奥地利水电装机容量达到 5.7 吉瓦，比挪威的 32.7 吉瓦低很多，但抽水蓄能容量达到 8.4 吉瓦，远高于挪威的 1.4 吉瓦。这也体现了奥地利对有限水力资源灵活性的充分挖掘和利用。

根据 IEA 的数据，2019 年，奥地利约有 60% 的电力消耗来自水电，20% 来自化石能源，12% 来自风电、光伏，8% 来自生物质能和其他能源。总的来说，奥地利有近 80% 的电力是零碳的。

奥地利是一个旗帜鲜明地不支持核电的国家，于 1978 年通过全民公投关闭了当时境内唯一一座核电站——尚未投运的茨文滕多夫核电站。因此，该国不存在退核的问题。2020 年 4 月 17 日，奥地利关停了境内最后一座燃煤电厂，成为欧盟国家中实现电力退煤的季军。为尽早实现联邦政府提出的 2030 年可再生能源发电的目标，奥地利在淘汰燃煤发电之后，还要淘汰天然气发电。奥地利需要大力发展风电、光伏，来替代化石燃料发电。

奥地利的风电起步于 2002 年的《绿色电力法》，其后风电装机容量快速增加，在 2019 年底总装机规模达到 3159 兆瓦。奥地利光伏则在 2009 年更新的《绿色电力法》引入的上网电价补贴制度下快速发展。截至 2019 年，奥地利光伏累计装机容量为 1702 兆瓦，相当于人均约 192 瓦。

尽管光伏发展较风电稍晚一步，但光伏是未来 10 年替代天然气发电的主角。奥地利承诺到 2030 年，增加至少 110 亿千瓦时来自光伏系统的电量，这占该国 2030 年预测的电力消费总量（810 亿千瓦时）的 13.6%。这意味着，奥地利需要将光伏装机容量从 1.7 吉瓦（2019 年）增加到约 13 吉瓦。奥地利每年新增光伏装机需要大幅增长，从而淘汰剩余的天然气发电，以向零碳电力系统冲刺。

与此同时，随着本国和周边国家风电、光伏在电网中的渗透率快速提高，奥地利水电站和抽水蓄能电站作为灵活性资源的潜力还需进一步挖掘。数据显示，2019 年，依靠 8.4 吉瓦抽水蓄能电站的高灵活性，奥地利电力出口总量约为 230 亿千瓦时，约占当年电力消费总量的 30%，出口量和占电力消费总量的比例都已经超过挪威，且在未来 10 年内很有可能将继续增长。为了进一步提高水电的战略价值，将本国打造为一个区域的脱碳中心，奥地利联邦政府将挖掘更多备用水电的潜力。未来奥地利还将建设更多电力互联基础设施、设置强有力的电价交易信号等，进一步增强跨界电力贸易的能力。

（二）瑞士

与奥地利相似，瑞士约 60% 的发电来自水电。由于整个国家地势起伏较大，高坡和山谷密集，再加上大量冰川融水和降雨形成的湖泊，瑞士非常适合建造横跨多个山谷的水电站或抽水蓄能系统。到 2018 年底，瑞士的水电装机总规模超过 15 吉瓦。另外，核电也是瑞士重要的电源。19 世纪 60 年代以来，瑞士共建有 3 座核电站，包含 5 个正常服役的核反应堆，核电占瑞士发电总量的比例曾达到 35%。

然而，2011 年日本福岛核事故发生以后，瑞士政府和公民出于安全因素考虑而决定逐步淘汰核能，并制定了没有核电的新的能源政策。2017 年 5 月 21 日，瑞士政府针对《能源战略 2050》组织了全民公投。该战略提出未来的瑞士应推广更节能的建筑、机械和运输方式，应进一步加强对可再生能源特别是水力的使用，同时必须淘汰核能。这次公投最终以 58% 的支持率成功通过。2019 年 12 月，在瑞士服役近 50 年的 Muehleberg 核电站被关停。瑞士境内剩余的核反应堆也将在 2034 年前全部被关闭。2017 年，瑞士的核电约占该国电力消费总量的 30%；2019 年，这个数字已经减少至 19.1%。

在水电、核电占据主导地位，小规模风电、光伏发电和生物质能发电辅助的情况下，瑞士的电力系统已经接近零碳。未来 10 ~ 20 年，瑞士政府将大力推动退核，通过绿色、低碳能源弥补这部分发电损失，以维持该国目前较低的电力碳强度，并早日达到 100% 可再生能源的目标。

2014 年，瑞士联邦能源局制定《能源战略 2050》时，曾经提出淘汰核电造成的电力供应短缺将部分由化石能源来弥补。然而，随着欧洲各国风电、光伏的快速发展，瑞士联邦政府于 2019 年设定了碳中和目标。瑞士决定，让光伏和风电成为弥补核电损失的主角。图 1 - 3 是一家研究机构在 2018 年对瑞士 2050 年各电源发电量做出的预测。图中所示为春夏秋冬四季中 4 个典型日的电力生产结构。可以看出，与瑞士联邦能源局 2014 年模拟的情景不同，该机构预测 2050 年瑞士化石燃料发电量占比非常低，光伏发电和进口电力成为水电之外主要的供电来源。

近年来，在瑞士联邦政府制定的上网电价补贴政策刺激下，瑞士的光伏装机发展迅速。2019 年，瑞士光伏发电量约占该国电力消费总量的 4%。其中，普及较广的是光伏建筑一体化（BIPV）。瑞士的光伏建筑一体化非常发达。这与瑞士的高物价和高人工费有关。光伏组件成本在光伏项目成本中的占比并不是很高，但当地人普遍认为，如果安装，就要安装发电效率高、寿命长的优质光伏产品。在 BIPV 技术的支撑下，瑞士发展光伏的潜力巨大。据测算，如果在每栋适合安装光伏的建筑物屋顶和立面上都安装上光伏板，那么仅光伏发电的增加就足以弥补淘汰核电带来的供电短缺。2050 年，瑞士光伏装机有可能达 37.5 吉瓦，主要来自建筑光伏。

国际电力市场互联也是瑞士电力系统达到净零碳的重要支撑。由于处在北欧和南欧之间的理想地理位置，瑞士与法国、奥地利、德国和意大利

■ 进口电力　■ 抽水蓄能发电　■ 岸上风力发电　■ 光伏发电　■ 火力发电
■ 水坝水电站发电　■ 径流式发电　── 需求电量

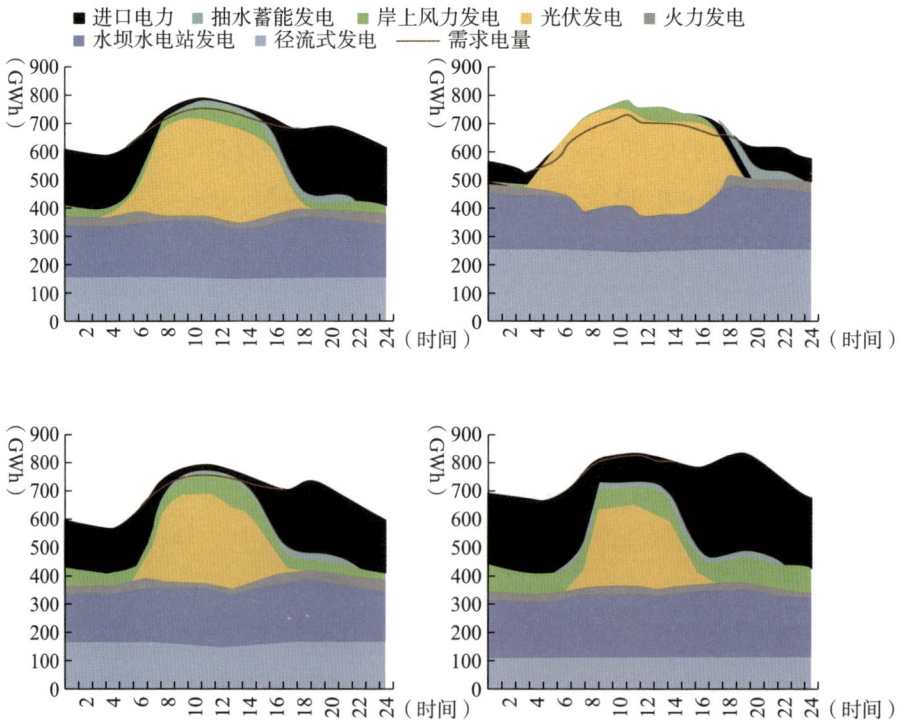

图 1－3　2050 年瑞士各电源发电量预测

等欧洲国家的电力市场都存在互联。目前，该国的跨境电网互联容量为 10 吉瓦，约占欧盟互联总容量的 20%。一方面，瑞士灵活地输出水电，是可再生能源占比不断增长的欧洲国家的绿色电池；另一方面，在逐渐淘汰核电后，在水力不足的冬季，瑞士需要进口邻国的电力来满足自身的需求。因此，在向零碳电力系统冲刺的同时，为保证系统的供电可靠性，全面开放电力市场，完全融入欧洲电力市场将是满足瑞士未来能源需求、保障供应安全的关键。

　　未来 30 年内，瑞士将大力提高光伏和风电装机容量，必要时扩大电力进口规模，以应对淘汰核电造成的潜在供应问题，实现电力系统的零排放，实现碳中和。

（三）瑞典

　　与瑞士类似，瑞典也是一个以核能和水电为主、电力系统碳排放强度很低的国家。目前，瑞典有 3 个核电站，共 8 个核反应堆在运行，核电约占该国电力消费总量的 40%。瑞典的水力资源也很丰富，水力发电量约能满足该国电力消费总量的 40%。瑞典的大部分水电厂分布在北部，而核电站集中在南部的负荷中心区。

2018 年，瑞典发电总量为 1600 亿千瓦时，其中 41% 来自核电，39% 来自水电，10% 来自风电，约 9% 来自燃烧生物质燃料和垃圾的热电联产发电厂。瑞典的发电部门已经接近零碳。

与瑞士不同的是，在欧盟 2050 年净零碳排放的目标下，瑞典对于未来30 年核电发展的态度并不明确。在 1980 年切尔诺贝利核电站发生事故后，瑞典政府通过公投决定暂停新核电站的建设，逐步淘汰核电。然而，该决定在 2010 年欧洲的核复兴背景下被撤销。2011 年日本福岛核电站发生事故后，瑞典多个政党对于核电的辩论更加激烈，但并没有像德国、瑞士等国立刻出台淘汰核电的政策。2019 年的一个非官方民调显示，瑞典国内希望退核的公民占比已经降至历史新低——11%。瑞典政府和居民对于淘汰核电的担忧主要集中在两个方面。一方面，淘汰核电，推广可再生能源将提高消费者的电价，这是瑞典居民不愿看到的。另一方面，尽管用可再生能源代替核能发电是完全可行的，但将贡献份额超过 40% 的稳定基荷的核电全部淘汰，而不断提高间歇性电力的渗透率，会在一定程度上削弱电力系统的稳定性。

因此，虽然瑞典政府提出要在 2040 年达到电力部门 100% 可再生能源发电的目标，但核电退役一直充满不确定性，这也给风电、光伏的发展带来了一定的不稳定因素。近年来，政府的资助和政策激励使瑞典的可再生能源，尤其是风能快速发展。2000 年，瑞典的风力发电量仅为 5 亿千瓦时，2018 年达到 166 亿千瓦时，约有 3600 台风力涡轮机在运行。瑞典的太阳能市场尽管规模有限，但也在瑞典对各类私人、公共和企业投资者的资助下发展。截至 2018 年底，该国光伏累计装机容量约为 411 兆瓦。

瑞典的核电站大多分布在南部，这也正是该国风力资源最丰富的区域之一。一旦开启核退役，南部规模化的风电可以成为核电供应缺口的一个重要补充。此外，与瑞士面临的问题类似，如果要保持可靠的电力供应，备用水电和国际电力进口将不可缺少。瑞典一直与北欧和波罗的海国家保持着良好的电力互联，是一个电力净出口国，且每年的电力净出口量都呈上升趋势。

目前，瑞典主要向芬兰、丹麦和波兰等国出口电力，而电力进口国只有邻国挪威。可以想象，若核电机组不退役，瑞典能一直利用其核电机组和水电机组的灵活性，稳定地向欧洲其他国家输出备用电力。核电一旦开始退出，具有间歇性的风电规模逐渐扩大，40%的水力发电所能提供的电力灵活性资源将有可能不足，瑞典可能会更加依赖挪威的水电以满足国内高峰用电需求。因此，未来的跨国电力贸易会更加重要。

三 德国的高比例可再生能源电力系统

前文中介绍的几个欧洲国家，在向零碳电力系统转型的过程中，或者以得天独厚的水力资源为支撑发展小规模的可再生能源，或者基于灵活的核能发电和抽水蓄能容量提高电力系统消纳间歇性风光发电的能力。虽然它们都对发电组合进行了一定的清洁化转型，但还不能算是颠覆性的。相比之下，德国电力系统的改造力度是巨大的，成效斐然，代表了向零碳电力系统冲刺的另一种可能。

地理特征决定了德国的水电资源不丰富。2011 年日本福岛核电站发生事故后，德国坚定地走上了"退核"的道路，迅速做出 2022 年前将国内全部核反应堆退役的决定。现在德国这样一个少核贫水、曾经非常依赖煤炭石油等化石燃料的国家，风光渗透率已经很高。2019 年第一季度，德国可再生能源发电量的占比为 44%。2020 年第一季度，德国电力消费量中可再生能源发电量占比达到 52%，2 月甚至创下了单月 61.8% 的新高。德国实践已经充分说明，在没有大规模储能装置、缺少丰富水力资源等优质电力灵活性资源的国家，可以通过一系列灵活性改造实现高比例风电、光伏发电消纳，快速推动电力系统脱碳进程。

德国是最早发展光伏的国家之一，早在 19 世纪 80 年代就开始研究商用光伏组件。自 2000 年出台《可再生能源法》，并创新性地推出上网电价补贴政策（FiT）以来，德国光伏产业迅猛发展。补偿机制带来的巨额补贴压力使德国政府在 2012 年踩下急刹车，光伏发展大幅减速。2020 年，德国光伏装机容量突破 52 吉瓦。德国联邦政府曾预计，到 2030 年，德国光伏总装机容量可能增加至 98 吉瓦，相比 2020 年接近翻倍。2021 年 11 月，德国新政府将 2030 年光伏总装机容量目标大幅提升至 200 吉瓦。

德国可再生能源的另一重要来源是风能。自 2000 年政府推出风电的上网电价补贴政策以来，德国的风电装机容量持续上升，主要集中在风力资源丰富的北部。截至 2020 年 7 月，德国约有 29546 台陆上风力涡轮机投入运行，总容量约为 55 吉瓦，仅次于中国和美国。

图 1-4 展示的是 2020 年 3 月德国电力系统负荷曲线图。黑色曲线代表用电负荷，绿色色块代表风电，黄色色块代表光伏发电，深蓝色色块代表水电。可以明显看出，在风光资源都比较优越的时候，仅可再生能源发电就能贡献一天约 70% 的用电需求，高峰时电力系统中的风光发电占比甚至接近 90%。

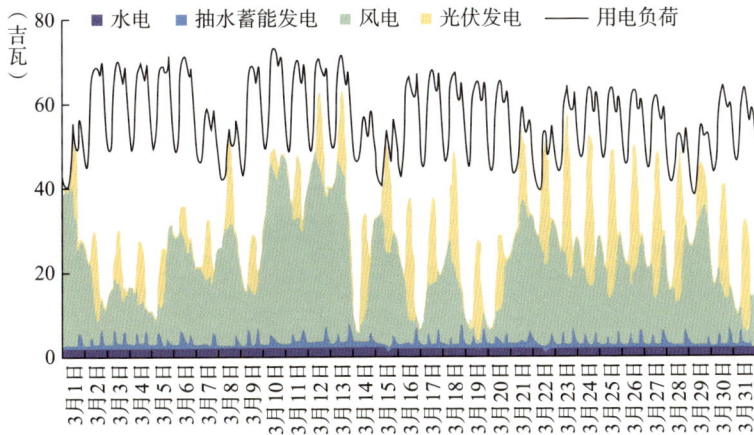

图 1-4　2020 年 3 月德国发电和用电负荷曲线

资料来源：Agora。

在没有大量的水电灵活调节出力为风电、光伏削峰填谷的情况下，德国之所以能不断增强本国电网对间歇性可再生能源电力的消纳能力，依靠的主要是四类灵活性改造措施。第一，德国大部分硬煤电厂和褐煤电厂经过灵活性改造，增强了爬坡能力，可在可再生能源余缺变化下快速调整出力，满足市场用电负荷变化的需求。第二，德国的现货市场电价调节机制较为完善，为了适应电价市场化波动，常规灵活性电源能够在秒级和分钟级别快速响应、调节出力,从而减少电力系统弃风弃光量。第三,虽然水力资源先天不足,德国的抽水蓄能电站却具有很强的调节能力(图1-4中的浅蓝色色块)。德国31座抽水蓄能电站主要在早晚两个用电高峰时间出力,分别对光电和风电进行补充和调节。部分蓄水池由废弃的矿井改造而成,也算是对煤矿旧址的合理利用。第四,德国与邻国之间存在密切的电网互联。德国与相邻的9个国家通过输电线路进出口电力(见图1-5)。当可再生能源发电功率较高时,德国除了靠常规电源调节出力,还可以将多余电力出口至邻国。2019年,德国电力出口总量达730亿千瓦时,仅次于法国电力出口总量(733.5亿千瓦时),排全球第二。

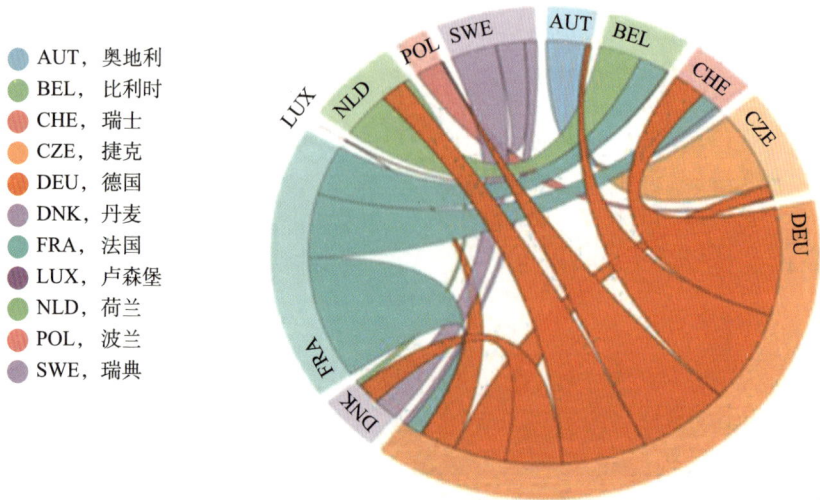

- AUT,奥地利
- BEL,比利时
- CHE,瑞士
- CZE,捷克
- DEU,德国
- DNK,丹麦
- FRA,法国
- LUX,卢森堡
- NLD,荷兰
- POL,波兰
- SWE,瑞典

图1-5　2019年德国与欧洲各国电力互联量

　　虽然以上四类灵活性措施使德国在保障电力系统稳定性的前提下提高了系统中间歇性可再生能源电力的比例,但是若2030年关闭全部燃煤电厂,完成彻底退煤,常规机组的灵活性调节作用必然会大大减弱,德国将更加依赖抽水蓄能、电化学储能和跨国电力互联的调节。可想而知,为进一步提高电力系统中风电、光伏发电的比例,德国还应进一步挖掘可用的灵活性资源,以保障电网的稳定性。这不仅是德国,也是世界上各个水力资源不足的国家和地区向零碳电力系统冲刺必须解决的问题。

四　发掘电力灵活性资源

高比例消纳可再生能源电力的难点，是消纳波动性的风电、光伏发电。因此，为达到电力系统脱碳，抽水蓄能等灵活性资源的利用极其重要。在面向零碳的智慧能源系统中，可以通过以下五方面提供灵活性资源。

（一）电力市场提供灵活性

灵活的跨国电网互联是各国保障供电稳定性的重要助手。北欧电力市场通过调节国家间的发电余缺，提高水力资源和风光资源的契合度，再辅以灵活的电价机制，证明了完善的电力互联机制可以提供很大的电力系统灵活性。以丹麦和挪威为例，丹麦在风力资源优越的时候向挪威输电，在风电出力不足时购买挪威的水电。丹麦以灵活的水电调节间歇性的风电，得以消纳高比例风电。类似的电网互联和电力市场模式也应拓展到更多国家和地区。

（二）热力存储提供灵活性

热电联产电厂可以输出热能和电能两种形式的能量，因此可以灵活调节供热和供电的比例，或将多余的能量存储在储热罐中，在风电、光伏发电出力很高时降低电能出力，深度调峰，有效提供电力系统灵活性。例如，瑞典有近10%的电力生产来自以生物质和垃圾为燃料的热电联产电厂，这些热电联产电厂几乎都配备有储热罐。

在芬兰，富腾公司旗下的一些电厂配有巨大的储热罐（见图1-6），可以根据北欧电力市场每15分钟的实时电价进行调度和生产运行，调节热能和电能的出力。该公司还积极从数据中心、大型超市、污水处理厂等地方收购废热。

（三）电动汽车提供灵活性

随着越来越多的电动汽车融入能源互联网，其作为灵活性资源稳定风力、光伏波动性发电的作用也逐渐凸显。一方面，在负荷端，大量电动汽

图1-6 芬兰富腾公司热电联产电厂的储热罐

车有序充电能够有效优化电网负荷曲线，适应风力、光伏的发电曲线。另一方面，电动汽车的电池处于闲置状态时，可以成为电网中的分布式储能资产，灵活应用于需求响应，根据系统负荷要求进行实时充放电调整。除电动汽车电池，充电设施也可以作为电网中的储能设施。如"光储充"充电站，就是光伏、储能和充电桩相结合形成的一体化设施，可根据需求与进行智能互动。电动汽车、充电设施和电网有效协同、良性互动，可以扩大可再生能源并网的规模。德国零碳能源科技园区欧瑞府（Euref）园区中的智能光伏充电设施，可以智能调控充电时段和充电功率，中午优先使用光伏给电动汽车充电，为电网提供灵活性。

（四）绿氢提供跨季节的灵活性

热力存储在调峰能力上提供的灵活性都是短时段的。电制燃料，如氢气，则可以提供长期的甚至是跨季节的深度调峰。例如，盈余的风电或光电可以用于电解水制绿氢，绿氢既可以存储起来用于再次燃烧发电，也可以用于氢燃料电池，或制造甲烷用作汽车燃料等。例如，德国汉森-罗森塔尔化工公司以电解水制氢，同时捕集废弃物焚化厂烟道气中的二氧化碳，然后将二者化合制造甲烷（见图1-7）。

图1-7 德国汉森-罗森塔尔化工公司的制氢项目

（五）城市层面的能源互联网提升电力系统灵活性

城市要有强大的电力需求响应能力，这是城市地区大规模开发分布式能源和消纳高比例风电、光伏发电的必要条件。在能源互联网技术的支持下，城市能够实现海量分布式发电设备的广域协调和有效利用，基于即插即用、可实现双向互动的分布式储能装置增强远距离、大容量的需求侧响应能力，从而提升电力系统灵活性。

五 碳强度与零碳电力系统

可再生能源装机的比例和可再生能源电量能够反映一个国家或地区电力系统的低碳程度，而更能综合反映电力系统低碳程度的指标是碳强度，即每千瓦时电力的二氧化碳排放量。国际能源署的数据显示，2018年，全球发电的平均碳强度是475克每千瓦时，比2010年降低了10%。各国的碳强度取决于其化石能源发电所占比重。天然气发电的二氧化碳排放量约为490克每千瓦时，比煤炭低一半左右，用煤炭发电的二氧化碳排放量大约是845～1020克每千瓦时（取决于燃煤类型和煤电机组）。水电、核电、风电、光伏发电、地热发电的碳强度一般在40克每千瓦时以下，不到煤电的5%。电力结构决定了一个国家的电力碳强度水平。

从电力碳强度水平来评估，最接近零碳电力系统的欧洲国家是冰岛、挪威、瑞典，这三国近几年的电力碳强度基本在 20 克每千瓦时以下。电力碳强度较低的欧洲国家还有法国、奥地利、丹麦、英国等，如奥地利 2016 年的电力碳强度仅为 85 克每千瓦时。

法国因拥有高比例的核电，不仅在欧盟 27 国内，而且在整个世界范围内都是电力行业碳强度最低的国家之一。根据法国电网公司 RTE 的统计数据，2017 年法国电力碳强度为 74 克每千瓦时，2018 年法国电力碳强度为 61 克每千瓦时。

根据丹麦电网运营商 Energinet 的一份报告，2019 年丹麦的电力碳强度为 135 克每千瓦时，比 2018 年的 194 克每千瓦时显著下降。2019 年，风电和光伏发电在丹麦电力系统中的占比超过 50%，再加上低排放的生物质和垃圾热电联产，丹麦电力系统在零碳电力系统的竞赛中处于欧洲的前列。

根据英国气候政策网站碳简报（CarbonBrief）的统计数据，2017 年英国电力碳强度为 237 克每千瓦时，仅约为 2012 年（508 克每千瓦时）的一半；2020 年，英国电力碳强度为 233 克每千瓦时。按照英国政府的计划，2025 年 10 月 1 日起，任何电厂的瞬时碳强度都不得超过 450 克每千瓦时，并要确保 2025 年燃煤电厂全部停运。

德国是欧盟最大的煤炭消费国。2016 年，煤炭在德国所有发电电源中占比 42.2%，德国电力碳强度为 560 克每千瓦时。随着风电、光伏发电占比迅速提升，据德国环境署的数据，2019 年德国的电力碳强度降到 401 克每千瓦时。

六　总结和思考

第一，欧洲电力系统的脱碳化探索对中国有重要启示。欧洲的水电大国如挪威、奥地利和瑞士，其水电不但使本国的电力系统低碳化，而且为周边国家提供了重要的灵活性，为欧洲电力系统的脱碳做出很大的贡献。中国的水电大省（如青海、四川和云南），可以通过充分发挥水电的灵活性，为全国新型电力系统的建设做出更大贡献。

第二，煤电占据主要地位的德国，在抽水蓄能规模不大、电化学储能尚未大规模发展的情况下，于 2020 年实现了可再生能源电力占比超过 45%，其中煤电提供了最重要的灵活性。这对中国 2030 年的电力系统有重要的标杆意义。中国可以借鉴德国经验，充分发挥现有煤电机组的灵活性，以在 2030 年实现可再生能源电力占比达到 50% 左右的目标。考虑到电化学储能成本已经大幅下降，中国电化学储能的规模会快速扩大，未来 10 年中国电力系统脱碳化的速度快于德国过去 10 年的速度是有可能的。

七 专家点评

正视新型电力系统的挑战[①]

第一，中国"增量中的转型"与欧美发达国家"存量化的转型"，所面临的问题有共同之处，但也有很大的差异。对经验的分享有助于启发我们的思路，对教训的总结有助于避免失败。

第二，随着变动性电源逐步成为主导能源，传统发电技术所提供的产品及价值需要进行"解构"。基于"提供安全可靠电力"的要求，要区分电量和电力在电力系统中的作用与价值，建立相应的市场交易机制和出台行业管理规范。

第三，随着电力系统中的技术及构成越来越多元化（必然趋势），电力生态将发生巨大的变化。"融合、协调、协作、共生"将成为电力政策及体制机制建设理念中的关键词。

第四，低碳转型后，一个国家或地区的能源安全将在极大程度上取决于其电力供应安全。亟须倡导并构建"共同但有区别的责任"的电力责任理念，尽早在包括用户在内的电力主体中达成共识，并尽快通过管理制度逐步加以体现。

第五，在低碳发展目标已经明确的情况下，"如何以尽可能低的成本实现目标"是当前研究分析高质量发展与转型的重中之重。各种转型路径的成本分析需要提上议事日程。

[①] 蒋莉萍，国网能源研究院副院长。

煤炭行业碳中和的思考[①]

近年来，中国能源领域转型升级取得很大进展，煤炭在一次能源消费结构中的占比由 2010 年的 69% 下降到 2020 年的 56.7%，下降了 12 个百分点；天然气发电、水电、核电、风电和光伏发电占比之和由 13.4% 提高到 23.4%，上升了 10 个百分点。中国煤炭在一次能源消费结构中的占比偏高，第二产业特别是高能耗产业占比偏高、综合能源效率偏低等状况未发生根本改变。中国控制碳排放强度、减少碳排放总量的任务艰巨。

（一）控制煤炭消费总量，促进新能源发展

中国的碳排放集中在电力、交通和工业领域，煤炭消费产生的二氧化碳占碳排放总量的 75% 左右。煤炭是高碳能源，因此控制煤炭消费总量、降低煤炭消费强度是碳减排的重中之重。"十四五"时期，煤炭在中国一次能源消费结构中的占比将继续下降，但煤炭消费总量还将在 40 亿吨至 42 亿吨的峰值区间波动。

目前，在中国一次能源消费结构中，煤炭依然占比 56% 左右，并且在今后较长时期内，煤炭作为中国兜底保障能源的地位和作用难以改变。

但是毫无疑问的是，随着风电、光伏发电成本下降、市场竞争力增强，中国将进一步推动风电、光伏发电建设，大幅提高新能源和可再生能源比重，有效替代煤炭、石油等高碳能源，由高碳能源向绿色低碳能源转型发展。

（二）煤炭行业从业人员数量庞大，人员安置工作将成为重中之重

长久以来，作为经济增长和社会繁荣的重要能源基石，煤炭和煤电为支撑经济高速发展和保障国家能源安全等做出重要的贡献，而且从业人员数量庞大，曾达到 530 万人的峰值。

近几年，煤炭行业供给侧结构性改革推动煤炭行业就业安置工作取得

---

① 冯雨，中国煤炭运销协会副理事长、CCTD 中国煤炭市场网总裁。

很好的成效，从业人员数量大幅下降，但依然高达 260 万人左右。随着碳减排快速推进，煤炭行业从业人员规模将进一步大幅缩小。因此，在制定煤炭行业的碳减排策略时，应把人员安置问题作为一个重要考虑因素。在"十三五"时期煤炭行业供给侧结构性改革中，我们已经有了一定的宝贵经验。基于此，还应提供积极的新能源产业环境、配套的政策环境，鼓励煤炭行业从业人员向新能源等其他行业平稳转型。

在职工安置方面，不能简单地仅仅给钱、劝退、买断了事，也要让更多的职工参与新能源的发展，让群众有能源改革的获得感。

（三）建立以碳减排为目标的煤炭生产与消费协同机制，以煤炭市场健康发展促进中国碳减排顺利推进

作为基础能源，煤炭市场异常波动不利于能源转型，不利于碳减排发展路径顺利推进。因此，煤炭行业在积极制定碳中和战略和规划、碳减排实施路径和方案时，应紧紧围绕中国碳减排目标，建立煤炭生产与消费协同机制，保障煤炭价格在合理范围内，推动中国能源快速向新能源转型，进而促进中国碳减排顺利推进。

在短期内，中国碳中和发展路径以减煤量为主，但不等于去煤。从中国电网目前的条件来看，要保障系统可靠性，必须依靠大电网。根据大电网正常运行的要求，在大规模发展可再生能源时，需要煤电机组承担为电力系统提供灵活性的重任。

第二章
瑞典的绿色供热系统*

我在瑞典考察期间，了解到多种供热类型，包括区域供热、热泵供热、生物质供热、电采暖供热等，同时考察了生物质燃料工厂、垃圾热电联产电厂、电厂的大型储热罐等。经过半个世纪的发展，瑞典形成了以区域供热为主、生物质燃料供热和直接电加热为辅的供热系统，已基本实现无化石能源。这样的供热系统是绿色的、高效的、智慧的，是目前欧盟国家供热系统中最绿色、低碳的供热系统。2019 年，在瑞典区域供热中，化石能源占比仅 7.2%。

一 瑞典概况

瑞典是北欧五国之一，西邻挪威，东临波的尼亚湾和波罗的海，东北与芬兰接壤，西南临北海、濒临斯卡格拉克海峡和卡特加特海峡，并与英国、俄罗斯、丹麦、德国、波兰等国隔海相望，海岸线长 2181 千米，总面积约 45 万平方公里，约 15% 的土地在北极圈内，是北欧最大的国家。

瑞典的首都斯德哥尔摩（Stockholm）是其第一大城市，位于东海岸，是瑞典政治、经济、文化、交通中心和主要港口，也是瑞典国家政府、国会以及皇室宫殿所在地。瑞典北部的城市基律纳（Kiruna）是其铁矿业中心。瑞典的能源之都韦斯特罗斯（Vasteras）是其第六大城市，该城市垃圾

---

* 本章是国家重点研发计划政府间重点合作专项"EIR 计划－新型城镇能源互联系统研究及试点应用"（2018YFE0196500）研究成果的一部分。

处理技术先进，拥有北欧最大的垃圾热电厂。

瑞典北部为大陆性气候，南部为温和的海洋气候。北部冬季漫长而寒冷，皑皑积雪 7 个月不化，供热需求很大。瑞典农业占比小，工业发达，社会福利制度健全。截至 2020 年 6 月底，瑞典人口总数为 1035 万，是欧洲地广人稀的国家之一。瑞典人口主要集中在以斯德哥尔摩、哥德堡和马尔默三大城市为中心的地区，是世界上人均拥有跨国公司最多的国家。

瑞典的三大资源是铁矿、森林和水力：截至 2014 年，已探明铁矿储量 36.5 亿吨，是欧洲最大的铁矿石出口国，铀矿储量 25 万 ~30 万吨；森林覆盖率为 54%，蓄材 26.4 亿立方米；平均每年可利用的水力资源有 2014 万千瓦，已开发 81%。瑞典是全球首个提出摆脱化石能源依赖的国家。

二　瑞典能源发展现状与气候目标

（一）瑞典能源发展现状

瑞典是全球能源转型的先锋国家之一。2018 年，瑞典可再生能源在终端能源消费中的占比在欧盟排第一，达到 55%。瑞典依靠可再生能源提供燃料，与邻国电网互联，参与高度一体化的泛欧电力市场。2018 年，瑞典可再生能源在供热和制冷领域中占比 65%，在电力生产领域中占比 66%，在交通领域中占比 30%。

从图 2-1 可见，在石油危机后，经过水电扩容、核电大发展，瑞典的化石能源使用量占比已不到 25%，对石油的依赖程度从超过 75% 降至约 20%，生物质能源的使用量在过去增长了 2 倍。瑞典的低碳、绿色转型已成为世界能源转型的成功范例。

20 世纪 90 年代以来，瑞典的电力主要来自水电和核电，火电占比极少。在过去的几年，瑞典风力发电量显著增加，光伏发电也得到迅速发展。

根据国际能源署（IEA）的报告，自政府解除管制以来，瑞典电力市场已发展成为一个国际标准的出色样本。一是因为消费者拥有自主选择权，二是因为瑞典在全国范围内进行电力价格调节。1996 年以来，约 200 家公司向瑞典消费者供电，消费者能够自由选择电力供应商，这使瑞典的电价

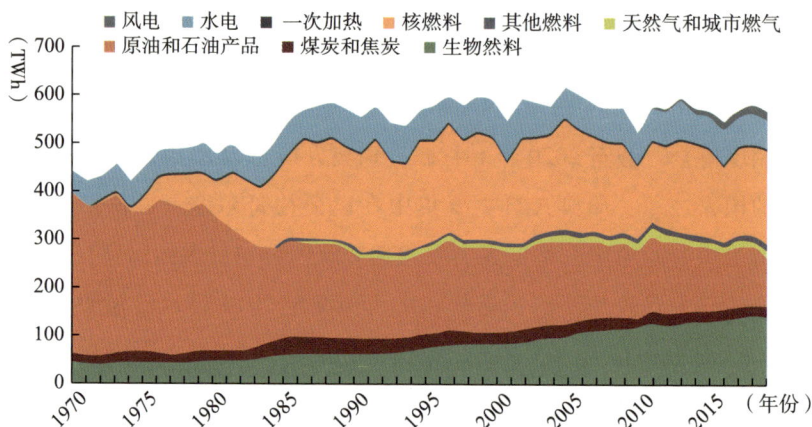

图 2 - 1　1970 ~ 2018 年瑞典能源结构变迁

注：（1）1983 年以前，其他燃料都包括在生物燃料中；（2）1989 年以前，风电包括
在水电中；（3）一次加热是指区域供热中的热泵。

资料来源：瑞典能源署《2020 年版瑞典能源事实与数据》。

具备极强的灵活性。瑞典的大部分电力产自北方，但寒冷的北方地区用电
量却少于人口稠密的南方。

瑞典是全球人均能源消费量最高的国家之一。2017 年，瑞典人均能源
消费量接近 4 万千瓦时，其中人均可再生能源直接消费量为 8098 千瓦时，
居全球第一，是欧盟的 4 倍、美国的 3 倍、中国的 8.5 倍、俄罗斯的 30 倍
（见图 2 - 2）。图 2 - 2 中的可再生能源消费量为用户直接使用的可再生能源
（如生物燃料）量，不包括使用系统供给的电力和热力时所间接使用的可再
生能源量。

（二）瑞典气候目标

瑞典旨在建立 100% 可再生能源系统，走向低碳社会，同时确保能源安
全、民众可负担、环境可持续。为此，近年来瑞典制定了雄心勃勃的中期
和长期能源目标与气候目标。瑞典的能源政策以欧盟内部的立法为基础。
从瑞典和欧盟的能源目标与气候目标对比结果（见表 2 - 1）可看出，瑞典
制定的可再生能源占比目标远超欧盟同期的目标，瑞典希望到 2050 年成为
零化石能源社会。

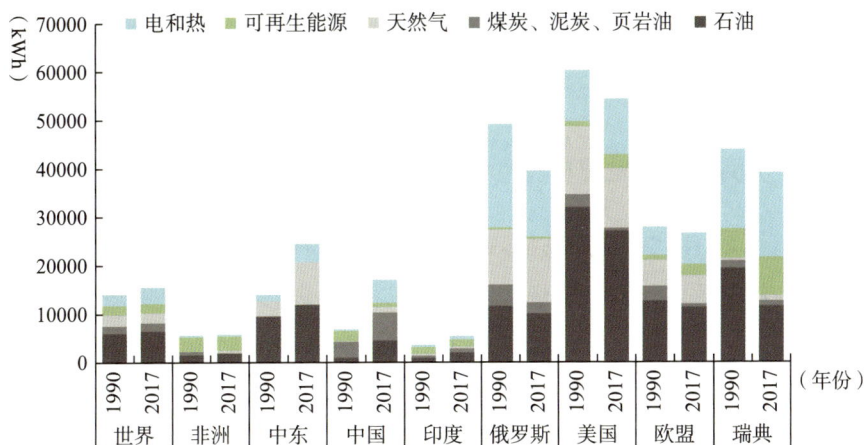

图 2 - 2　1990 年和 2017 年不同区域人均能源消费量和能源类型

资料来源：瑞典能源署《2020 年能源状况》，http：//www. energimyndigheten. se/globalas-sets/statistik/energilaget/energilaget - i - siffror - 2020. xlsx。

表 2 - 1　瑞典和欧盟能源目标与气候目标对比

	瑞典	欧盟
到 2020 年	温室气体排放量比 1990 年减少 40%	温室气体排放量比 1990 年减少 20%
	能源使用效率比 2008 年提高 20%	通过提高能源使用效率，能源消费量比 2008 年减少 20%
	可再生能源至少占能源消费总量的 50%	可再生能源至少占能源消费总量的 20%
	可再生能源在交通部门的占比至少为 10%	可再生能源在交通部门的占比至少为 10%
	—	所有成员国装机容量的互连率至少为 10%
2030 年及以后	到 2030 年，温室气体排放量比 1990 减少 63%	到 2030 年，温室气体排放量比 1990 年减少 40%
	到 2030 年，国内运输业温室气体排放量（不包括国内航运）比 2010 年减少 70%	到 2030 年，通过提高能源使用效率，能源消费量比 2008 年减少 32.5%
	到 2030 年，能源使用效率比 2005 年提高 50%	到 2030 年，可再生能源至少占能源消费总量的 32%
	到 2040 年，电力生产 100% 是可再生能源（但这并不是禁止使用核电的日期）	到 2030 年，可再生能源在交通部门的占比至少为 14%
	到 2045 年，实现净零排放，其中至少 85% 的减排通过国内政策实现，其余由国际减排弥补	到 2030 年，所有成员国装机容量的互连率至少为 15%
	到 2050 年，成为第一个零化石能源社会	2050 年碳中和

注：表中数据基于 2019 年之前的政策。欧盟在 2020 年明确了到 2030 年温室气体排放量比 1990 至少减少 55% 的目标。

资料来源：瑞典能源署《瑞典和欧盟的能源目标和气候目标》，http：//www. energimyndigheten. se/energiklimatmal。

三　瑞典供热系统

（一）供热系统发展历程

20世纪50年代，瑞典的供热站使用燃油锅炉为用户供热。由于当时重油在国际大宗商品市场上价格低廉且供应稳定，瑞典的区域供热公司主要将重油作为锅炉燃料。当时瑞典供热系统按城市铺设管道，供热管道覆盖各大中小城市。

20世纪70年代末，瑞典燃料结构发生重大转变。一方面，世界范围内爆发了影响深远的石油危机，瑞典的许多区域供热公司纷纷将主要燃料由重油改为煤炭。瑞典开始使用更多的电加热设备，但燃油供热仍占建筑物热量消耗总量的近一半。另一方面，环境问题开始引起北欧诸国的关注，它们纷纷制定限制硫化物排放的法案。瑞典各地的能源系统都安装了除硫设备。

20世纪90年代，气候变化与全球变暖逐渐成为能源与供热行业关注的焦点。瑞典供热公司再次改变了供热系统的燃料结构，使能源利用率和清洁性得到进一步提升。为了应对政府征收碳税的机制，瑞典供热公司纷纷开始寻求化石能源的有效替代燃料。瑞典的森林资源十分丰富，发达的林业系统为供热行业带来了稳定的废料，这些林业废料通过一定的工业循环转化为生物质燃料。另外，垃圾焚烧供热在此期间也得到一定的发展。同时，瑞典开始大规模发展热电联产。

进入21世纪，瑞典开始改造区域供热管网并改善热网循环系统结构。新型供热系统可将供水温度定为80～100℃，将回水温度定为33～53℃。这能有效降低热电联产机组的背压和输配管网的热损耗率。再加上末端建筑的升级改造与能源利用率的提高，从20世纪90年代到21世纪初，瑞典在保持建筑舒适度的同时，将供热与生活热水的能耗都降低了27%。同时瑞典开始大规模安装热计量表，推行分户热计量，让用户根据实际使用情况缴纳供热费，减少能源浪费。

如今，瑞典290个城市中93.1%有区域供热系统，用于满足用户热需求，供热管网总长度超过 1.8 万千米，供热总面积超过 2.8 亿平方米。在瑞典的供热系统中，化石能源占比已经很低。

2015 年，瑞典住宅供热的碳排放水平在欧盟中达到最低。2019 年，瑞典在区域供热中只使用少量化石能源，占比仅 7.2%，其中石油和石油产品 1.3%、天然气 1.8%、煤和煤气 2.7%、泥炭 1.4%。这使瑞典继续保持欧盟国家最绿色、低碳的供热系统。

（二）供热系统组成

瑞典一年中有 8 个月需要供热，供热能源需求很大，供热方式主要有区域供热、直接使用生物质燃料供热和直接电加热及使用热泵供热，其中区域供热完成大部分供热。

1. 区域供热

经过几十年的发展，区域供热已经是瑞典供热系统最重要的组成部分，而为区域供热提供能量的主要是生物质燃料，其次是工业余热、热泵、电锅炉及其他燃料（见图 2 - 3）。2019 年，在瑞典区域供热能量来源中，非化石能源占比 92.8%（见图 2 - 4），木质燃料、沼气、生物油及城市生活垃圾成为区域供热的主要能量来源，只有非常小的一部分化石能源供热，

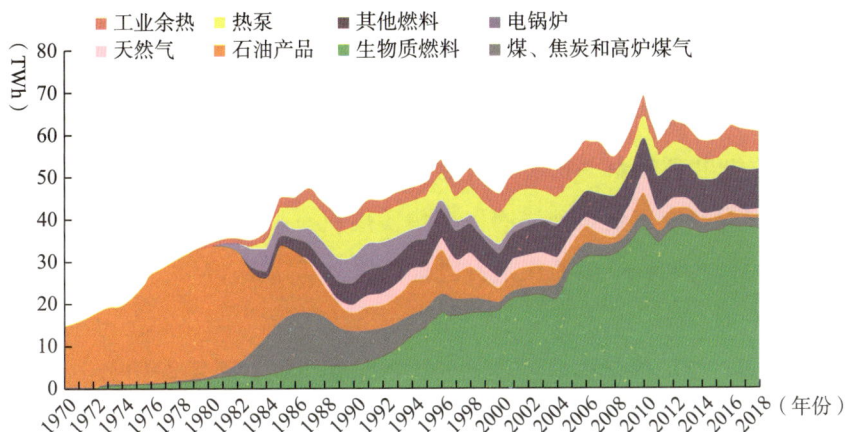

图 2 - 3　1970 ~ 2018 年瑞典区域供热的能量来源

资料来源：瑞典能源署《2020 年能源状况》，http://www.energimyndigheten.se/ globalassets/statistik/energilaget/energilaget - i - siffror - 2020. xlsx。

主要用于农业、林业、渔业和建筑业的机械供热。

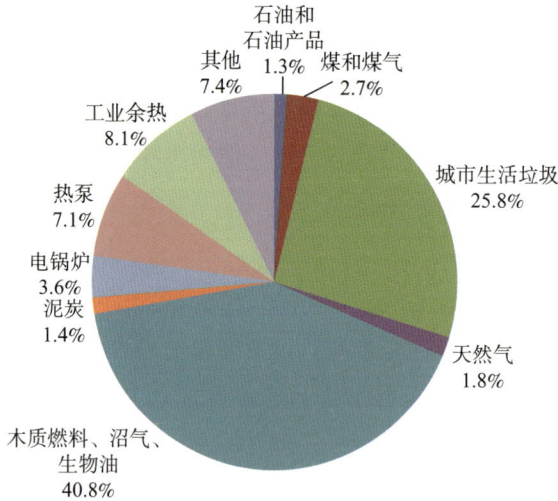

图 2 - 4 2019 年瑞典区域供热的能量来源

资料来源：瑞典能源署《2020 年版瑞典能源事实与数据》。

从图 2 - 5 可发现，瑞典区域供热主要用于住房和服务行业，能源消费量占能源消费总量的 14%，满足了多户住宅 90% 的热需求。同时，区域供热满足了非住宅建筑物 77% 的热需求。在生产中，从石油和煤炭到固体生物质燃料的转换有助于瑞典能源系统脱碳。瑞典大多数区域供热是由热电联产系统完成的，因此其区域供热系统有助于稳定其电力供应。

2. 直接使用生物质燃料供热

瑞典的生物质燃料一部分通过热电联产厂产生热量进行区域供热；另一部分通过家庭专用壁炉焚烧固体生物质燃料直接供热，其中未加工的木质燃料和精制木燃料产生的热量占建筑热量总需求的 14%，占独立式住宅热量总需求的 1/3。

1970 年，燃油供热占据了瑞典 90% 的供热市场，而到 2010 年这一占比仅为 2%。减少的这部分市场主要转换为固体生物质燃料供热。2010 年，固体生物质燃料供热占据了瑞典供热市场 70% 的份额。民用供热方面，固体生物质燃料与燃油相比价格优势明显，居民主要采用固体生物质燃料供热。图 2 - 6 展示了 2005 ~ 2018 年瑞典各种生物燃料的产热量变化情况。

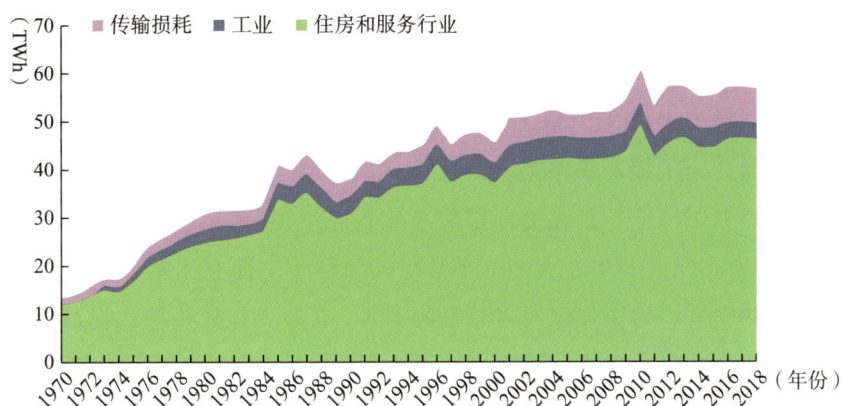

图 2 - 5　1970 ~ 2018 年瑞典不同行业的区域供热消费量

资料来源：瑞典能源署《2020 年能源状况》，http://www. energimyndigheten. se/global-assets/statistik/energilaget/energilaget - i - siffror - 2020. xlsx。

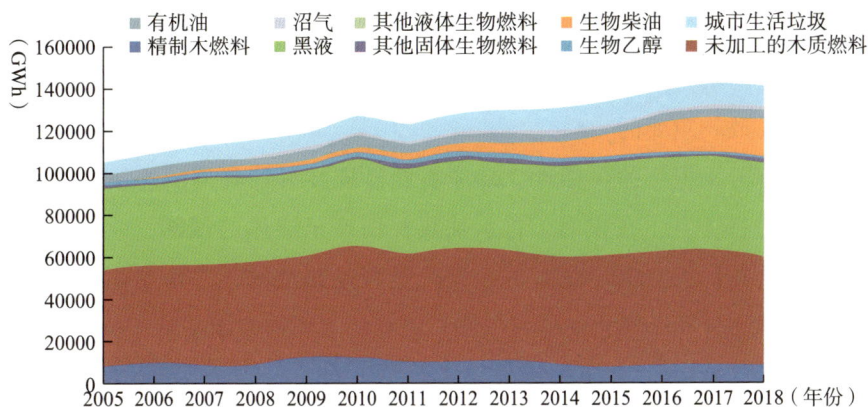

图 2 - 6　2005 ~ 2018 年瑞典各种生物燃料产热量

资料来源：瑞典能源署《2020 年能源状况》，http://www. energimyndigheten. se/global-assets/statistik/energilaget/energilaget - i - siffror - 2020. xlsx。

　　瑞典建立了完备的生物质成型燃料研发体系和标准体系，是欧盟生物质成型燃料生产技术、相关设备和标准的主导国家。先进的成型燃料生产技术和设备保证了产品质量，降低了成本；先进的燃烧设备和技术，提高了效率，减少了污染物排放；从原料收集到产品生产、配送、燃烧等环节，再到相关设备、相关操作规程的标准化，为产业快速稳定发展提供了重要保障。如今欧盟生物质成型燃料标准体系被世界各国广泛使用和借鉴。

3. 直接电加热及使用热泵供热

瑞典的直接电加热产热量占热量总需求的 1/4，主要用于独立式住宅供热。由于瑞典的电力 93% 以上来自非化石能源，所以其直接电加热是很清洁的。然而，为了提高供热效率，独立式住宅中未与区域供热系统连接的直接电加热和燃油锅炉正在逐渐被热泵取代。近 10 多年来，瑞典每年大约安装 10 万台热泵。其中，大约一半是空气源热泵，即利用室外空气在建筑物内产生热空气；地源热泵约占总量的 1/3。电力（包括热泵）提供的热量占独立式住宅热量总需求的近一半。

4. 储热罐

在瑞典供热系统中，储热罐扮演着重要角色。这是一种经济性强的储能方式，在夜间低费用、低负荷时储热，在白天时释放热能，并且保障用热峰值时刻的热能供给。储热罐可以在一定程度上减少当地市区燃煤锅炉或天然气生产的热，并提高锅炉（尤其是生物质锅炉）的生产效率，是瑞典减少碳排放较重要的一环。

为了提升发电厂的灵活性，瑞典将储热罐在长输管网的连接点与区域供热系统进行结合。在夜间，将水加热并循环至罐体的顶部，冷水在罐体底部排放；在白天热需求增加时，这个过程是相反的，冷水循环至罐体底部，热水从罐体顶部排出。这可以在一定程度上增加能源基础负荷供给。

四　瑞典热电联产

瑞典的区域供热主要通过热电联产提供热量。2019 年，瑞典热电联产厂产热消耗的燃料占所有供热燃料的 85.4%（见图 2-7）。

（一）生物质热电联产

1990 年，瑞典政府决定对生物质热电联产工程进行投资补贴。1991 年，瑞典开始实施碳税政策。2000 年之后，瑞典实行了生物质交通运输燃料免税政策。2003 年，瑞典又实行了绿色电力证书政策，规定获得"绿色电力"认证的电力生产企业，可以免除碳税，同时绿色电力指标可以进行交易。

热电联产厂
2019年燃料消耗总量（用于加热）：
250925TJ（69705GWh）

供热工厂
2019年燃料消耗总量：
42875TJ（11911GWh）

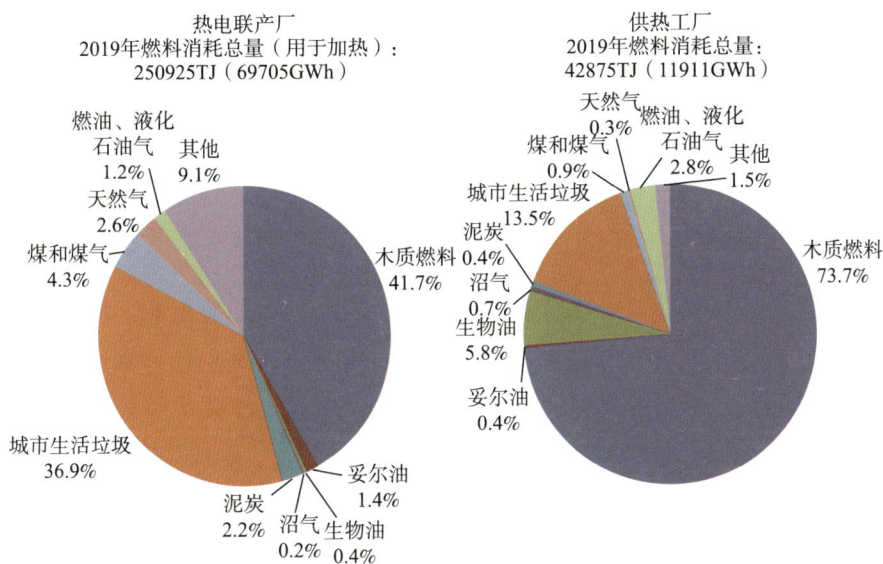

图 2 - 7　2019 年瑞典热电联产厂和供热工厂的燃料消耗对比

资料来源：瑞典能源署《电力供应、区域供热和天然气供应 2019》，https://www.scb.se/contentassets/f3fea1fd8f6040e8b78b9408f49adbc8/en0105_2019a01_sm_en11sm2001.pdf。

由于碳税政策使石油燃料成本大幅上升，所以可再生能源具有了竞争力，且生物质发电是典型的绿色电力，可以大量采用生物质成型燃料作为原料。这些因素促使生物质热电联产快速发展。近几十年，生物质的使用量在瑞典的电力和热力生产以及交通运输部门中稳步增长。2018 年，瑞典生物质的使用量增加至 1410 亿千瓦时，相当于能源供应总量的 25.5%，其中用于供热的有 350 亿千瓦时，占全部供热市场的 70% 以上。采用热电联产模式的生物质供热，能源转换效率普遍超过 80%，用于供热的生物质热水锅炉的综合热效率能高达 95%。

（二）垃圾热电联产

在 2001 年《垃圾填埋法》的推动下，瑞典区域供热系统中的垃圾焚烧发展迅速。瑞典通过垃圾焚烧，进行热电联产，使用垃圾衍生燃料（Refuse Derived Fuel，RDF）技术，在城市中让垃圾变为能源，使气味大和其他环境问题最小化。

2011～2020 年，瑞典每年超过 99% 的城市生活垃圾得以回收再利用（20 世纪 70 年代这一比例不到 40%），其中 36% 被回收利用，14% 作为肥料使用，49% 焚烧后转变为能源，只有不到 1% 的垃圾需要填埋处理，而且瑞典还从挪威和英国进口垃圾。而欧盟各国需要处理的无法利用垃圾的占比平均为 38%。《瑞典废物管理 2020》显示，瑞典有 37 座垃圾焚烧工厂，其中 31 座热电联产厂、6 座供热锅炉厂。

韦斯特罗斯是瑞典能源之都，拥有多个世界著名能源企业。该市将垃圾作为一种重要的能源资源，持续优化垃圾管理政策和现代处理技术。该市一个普通的垃圾回收站，大体上分为五个区域：电子化学类垃圾回收区（含回收箱、器物分类台等，主要回收蓄电池、污油、油漆等垃圾）、捐赠区（回收书、烛台、水杯、装饰品等各种生活捐赠物品）、可循环利用区（专门分类回收塑料和金属，易拉罐、饮料瓶等可以到超市去处理）、大件弃物箱（大卡车拖斗大小，中间是车道，位置高，两侧是弃物箱，居民可以开车过来把弃物扔到对应的弃物箱）、树枝树叶渣土区（回收树枝、树叶、渣土等）。拥有 15 万人口的韦斯特罗斯共有 10 座这样的垃圾回收站，小型的垃圾回收站更多。

（三）其他供热方式案例

一是吕勒奥能源公司利用钢铁厂的废气进行热电联产，开展供热业务。该公司是一家综合能源公司，电网业务和充电桩业务发达。

二是斯德哥尔摩利用数据中心的余热供热。预计到 2035 年，该市余热供热将满足其全部供暖需求的 10%，并将扩大到全国范围。其主要运作流程为将冷水通过管道送入数据中心，用来生成冷空气，吹到服务器上防止设备过热，在冷却过程中被加热的水从管道中排出，进入富腾公司的供热工厂，最后进入区域供热系统。

三是瓦格达（Vårgårda）氢能社区氢燃料电池驱动空气源热泵供热。2020 年 2 月，该社区的房子进行了改造：加建一层变成三层；加木材外层做外保温；最关键的是，添加光伏系统和氢能系统，用于供应房屋公共区域的电力，并驱动空气源热泵供热。该社区改造完成后共 172 套房屋，有可能是瑞典甚至全球第一个氢能社区（见图 2-8）。瓦格达的能源转型目标是到 2030 年不再消耗化石燃料，氢能技术成为其重要的支撑技术。

图 2-8 瓦格达氢能社区

五 总结和思考

　　瑞典供热系统有以下特征。一是非化石能源在供热能源中占比很高。2018 年，瑞典一次能源消费结构中非化石能源占比 75.4%；供热领域中，非化石能源占比 79%，主要能量来源是生物质和垃圾。二是推广热电联产，提高能源效率。瑞典生物质和垃圾供热的 4/5 以上采用热电联产的模式，并不断开展技术创新，提高能源转换效率。三是主要采用区域供热模式，主要能量来源是生物质和垃圾，其中占最大份额的是固体生物质燃料，占 50% 以上。四是自上而下的政策推动其供热能源转型。碳税等政策一直是供热领域脱碳的有效驱动力。五是全民支持发展绿色供热。从主动参与垃圾的分类回收利用到大量使用生物燃料，可以看出瑞典人民善于因地制宜且积极利用清洁供热能源。

　　瑞典的绿色供热系统对中国供热能源转型有以下一些启示。一是继续提高垃圾分类水平，多渠道增强人民的垃圾分类意识，让可持续发展观念深入人心。瑞典的垃圾制取衍生燃料的方法，提高了利用垃圾焚烧进行热电联产的比例，既能供热，又能降低垃圾的填埋率。二是持续完善能源相关法律法规和政策。瑞典的《环境法》《垃圾填埋法》等法律法规和绿色电力证书等政策对其供热发展影响很大，违法成本高是瑞典特色。中国可以进一步完善能源相关税法和补贴政策，让能源生产商和消费者主动参与低碳能源行动。三是加大环境技术行业的科技研发力度。生物燃料、废弃物处理及可再生能源系统解决方案都依托不断进步的先进科学技术，中国应积极鼓励相关技术的研发。

参考资料

［1］瑞典能源署：《2020 年版瑞典能源事实与数据》，http：//energimyndigheten. a－w2m. se/FolderContents. mvc/Download？ ResourceId＝174155。

［2］国际能源署：《瑞典 2019 年回顾》，https：//www. iea. org/countries/sweden。

［3］瑞典能源署：《2020 年能源状况》，http：//www. energimyndigheten. se/globalassets/sta-ti-stik/energilaget/energilaget－i－siffror－2020. xlsx。

［4］瑞典能源署：《瑞典和欧盟的能源目标和气候目标》，http：//www. energimyndigheten. se/energiklimatmal。

［5］江小鹏、魏楚：《瑞典区域供暖会给我国供暖事业带来哪些新启示》，《中国城市能源周刊》，2020，https：//mp. weixin. qq. com/s/mUC9fDBoZU0hZXy_OdfBQw。

［6］N. Bertelsen, Mathiesen B. Vad, "EU－28 Residential Heat Supply and Consumption：Historical Development and Status," *Energies* 13 （2020）：1894－1915.

［7］瑞典能源署：《电力供应、区域供热和天然气供应 2019》，https：//www. scb. se/cont-entassets/f3fea1fd8f6040e8b78b9408f49adbc8/en0105_2019a01_sm_en11sm2001. pdf。

［8］何继江：《瑞典印象 18：韦斯特罗斯市垃圾回收站考察》，https：//mp. weixin. qq. com/s/Slr6dwV－DCJ8l7－hjbOR0w。

［9］何继江：《瑞典零碳梦想 03：清洁供热体系中的蓄热罐》，https：//mp. weixin. qq. com/s/tYwYjdwOgY0QpFPub8tZAw。

［10］瑞典废物管理协会：《瑞典废物管理 2020》，https：//www. avfallsverige. se/fileadmin/user_upload/4_kunskapsbank/Svensk_Avfallshantering_2020_publ2021_01. pdf。

第三章
芬兰埃斯波市能源转型*

　　埃斯波（Espoo）是芬兰的第二大城市，2016 年、2017 年连续两年被评为欧洲最具可持续性的城市，并致力于永久成为欧洲最具可持续性的城市。埃斯波市设定的目标是在 2030 年实现碳中和，比芬兰碳中和目标早 5 年。

　　2019 年 10 月 1 日前后，清华大学、重庆工商大学、北京中创碳投科技有限公司的联合考察团受邀到埃斯波市参加世界低碳城市联盟组织的 Responsible City Forum，并与芬兰方面召开中国 – 芬兰科技合作项目 EIR（Excellence in Renewal）计划 – 新型城镇能源互联系统研究及试点应用课题的启动会。

　　考察团同时考察了富腾公司总部、富腾公司的热电厂（见图 3 – 1）、在建的地热项目，并与阿尔托大学进行了交流。

图 3 – 1　考察团在富腾公司的热电厂合影

---

*　本章是国家重点研发计划政府间重点合作专项"EIR 计划 – 新型城镇能源互联系统研究及试点应用"（2018YFE0196500）研究成果的一部分。

一 芬兰概况

芬兰位于欧洲北部，是北欧五国之一，与瑞典、挪威、俄罗斯接壤，西南面为波罗的海和芬兰湾，西面则为波的尼亚湾。芬兰国土面积 33.8 万平方公里，海岸线长 1100 公里，内陆水域面积占全国总面积的 10%，有岛屿约 17.9 万个、湖泊约 18.8 万个，有"千湖之国"之称。芬兰经济、社会高度发达，人均 GDP 约 5 万美元。在联合国公布的《世界幸福感报告》中，芬兰 2018～2020 年连续三年成为世界上最幸福的国家。

芬兰冬季寒冷且漫长，仅南部较温暖。芬兰 1/3 的土地在北极圈内，属温带海洋性气候。在芬兰北部，冬季气温通常低至 -30℃，甚至 -50℃，有时伴有强烈的、寒冷的东风或东北风。芬兰北部 10 月至 4 月、南部 12 月至 4 月常年被冰雪覆盖。

芬兰的三大国民经济支柱产业分别为新兴的电子业、战后发展起来的金属工业和传统的森林工业。

芬兰森林面积 2300 万公顷，森林覆盖率 69%（扣除内陆水域面积的森林覆盖率为 76%），人均森林面积 3.9 公顷，是欧洲人均森林面积最多的国家。森林是芬兰最重要的自然资源，总蓄积为 21.89 亿立方米。

在能源方面，芬兰缺乏化石能源，煤炭、石油和天然气都靠进口，主要从俄罗斯进口。芬兰泥炭资源丰富，截至 2012 年探明储量约为 690.94 亿立方米，相当于 40 亿吨石油。此前，泥炭被认为更接近生物质，属于可再生能源，后由于欧盟更倾向于认定泥炭为不可再生能源，所以泥炭无法再享受可再生能源的相关政策。目前芬兰大力发展可再生能源，并且依靠本地的生物质能、水能和核能等实现了非化石能源消费量占能源消费总量的 50% 以上。

二 埃斯波市概况

（一）埃斯波市地理位置、人口和气候

埃斯波市是芬兰的第二大城市，人口数量仅次于首都赫尔辛基。埃斯

波市紧邻赫尔辛基西侧，相距仅 20 公里，面积 528 平方公里。埃斯波市夏季舒适，冬季漫长、冰冻、干燥、多风。在一年中，埃斯波市气温通常在 -9℃ 到 22℃ 之间变化，极少低于 -20℃ 或高于 27℃。埃斯波市地处北纬 60 度左右，白天日照时长全年变化极大，2020 年白天最短的一天只有 5 小时 48 分钟的日光，白天最长的一天则有 18 小时 57 分钟的日光。

（二）埃斯波市发展历程

1920 年，埃斯波市还只是仅有 9000 人口的小城。当时农业几乎是埃斯波人唯一的收入来源，75% 的人口靠耕种为生。20 世纪 40~50 年代，埃斯波开始迅速工业化，很快从一个乡村型市镇转变成一个羽翼丰满的工业型城市。1972 年，埃斯波与考尼艾宁分离，并都获得城市使用权。由于和首都赫尔辛基的邻里关系，埃斯波在首都的知名度很快提升。在 1951~2000 年的 50 年中，埃斯波的人口从 2.2 万增长到 21 万。截至 2019 年，埃斯波已有 29 万人。

（三）埃斯波市环保成就

埃斯波市在 2016 年和 2017 年被评为欧洲最具可持续性的城市。世界领先的 CDP（全球环境信息研究中心）（原为碳披露项目）指出，2020 年埃斯波市已攀升至世界领先的 A 等级气候城市。2020 年，全球共有 88 个城市被列为 A 等级城市。CDP 是维护国际环境报告系统的非营利组织，每年对全球城市和公司的环境绩效进行评估（等级从 A 到 D）。其报告系统可以使城市、地区、投资者和企业更好地衡量和了解自身对环境的影响。2020 年，埃斯波市的减缓和适应气候变化工作均获得 A 级评价。这意味着与全球和欧洲区域平均值（均属于 C 类）相比，埃斯波市在这两个类别中都处于领先水平。埃斯波市政府曾做过一项关于市民最关心问题的社会调查，调查结果显示，市民最关心的问题是环境保护以及人与自然的关系，而这也是埃斯波市在环境保护领域处于世界领先水平的原因之一。

（四）埃斯波市供热演进过程

2010 年，埃斯波市区域供热网络中使用的燃料主要是化石能源，以燃料油为主；2014 年，燃料油供热基本上被煤炭供热取代；2017 年，煤炭供热的比例有所下降，生物燃料供热的比例明显上升，但化石能源仍然占绝对主力（见图 3 - 2）。作为一个低碳环保的先锋城市，为了实现供热过程的清洁化、减少供热碳排放，埃斯波市自 2017 年起大力发展清洁能源，使用清洁能源进行区域供热。截至 2020 年，埃斯波市碳中和区域供热比例大幅度上升。

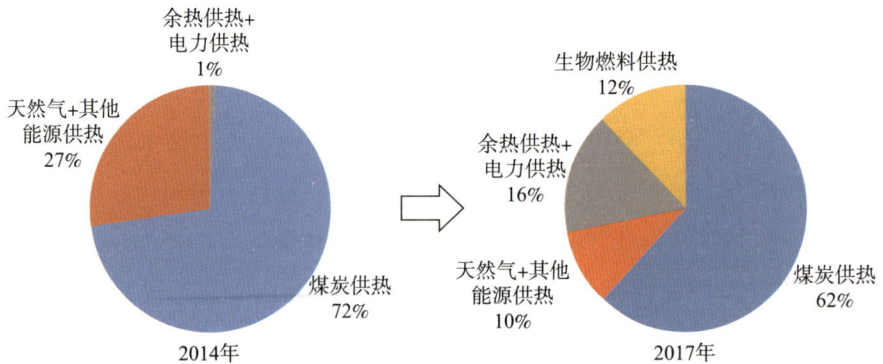

图 3 - 2　埃斯波市供热演进过程

资料来源：Fortum, Energy Production and Conveyance in Espoo Area。

三　埃斯波市碳中和目标和富腾公司介绍

（一）埃斯波市碳中和目标

芬兰计划 2029 年完全退出煤电，2035 年实现碳中和。埃斯波是芬兰2015 年加入可持续发展承诺的第一个城市，其最新气候目标是到 2030 年实现碳中和，同时决定 2025 年停止使用煤炭。埃斯波的碳中和目标比芬兰提前 5 年，退煤目标比芬兰提前 4 年，相当富有雄心壮志。为了实现 2030 年碳中和的宏伟目标，埃斯波市政府与当地最大的能源企业富腾公司合作，制订了供热能源转型实施计划和具体的转型方案。

从图 3 - 3 中可以看到，埃斯波市 2020 年已经实现 40% 的碳中和区域供热，并且计划在 2026 年实现 85% 的碳中和区域供热，到 2029 年实现95% 的碳中和区域供热。

2014年	1%	
2018年	26%	
2020年	40%	
2022年	50%	
2026年	85%	
2029年	95%*	

50%
50%的芬兰人认为区域供热是一种可靠且方便的供热方法

20%
埃斯波市市民认为供热应该是环保的，20%的人认为这是供热的最重要特征

60%
区域供热是芬兰最受欢迎的供热方式，几乎60%的新建筑空间采用区域供热方式

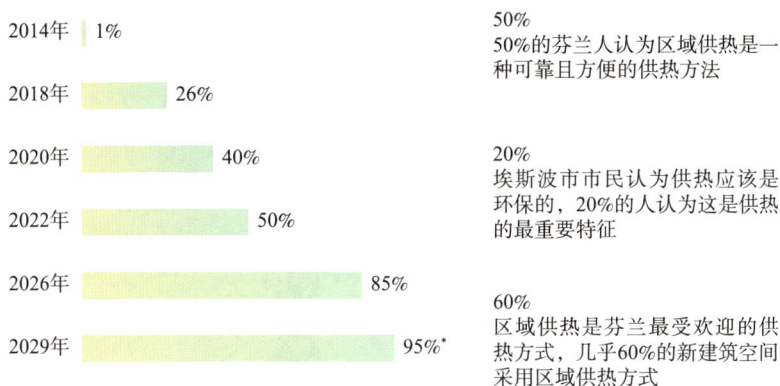

图 3 - 3　埃斯波市的区域供热及其碳中和计划

注：* 表示为了供应安全，将剩余一定的天然气产能，该部分的碳排放将得到补偿。

（二）埃斯波市供热公司——富腾公司

为了实现 2030 年碳中和的目标，埃斯波市必须减少碳排放，而供热碳排放占碳排放总量的一大半，因此进行供热能源转型对埃斯波市至关重要。富腾公司作为埃斯波市主要的供热公司，在埃斯波市供热能源转型中扮演着重要角色。

富腾公司是芬兰国有能源公司之一，是芬兰最大的能源企业，政府占 51% 的股份。富腾公司总部（见图 3 - 4 至图 3 - 6）位于埃斯波市，是北欧第三大电力生产商，也是北欧最大的电力零售商，还是全球技术领先的供热公司，在全球共拥有 250 万顾客。由于 2/3 的电力生产来源于水电和核电，

图 3 - 4　富腾公司总部大楼远景

图 3-5　富腾公司总部一层咖啡厅

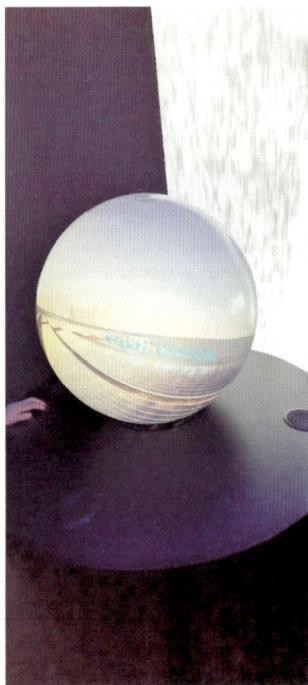

图 3-6　富腾公司展厅的球形电子显示屏
注：显示内容为富腾公司在印度的百兆瓦
光伏电站。

因此富腾公司是欧洲碳排放最少的电力生产商之一。富腾公司全球电力生产业务不含二氧化碳的比例为 61%，如果只算欧洲区域，则该业务不含二氧化碳的比例可以达到 96%。

富腾公司有 9000 多名来自北欧、波罗的海、波兰、俄罗斯和印度的专业人员。富腾公司主营业务包括热电联产的发电业务、热能和电能的销售业务、废弃物处理服务，以及其他与能源相关的服务和产品，诸如回收、再利用、最终分解、土壤修复和环境重构服务，以及针对发电企业和电动汽车行业的服务咨询等。

图 3-7 呈现的是 2018 年富腾公司电力和热力生产能源来源占比。富腾公司当年生产了 746 亿千瓦时的电力，其中大部分来自天然气发电、核电和水电；生产了 298 亿千瓦时的热力，其热力的第一大能源来源是天然气，生物质和垃圾供热的比例总计为 15%。2019 年，富腾公司生产了 763 亿千瓦时电力和 264 亿千瓦时热力，其中 59% 的发电不含二氧化碳。

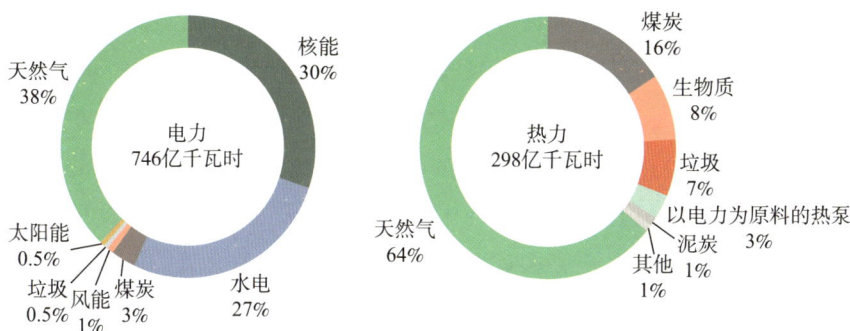

图3-7　2018年富腾公司电力和热力生产能源来源占比

富腾公司有一个有趣的鼓励低碳出行的政策，规定不开燃油车上班的人（即走路或骑自行车、驾驶电动汽车的员工），可以享用免费早餐。该政策的实施并不对员工进行核实，只凭员工自主申请，也就是早餐时自主决定付费或不付费。在富腾公司办公楼，大家没有固定的工位，每天都是自己动态寻找工位。

四　埃斯波市清洁供热计划

为实现2030年碳中和的目标，埃斯波市和富腾公司共同制订了从2014年到2029年长达16年的清洁供热计划。富腾公司将其称为Espoo Clean Heat项目。

埃斯波市清洁供热计划分为两个部分：淘汰化石能源和增添新能源。淘汰化石能源的过程为：2021年关闭Suomenoja厂So3燃煤机组（65MWth）；2022年关闭So6天然气机组（100MWth）；2025年关闭So1燃煤机组（70MWth/160MWth）。增添新能源的过程为：2020年以前建设热泵、新的生物质颗粒工厂；2021年和2022年扩建新的生物质燃料热电联产机组、空气源热泵和大型储热罐；2022年和2024年分别建立不同规模的数据中心废热供热站。

五　埃斯波市供热能源转型方案

（一）大力发展生物质能源

生物质燃料（见图3-8）供热技术通过使用木屑、草类、垃圾处理残留物和农作物肥料处理残留物等可再生能源进行供热。生物质本质上是一种固碳成果，其燃烧过程不会引起大气中二氧化碳的累计增加，属于典型的低碳能源。2017 年，富腾公司实现生物质供热占比 12%。2017 年 10 月，富腾公司开始通过热泵在 Kivenlahti 的生物质颗粒工厂和在 Vermo 的热解油工厂为埃斯波市居民打造更清洁的区域供热系统。这些工厂启动后，埃斯波市人均区域供热碳排放量减少了 8%，环境保护效益显著。此外，富腾公司计划 2022 年在 Ämmässuo 建造第一座多燃料锅炉（供热功率为 80～100兆瓦），2025 年建造第二座多燃料锅炉/热电联产厂（供热功率为 100～120兆瓦），以代替埃斯波市区域供热中使用的部分煤炭。Ämmässuo 是芬兰最大的垃圾处理中心，也是欧洲最大的垃圾处理中心之一。在 Ämmässuo 建造垃圾热电厂对富腾公司来说具有战略意义，被认为是取代煤炭使用和促进区域循环经济发展的最佳选择，也是埃斯波市实现碳中和目标的重要支撑。

图 3 - 8　固体生物质燃料

（二）利用地源热

地球是一个庞大的热库，蕴藏着巨大的热能。地热能是一种清洁能源，是可再生能源，开发前景十分广阔。

2017 年，富腾公司开始与 St1 公司合作，建设奥塔涅米（Otaniemi）地热供热厂，地热井（见图 3 - 9）深度将达到 7 千米左右。该工厂的生产将满足埃斯波市 Kauniainen 和 Kirkkonummi 高达 10% 的区域供热需求，将成为埃斯波市实现碳中和目标的重要支撑，对地热和区域供热系统意义重大。

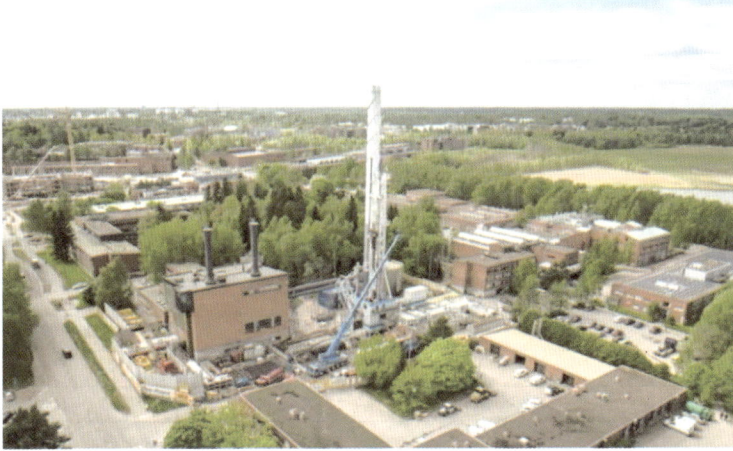

图 3 - 9 奥塔涅米地热供热厂地热井正在钻探

2019 年 10 月 6 日，考察团来到富腾公司的合作伙伴 St1 公司的地热项目现场（见图 3 - 10、图 3 - 11）。St1 公司是芬兰的一家能源公司，总部位于赫尔辛基，共有 770 名员工，业务遍及芬兰、瑞典和挪威的多个领域，在芬兰、瑞典和挪威共拥有 1400 个服务站，其能源展望是创建新的具有成本效益的可再生能源解决方案，成为能源领域的先进生产商和销售商。

图 3 - 10 St1 公司地热项目取热原理

奥塔涅米地热供热厂于 2016 年开始钻探，这是芬兰首个工业级地热站。

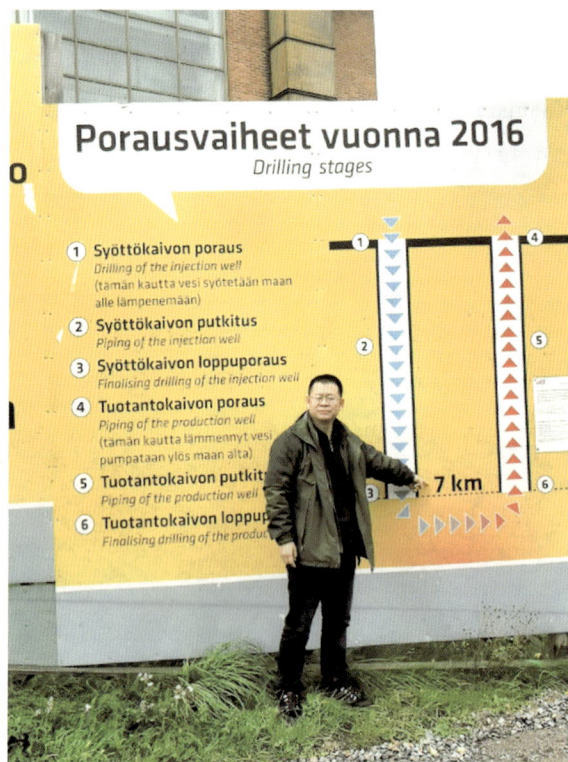

图 3-11 何继江考察 St1 公司地热展示板

该项目的取热方式是利用深层岩石自身温度，注入淡水进行热交换。项目钻两口地热井，一口注水，一口取热。两口井之间采用微型地震法提高渗透率。2020 年 4 月，该项目进入最后钻井阶段，5 月下旬，该项目完成了反刺激措施。反刺激措施在水压测试的基础上进行，可以确保进入系统的水尽可能在井间岩石缝隙中流动，将可能由微振动引起的噪声最小化。项目建成后，该地热井的深度将远超冰岛深钻计划的 4000 多米井深，该地热供热厂将成为世界上最深的地热生产工厂。其生产的热量直接进入富腾公司的供热管网，供热能力约为 40 兆瓦，可以满足埃斯波市高达 10% 的区域供热需求。

（三）回收利用废热

近几年，富腾公司提出开放式区域供热（open district heating）模式，购买埃斯波市超市、数据中心和污水处理厂等的废热，并入供热管网，以利用好废热，减少能源生产，节约使用其他能源，从而缓解气候变化。目前，在埃斯波地区，约有16%的供热热源来自废热。富腾公司的目标是到2022年将废热提供的热量占比增加到30%以上。

1. 回收数据中心的废热

随着数字化的发展，数据中心的建设也在加速。运营数据中心的全球IT巨头正越来越多地投资于可再生能源，以通过使用相应量的无碳能源来补偿数据中心的电力消耗。数据中心的服务器机房所消耗的部分电能可以转化为热能，并馈入区域供热网络。

目前，埃斯波市已经开始利用Ericsson、Elisa and Tieto数据中心的废热，累计总热量输出功率9兆瓦。同时，富腾公司正在计划为埃斯波市Kirkkonummi和Kauniainen地区建设一个100兆瓦的数据中心。这个数据中心的废热将取代整个Suomenoja热电厂的燃煤锅炉供热，使埃斯波这两个地区的区域供热每年减少30万吨二氧化碳排放（占芬兰2035年减排目标的1.7%）。回收数据中心的废热将是埃斯波市实现2030年碳中和目标的重要方式之一。

2. 回收废水中的废热

近几年，富腾公司一直在回收Suomenoja污水处理厂废水中的废热，至2020年已建成三个25兆瓦的污水源热泵（见图3-12），总功率达75兆瓦。这些热量用于区域供热，将满足埃斯波市供热需求的15%，并可以将埃斯波市碳中和区域供热比例提高到40%。

图3-12　Suomenoja热电厂的污水源热泵

2019年10月6日，考察团参观了富腾公司的Suomenoja热电厂（见图3-13）。该厂内有燃煤机组、燃气机组、燃生物质机组，发电装机总容量350兆瓦，供热功率620兆瓦，供冷功率15兆瓦。此外，该厂有只用于供热的燃煤锅炉8台，功率共73兆瓦；生物质锅炉3台，功率分别为40兆瓦、40兆瓦和60兆瓦；燃气机组1台，功率为234兆瓦。

图3-13　考察团参观富腾公司的Suomenoja热电厂

Suomenoja热电厂有几个特点：①有高容量的储热罐；②有功率50兆瓦的热泵系统，COP值为3~4；③从附近的污水处理厂取热；④运营外包给Maintparter公司；⑤人员极少，工作效率高。

2019年10月，我们考察时，该厂已经建成2台污水源热泵机组，共计50兆瓦。

（四）供热转型中的产消者

公司、商业和住宅建筑都可能产生大量废热，它们将这些废热出售给富腾公司，而不是将其释放到空气中。富腾公司利用供热管道，将废热转移到其双向区域供热网络中，以回收利用这些废热。通过将多余的热力或其他清洁能源出售给富腾公司，公司、商业和住宅建筑可以从能源消费者转变为能源生产者，成为供热转型中的热力产消者（见图3-14）。

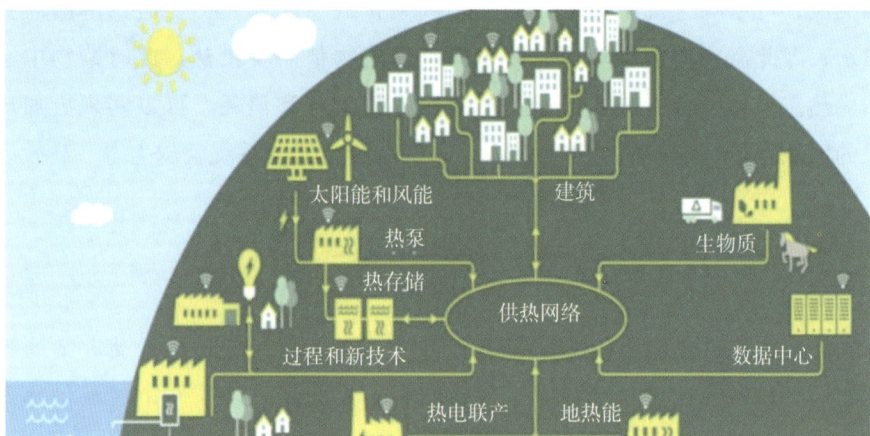

图 3-14 供热产消者模式

埃斯波医院为富腾公司区域供热系统提供了 1.5 兆瓦的供热能力,虽然规模不大,但很有标志性,展现了用能单位作为热力产消者的潜力。近几年,富腾公司也向埃斯波市的许多超市等大型建筑购买废热,并入供热管网,促使埃斯波市区域供热产生的二氧化碳逐渐减少。

(五)需求侧响应——利用人工智能控制区域供热

区域供热系统的智能控制可优化热力生产,实时响应不同片区建筑的供热需求,从而将热力引导到最需要的地方(见图 3-15)。通过对需求侧

图 3-15 智能驱动下需求侧响应供热模式

的响应，可以减少备用热电厂的使用和碳排放。比如，早上居民淋浴需要热水，因此需要增加供热，但并非所有建筑物都需要供热，此时购物中心的供热需求可以有所减少。通过控制热力的生产和消耗，可以实现更加环保的区域供热。越多的建筑物加入需求侧响应，能源系统就越生态、高效。

六　总结和思考

埃斯波市供热能源转型是一个有目标、有计划、有具体行动方案的整体布局。目标、计划和行动方案紧密结合，共同促进埃斯波市区域供热碳中和。

一是目标导向的重要性。埃斯波市提出 2030 年实现碳中和目标，使整个城市各领域在绿色减排方面有了共同的价值取向，从而使整个城市从企业到居民都有极大的动力去促进能源转型、实现碳中和目标。

二是长远的规划非常关键。能源转型是一个长期的过程，不是一蹴而就的。实现这一过程需要提前部署，需要有长远的规划来支撑。

三是具体行动方案要因地制宜。埃斯波市不仅充分利用本地的资源禀赋，如地热和生物燃料等，还对低品位的能源（如废热、余热）进行了充分利用。

埃斯波市的供热能源转型，给中国带来很多启发。

第一，坚定目标。中国已经明确了 2060 年前实现碳中和的目标，因此其供热能源脱离煤炭和石油是必然的。中国要有心理准备面对这种转型，要设定形成无煤甚至无天然气供热系统的目标。

第二，坚定信心。埃斯波市的供热系统依赖化石能源的程度与中国北方很多城市差不多，但它确定了 2030 年就实现供热碳中和的目标，这对中国的城市是很大的激励。芬兰人敢设的目标，我们也敢设；芬兰人能实现的技术创新，我们也能够实现。

第三，精细化地利用热源。埃斯波市在充分发掘各种可再生热源方面，着手从供应侧精细化地利用各种热源，诸如垃圾和生物质热源、污水源热泵热源、数据中心热源、超市冷柜热源、地热热源等，这些技术创新都值得中国借鉴。

第四，热电厂的灵活性改造。埃斯波市的火电厂不仅不断提高可再生能源的比例，还在灵活性改造方面做了大量实验，如大型储热系统、污水源热泵等。在北欧电力市场以 15 分钟为单位波动的电价下，埃斯波市发电供热策略的智慧化管理系统值得中国借鉴。这一系统在提高发电系统灵活性的同时，也提升了供热能力，而且提高了效率。

参考资料

［1］ Fortum，Avoin Kaukolämpö, Ostohinnat（Website in Finnish：Open District Heating, Buy-in Prices），https：//www. fortum. fi/yrityksille – ja – yhteisoille/lammitys/kaukolampo – 0/avoin – kaukolampo/avoin – kaukolampo – ostohinnat.

［2］ Larmio，Waste Heat Utilization in Espoo's District Heating Network，Building Energy Exergy：From Analysis to Applications Aalto University，Espoo，Finland，Available online：https：//www. aalto. fi/sites/g/files/flghsv161/files/2020 – 03/Risto% 20 – % 20Fortum_WasteHeatEspoo% 20Distrib. pdf.

［3］ Fortum，New Heat Pump Unit for Fortum at Suomenoja—The Share of Carbon – Neutral will Increase to over 50 Percent in 2022，https：//www. fortum. com/media/2019/05/new – heat – pump – unit – fortum – suomenoja – share – carbon – neutral – district – heating – production – will – increase – over – 50 – cent – 2022.

［4］ Fortumin kiistelty datakeskushanke sai suunnitteluluvan Espoossa：Latuverkkoon ei kosketa，kaupunki vakuuttaa（News Article in Finnish：Fortum's Data Center Project Received a Planning Permission），Helsingin Sanomat，https：//www. hs. fi/kaupunki/espoo/art – 2000006241463. html.

［5］ Helin & Co Architects，A Unique Zero – emission Local Energy Project Starts in Otaniemi，https：//www. fortum. fi/media/2020/08/ainutlaatuinen – paastottoman – lahienergian – projekti – alkaa – otaniemessa.

［6］ Fortum，Espoo Clean Heat，https：//www. fortum. com/espoo.

［7］ Espoo Esbo，Climate Goals Aim for Carbon Neutrality，https：//www. espoo. fi/en – US/Housing_ and_ environment/Sustainable_ development/Climate_ goals.

第四章
瑞典零能耗建筑

我在瑞典期间，考察过几幢零能耗建筑。一幢是位于哥德堡的离网的光伏氢能房子，实现了零能耗（见图4-1）。瑞典北部谢莱夫特奥市的一幢房子也有类似的技术路线，可作为小型宾馆使用。我还考察过哥德堡东部一座小城市的氢能社区。这些房子位于北纬57~65度。这么高纬度的地区都能实现建筑零能耗，世界上还有什么地方不能实现建筑零能耗呢？

图4-1 哥德堡的离网零能耗建筑

一 瑞典哥德堡零能耗建筑

这幢房子的独特性在于它是一幢离网的零能耗建筑。它依靠23千瓦的光伏系统实现热电联产，不仅可以解决电、热、热水问题，还可以给电动汽车充电（见表 4-1）。其技术系统包括光伏发电、太阳能集热、铅酸电池、制氢、储氢、燃料电池、热水存储、热泵、地板辐射供热、电动汽车充电设施等。

表 4-1　哥德堡零能耗建筑的能源利用情况（年度）

能源产出	• 太阳能光伏发电 22000 千瓦时 • 太阳能集热 6500 千瓦时
直接能源消耗	• 太阳能光伏发电 7000 千瓦时 • 太阳能集热 1500 千瓦时
储能（电转气）	• 15000 千瓦时的太阳能光伏发电通过电解水生产 3000 标准立方米的氢气 • 冬季使用 2200 立方米氢气为房屋供热和供电（11 月至 2 月，光伏发电量可忽略不计） • 剩余 800 立方米的氢气可用于计划中的氢燃料电池汽车

这幢房子的主人，也是这幢房子的设计者汉斯·奥洛夫·尼尔森（Hans - Olof Nilsson），是一名电气和通信专业的工程师，曾经开办了一个制冷设备厂。他于 2005 年在瑞典成立了一家风力发电公司，后来创办了一家可再生能源咨询公司，现在是 Nilsson 能源公司的联合创始人。

他退休后于 2014 年开始建造该幢房子，2015 年开始使用。这是一幢二层的民居，建筑面积 500 平方米，他和妻子在此居住。关于房子的成本，2017 年他曾在一篇报道中提到，"瑞典典型的高层建筑平均每平方米的价格为 32000 瑞典克朗（约 24000 元人民币），我们的房屋总价为 1500 万瑞典克朗，建筑面积 500 平方米，每平方米价格为 30000 瑞典克朗"。该幢房子整个系统选用优质材料、光伏板、太阳能集热板和大量控制单元、逆变器、多种水罐等，建筑成本并不算非常高。

（一）能源系统三种运行模式

（1）有阳光的白天：光伏发电首先满足房屋负荷需求，富余光伏发电给电池充电，当电池电量达到 85% 时，电解槽开始制氢气，制得的氢气被压缩并以 300 帕压力存储在室外氢气罐中。

（2）无阳光的黑夜：房屋负荷需求由电池满足。

（3）冬季（光照时间过短）：当电池电量低于 30% 时，燃料电池启动，为电池充电，产生的热用于为房屋供热与提供热水（见图 4-2）。

氢气供电系统可以保证家庭及其电动汽车整年正常运行

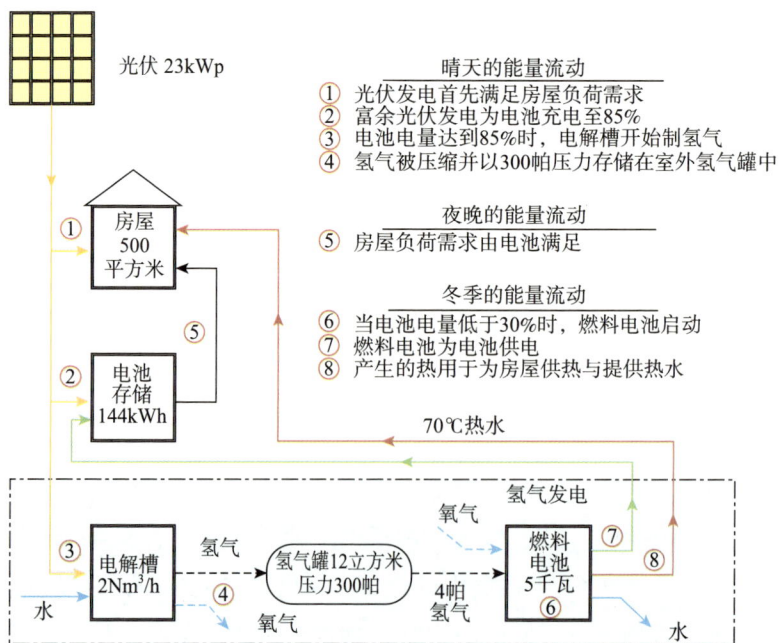

光伏 23kWp

晴天的能量流动

① 光伏发电首先满足房屋负荷需求
② 富余光伏发电为电池充电至 85%
③ 电池电量达到 85% 时，电解槽开始制氢气
④ 氢气被压缩并以 300 帕压力存储在室外氢气罐中

夜晚的能量流动

⑤ 房屋负荷需求由电池满足

冬季的能量流动

⑥ 当电池电量低于 30% 时，燃料电池启动
⑦ 燃料电池为电池供电
⑧ 产生的热用于为房屋供热与提供热水

① 房屋 500 平方米

⑤

② 电池存储 144kWh

70℃热水

氢气发电

氧气

③ 电解槽 2Nm³/h

水

氢气

氢气罐 12 立方米 压力 300 帕

④ 氧气

4 帕 氢气

燃料电池 5 千瓦 ⑥

⑦

⑧

水

图 4-2　房屋能量流动图

（二）建筑系统构成与实地考察

该幢建筑整个向南的屋顶覆盖有光伏板和太阳能集热板，为房屋提供大部分电能。140 平方米的光伏板峰值发电功率为 23 千瓦，而 20 平方米的太阳能集热板产生 13 千瓦的热力。南立面的光伏板（0.8 千瓦）可以捕集冬季的低角度（与水平线夹角 12~15 度）太阳光线。在西面外墙壁上，两个光伏板功率 2 千瓦，用于捕集午后和傍晚的太阳能（见图 4-3）。

房屋外墙覆盖德国制造商 Tonality 的瓷砖，安装在垂直的金属导轨上，与下方的隔热材料之间留有大约 2.5 厘米的距离，以保证充足的通风并避免建筑中积聚湿气，并且这部分自由空间可以用于安装灯或摄像头的电缆。这种瓷砖在夏季具有出色的通风和散热功能，可以减少室内对制冷的需求，并且用这种瓷砖打造的外墙是可以免维护的（见图 4-4）。

图 4 - 3 房屋西立面的光伏板

图 4 - 4 外墙瓷砖

该房屋通过采用智能温控系统（见图 4 - 5），使房间保持在令人舒适的温度区间内。

房屋配有一个 55 平方米的室内车库。房主有两辆电动汽车（宝马 i3 和雷诺 ZOE）。另外，他计划用丰田氢燃料电池汽车 Mirai 来代替他们用于长途旅行的沃尔沃燃油汽车。

1. 电气系统

光伏电力进入电源中心，电源中心的控制系统进行电力分配：为电池充电、电解水制氢和为房屋内部电网供电。图 4 - 6 中的黄色箱盒是逆变器

图 4 – 5　房屋的智能计量表（左）和电子温度计、温度显示板（右）

和充电器的组合。当有多余的光伏电力可用时，它们会为电池充电，而在没有光伏电力可用时，它们会从电池中提取电量供给房屋。电池放置在墙壁的另一侧，每个盒子最多可充电 8 千瓦。灰色箱盒是逆变器，可满足房屋的实时交流电源需求。每个灰色逆变器都与三个黄色箱盒相关，并包含一个冗余系统。这样，两个逆变器都独立工作，将能量输送到房屋。红色箱盒是一个 3 千瓦逆变器，用于将立面光伏板电力直接馈入房屋电网三相交流系统。

电池采用的是中国一家名叫国迅的公司生产的容量为 144 千瓦的铅酸电池。它们可以让房子整整运行 5 天，包括提供热力，但不包括为电动汽车充电。当电池电量达到 85% 时，来自光伏的电力通过电解水制氢；当电池电量低于 30% 时（例如，在阴天时，光伏产量低），燃料电池会使用氢气充电。这类电池是密封的，不会像普通铅酸电池那样在电池上积聚气体或有害涂层。

与电池相邻的白色柜子是电解水制氢设备（见图 4 – 7）。有一个圆柱形的水罐为制氢设备供水。制出的氢气通过管道送到室外的氢气储存室，储存在氢气罐中。

图 4-6　光伏的逆变器及控制系统

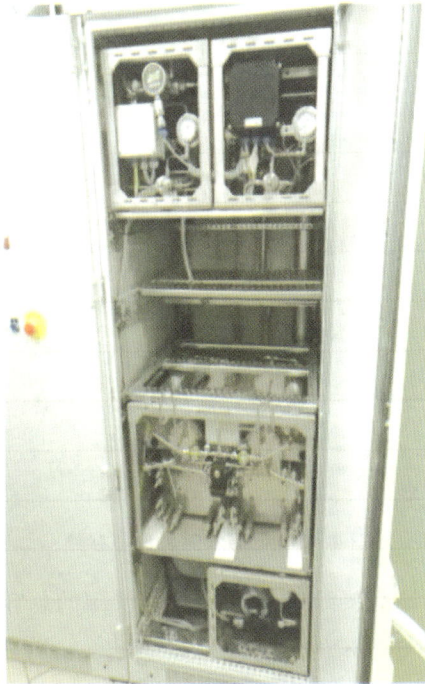

图 4-7　制氢设备

2. 氢能系统

电解水制氢设备最开始使用的是 GreenHydrogen 公司的碱性电解槽，制氢能力为 2 立方米每小时。生产 1 立方米氢气需要 5 千瓦时电力和 1 升去离子水，另需要 0.5 千瓦时的电将其压缩到 300 帕。这些氢气在供燃料电池使用时，将产生 1.5 千瓦时的电力和 1.5 千瓦时的热力，热力将被送至房屋供热系统中。后来，GreenHydrogen 公司推出更高效的 PEM 类型电解槽，房主进行了更新（见图 4 - 8）。该类型电解槽的年产量约为 3000 立方米氢气。这幢房屋将使用 2000 ~ 2200 立方米氢气来满足房间取暖、热水、通风、洗涤、烹饪和照明等家庭能源需求，电动汽车的充电也包括在内。对于 800 ~ 1000 立方米氢气的盈余，房主计划购买一辆丰田氢燃料电池汽车 Mirai 来使用这些氢气，这些氢气可供其行驶约 10000 公里。

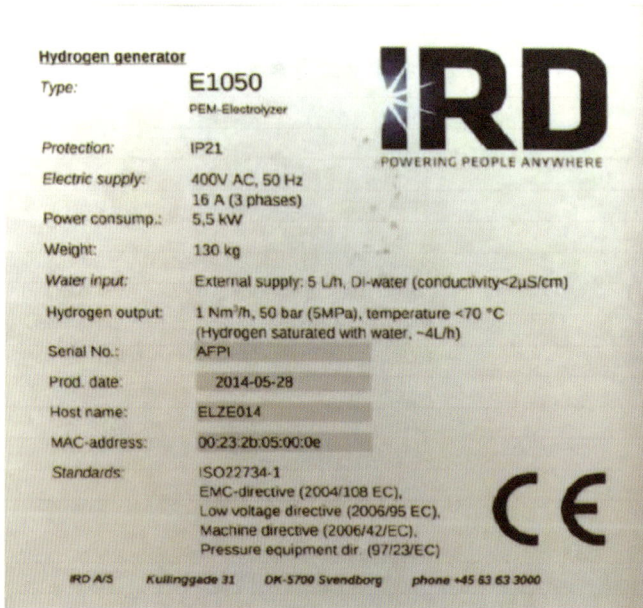

图 4 - 8　电解水制氢设备参数

氢气储存室距离该房屋约 20 米。每个氢气罐的总容积是 40 升，压力是 300 帕，能够存储 12 立方米的氢气。

房主使用的氢燃料电池名称为 PS - 5，来自瑞典燃料电池制造商 Power-Cell 公司（见图 4 - 9），可提供大约 5 千瓦的电功率和 5 千瓦的热功率。PowerCell 公司对氢燃料电池进行远程监测。

3. 电力控制与监控

房主通过主配电盘（见图 4 - 10）对房屋内所有开关和主插头进行控

图 4 – 9　氢燃料电池

制、计量和编程。整个房屋采用符合 KNX 标准（被正式批准的住宅和楼宇控制领域的开放式国际标准）的产品，构建了智能集成建筑控制系统。发生故障时，系统将切换为备用逆变器系统。房屋中共有 7 个配电盘，安装了 67 个永久性的能量监测器来记录所有用电量。房屋中还有卡姆鲁普公司（Kamstrup）生产的能量监测器 14 个，用来记录房屋供水和供热系统的数据。此外，来自气象站的 10 个不同参数也被记录了。房主记录所有这些数据用于能源预测和能源设计过程中模拟能源流动和消耗方式，这样他可以为那些希望在离网建筑中工作或生活的人提供设计。

　　交流电源质量监控系统由吕勒奥工业大学在线操控。该大学的工程研究人员对汉斯家这样的离网系统的性能和质量非常感兴趣。每次出现特殊或异常的生产/消耗时，研究人员都会与汉斯联系，以了解是否出现了对系统造成压力的事情，例如同时为两辆车充电、吸尘、清洗衣服、洗碗等。研究人员同时监测了光伏发电、房屋能源消耗总量、交流频率、交流电压

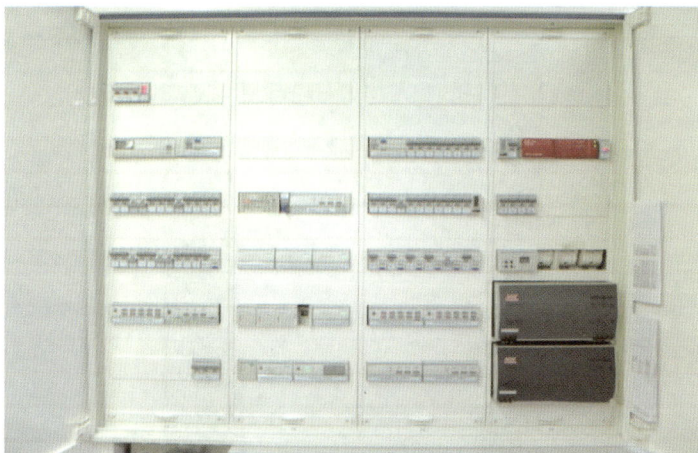

图 4 - 10　主配电盘

和其他几个参数。除了可以评估电力生产、消耗和交流电质量波动带来的
影响，监控系统还可以帮助实现能源流的切换控制，主要包括在夏季白天/
黑夜/阴天使用电池供电，在冬季采用氢能支撑运行。

4. 供热与供水

此部分包括房屋的中央供热系统和储热水罐（见图 4 - 11）。三个 1000
升的水罐，被设计在车道上方，存储着 35℃ 的水，用于室外冰雪融化系统。

图 4 - 11　中央供热系统和储热水罐

冬季,温水加热路面并融化所有冰雪。该系统不会一直运行,只有在出现积雪或冰时才运行,且运行一段时间就足够。大水罐前面的膨胀容器将消纳系统中的所有超压情况。两个 400 升的水罐为房屋提供 50℃ 的水（每周将其加热至 65℃ 一次,以消除潜在的军团杆菌）。

13 千瓦的地源热泵（见图 4-12）来自 Viessmann,从地表以下 180 米深处的两个地热钻孔中收集能量,夏季通过中央通风单元为房屋降温。11 月到来年 2 月燃料电池产生的热量不足时,地源热泵将为房间供热（地板供热）和提供热水。它还可以为院子里的冰雪融化系统加热 3000 升 35℃ 的水。

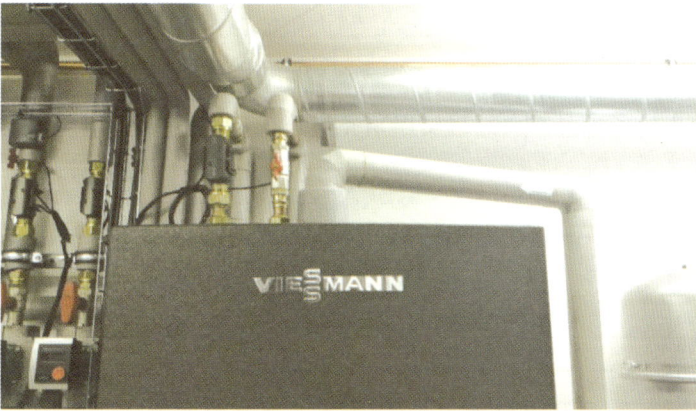

图 4-12 地源热泵

该幢房屋的供水系统包括一个 500 升带净水器的储备水箱。如果公共供水中断,该家庭仍可用水 3 天,其中包括制氢用水。夏季时,每天光伏发电的制氢量巨大,供水中断可能意味着损失数十立方米的氢气。

（三）潜在市场

宜家家居公司高层管理人员曾来汉斯家学习如何建造离网房屋。汉斯用并不高的造价建造了这种质量和性能优异的房屋。这一事实无疑引起了整个瑞典的好奇,不仅宜家这种家居公司感兴趣,大型能源公司也是如此。

瑞典的一家大型公用事业公司和电力供应商与汉斯合作开发了其房屋的 2.0 版本。2.0 版本是一套大约 150 平方米的独栋房屋,氢能系统更简单,减少了冗余,供热和电力基础设施也更简单。

二 ZERO SUN 零能耗建筑

（一）项目背景

ZERO SUN 是瑞典最具代表性的零能耗建筑之一，位于北纬 64.5 度的谢莱夫特奥。对于在谢莱夫特奥生活和工作的人们来说，冬天非常漫长。这意味着在一年中的大部分时间里，充满黑暗和寒冷。从图 4-13 谢莱夫特奥一年中的日出、日落时间可知，该建筑势必需要应对特定的挑战：在一连数月光照时间极短的地方，完全依靠太阳能自给自足。通过图 4-13 可以看出，谢莱夫特奥在 12 月 22 日这一天，9:41 才日出，13:27 就日落，日照时间才 3 个多小时，而且房屋屋顶冬季往往被大雪覆盖，屋顶光伏几乎不发电。

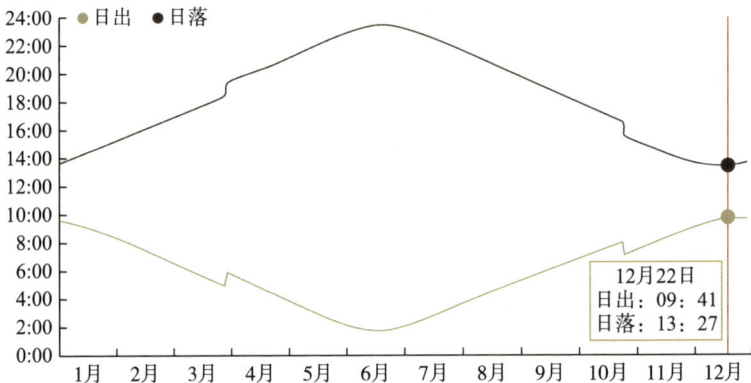

图 4-13 谢莱夫特奥一年中的日出、日落时间

该房屋的能源系统包括光伏发电、电池储能、电解水制氢、地源热泵、氢气瓶储能和燃料电池等，可确保在严酷的北欧气候中，自行管理能源供应。由于采用了这种完整的解决方案，该房屋实现了跨季节储能，在夏季光照充足时储存太阳能，在冬季使用多余的太阳能。

（二）系统结构与实地考察

ZERO SUN 是一幢现代的单层房屋，是瑞典建筑公司 A-hus 的产品（见

图 4 - 14、图 4 - 15）。这幢房屋是谢莱夫特奥市政府的项目，周一到周四由市政府支配，周五至周日作为小宾馆对外营业，费用大约 4000 瑞典克朗一天，旺季会贵一些。这一项目有两个特点：一是建筑节能等级很高；二是车库不是用来停放汽车，而是作为整个实验技术系统的设备间。冬天时，它的屋顶被雪覆盖，看起来就像其他房子一样。夏天时，所有的雪都会融化，屋顶上 122 平方米的光伏板会显露出来。

图 4 - 14　谢莱夫特奥的光伏氢能建筑 ZERO SUN

图 4 - 15　考察团在 ZERO SUN 合影

房屋屋顶上光伏板产生的电能首先用于房屋的直接能耗，剩余的能量会给电池充电。电池充满后，多余的能量将通过电解槽电解水制氢，这些氢气会被存储在氢气瓶中（见图 4 - 16）。在一年中最缺阳光的冬季，储存的氢气通过燃料电池发电。这样，房子就可以全年依靠光伏板产生的能量运行。

图 4-16 ZERO SUN 的氢气瓶储存室

另外，燃料电池运行时会产生热水，这些热水会被带回房屋以供取暖、洗涤等。所有这些设备都被安装在车库中。

房屋还可以根据需要为汽车供能，包括为电动汽车充电，以及为燃料电池汽车加氢。

控制系统的目的是借助传感器来监测房屋中产生和消耗的所有能量。房屋的能源系统是定制的，可让照明和家用电器无缝连接到房屋。系统收集并实时分析数据，从而提供更高的安全性、效率和可靠性。

ZERO SUN 是一项实时实验，旨在使太阳能更易于使用。该项目成为实现 100% 可再生能源中不可或缺的一部分。ZERO SUN 可供客人参观，并且客人能够监测建筑能耗，查看实时能源产量和能源消耗，并预估能量将持续多长时间。

通过 ZERO SUN 官网，我们可以看到该建筑实时状况和能源消耗（见图 4-17 至图 4-19）。

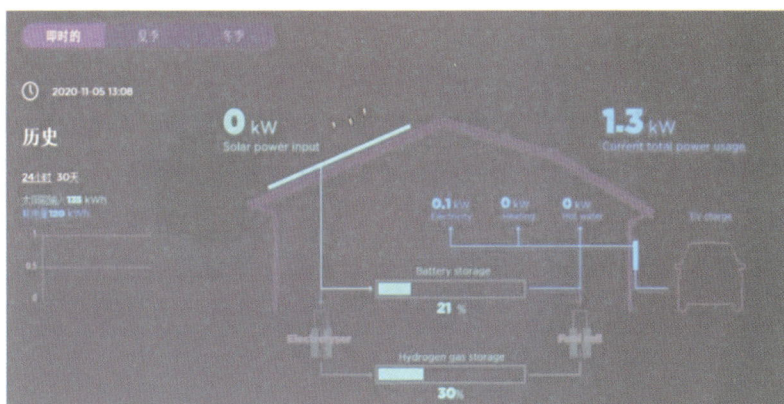

图 4 – 17　ZERO SUN 能量流动图

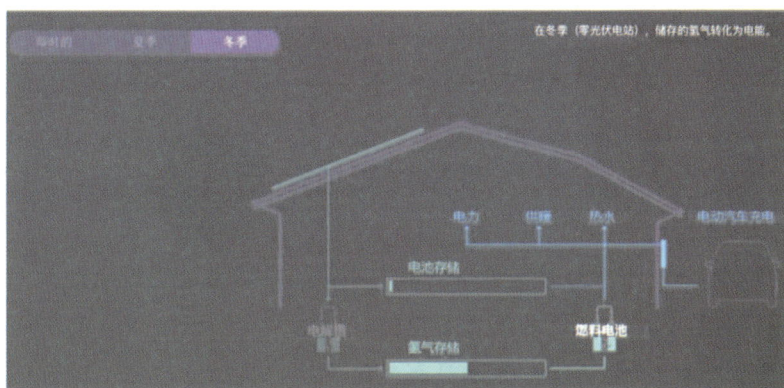

图 4 – 18　ZERO SUN 冬季能量流动图

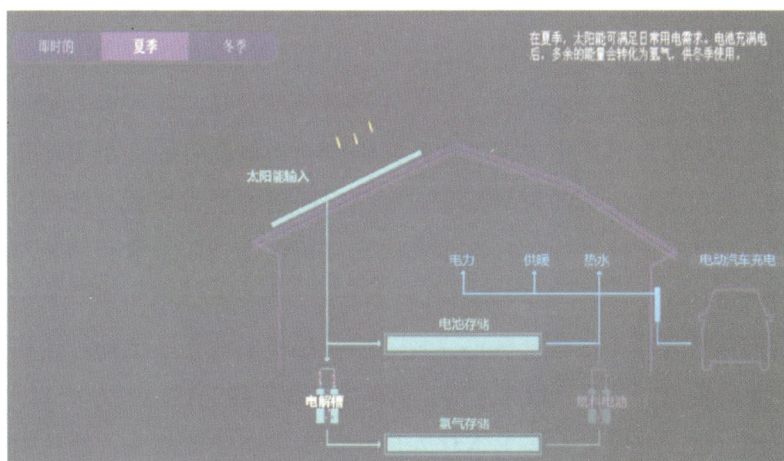

图 4 – 19　ZERO SUN 夏季能量流动图

（三）项目评价

该项目探索了太阳能光伏系统以及电池和氢气存储能量的创新可能性。这样的解决方案对于应对未来的电力需求高峰以及随着微型生产者的增加向更多样化的能源系统过渡至关重要。参与该项目实验的谢莱夫特奥电力公司人员认为，该项目可以帮助他们积累有关未来能源供应的重要经验。这也验证了使用太阳能等可再生能源为房屋提供能源的跨季节储能的技术方案。

这个实验项目非常符合欧盟气候目标，其市场潜力不限于瑞典。该项目能在瑞典当地北纬 64 度的高纬度实验成功，意味着该方案几乎可以适用于全球绝大部分地区。正如当地政府所宣传的，"如果能够在这里实现建筑零能耗，那么在地球哪个地方不能实现呢？"

三 瓦格达氢能社区

2020 年 5 月 15 日，瑞典西部的一个小镇瓦格达通过使用光伏板（见图4-20），组合电化学储能和氢燃料电池，满足了 6 个公寓楼（共 172 套公寓）的公共用电负荷需求。这是具有能源自给自足特征的住宅综合体，标志着人类朝更可持续的公共住房迈出关键的一步。

该氢能社区依托于 Backgårdsgatan 公租房项目。该项目是在瑞典公共住房计划 "miljontalsprogrammet"（百万住房计划）的支持下于 20 世纪 70 年代中期建成。由于建筑技术过时，电耗和热耗都很高，各项运营费用也很高昂，建筑物的房地产价值低。这大大影响到当地政府的公租房运营公司沃格达·博斯塔德公司的财务健康。意识到问题的严重性后，沃格达·博斯塔德公司的首席执行官扬·索尔森决定与镇议会一起采取行动，对该社区进行改造。

我们考察时，瓦格达社区已完成其中一栋楼的改造。此前，这栋公租房建筑物的价值为 700 万瑞典克朗，而年度能源消耗达到每平方米 140 千瓦时。改造时做了外保温，加了木材外层，安装了空气源热泵，能耗大幅降低，年度能源消耗仅为每平方米 25 千瓦时，它的价值因此升至 4700 万瑞典克朗。在添加离网能源系统后，该建筑物的价值升至 5500 万瑞典克朗，年度能源消耗降至每平方米 4 千瓦时。图 4 - 21 是该社区的建筑能效证书。

图 4 - 20　瓦格达氢能社区的屋顶光伏板

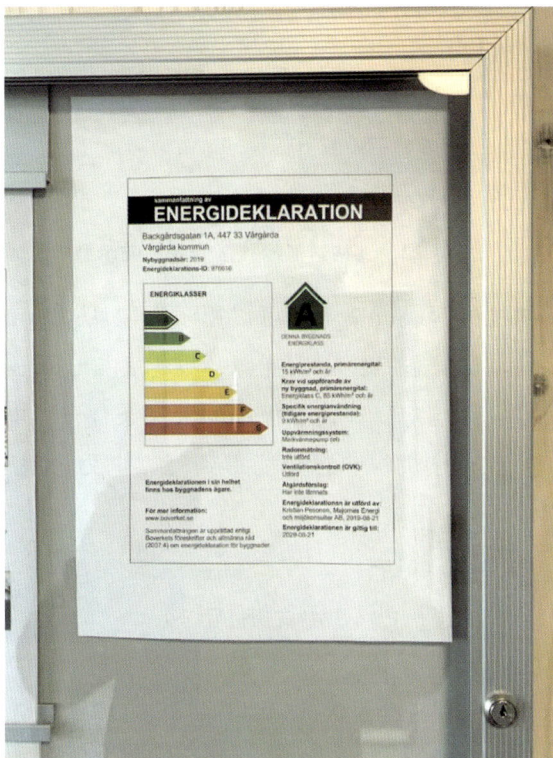

图 4 - 21　瓦格达氢能社区的建筑能效证书

瓦格达氢能社区的屋顶光伏板共 3000 平方米。这些房屋配备有热泵和排气通风装置，每栋建筑的氢气需求量约为 10000 立方米，氢气压缩至 300 帕存储。每栋建筑的燃料电池功率为 5 千瓦。热泵、电池和燃料电池放置在能源设备间。该能源系统的示意图见图 4 - 22。

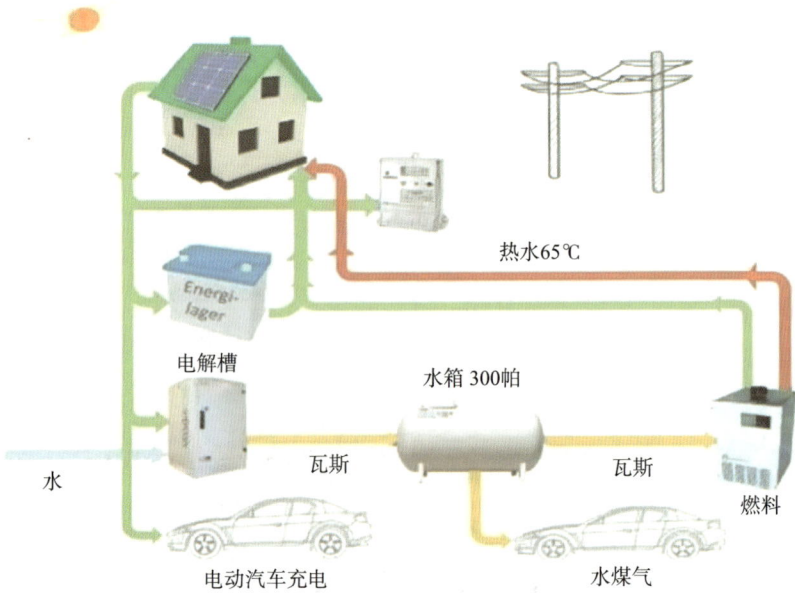

图 4 - 22　瓦格达氢能社区能源系统示意

这种光伏 + 氢能的解决方案不仅可以用于智能城市和市内住宅，也可以用于偏远社区。其优势包括：零碳能源，零有害排放或副产品；可长期存储能源，对需求灵活响应；即使在极端的天气条件下，电力可靠性也很高；偏远地区、关键医疗机构和行业能得到可靠电力；运营维护成本低；安静运行，低噪声污染。

四　总结和思考

瑞典曾设定了一个住宅建筑的改造目标，即到 2015 年 25% 的新建筑实现零能耗。2009 年，瑞典通过了《综合气候与能源政策》（ICEP）。该政策提出提高建筑能效的目标：每平方米建筑能耗到 2020 年降低 20%，到 2050

年降低 50%。

瑞典曾计划 2019 年所有公共建筑（新的和现有的）实现零能耗，到 2021 年所有建筑均达到零能耗。虽然这一目标未在指定时限内实现，但瑞典实施了众多零能耗建筑试点项目。基于自身独特的地理位置——处于北半球高纬度地区，会有极昼、极夜现象，瑞典选择氢能作为储能载体来实现跨季节长时间储能。从以上 3 个瑞典零能耗建筑可以看出，无论是改造还是新建，其技术路线均是光伏发电、电池储能、电解水制氢、地源热泵、氢气瓶储能和燃料电池。而且作为试点项目，它们接待了世界各地大量的来访者。ZERO SUN 项目甚至搭建了自己的网站，供公众实时监测、了解项目信息。这些举措提升了瑞典国内与国际对零能耗建筑的接受度，推动了零能耗建筑领域的发展。

瑞典这些零能耗建筑给中国零能耗建筑之路带来启发。低能耗建筑已成为国际建筑节能发展新趋势，节能建筑发展的下一个目标是零能耗建筑。一些发达国家已经从零能耗建筑理论阶段进入示范项目阶段，甚至已经开始商业化。中国也应积极开展探索，建造一批零能耗建筑。

实现零能耗建筑首先要保证建筑的节能性，通过墙体和门窗的隔热技术实现超低能耗，让建筑内使用的氢能完全由风、光、地热等可再生能源供给，采用储电、储热、储氢的方式解决可再生能源供能与负荷用能时间不匹配的问题。

基于对瑞典零能耗建筑的考察，形成以下建议。

（1）对国际零能耗示范建筑进行汇总分析，整理出零能耗建筑典型模式，对适用场景、技术路线、经济性等方面深入考察研究与总结。

（2）明确零能耗建筑定义。提升零能耗建筑定义的接受度，是政府、各组织和私人实体各界共同促进零能耗建筑事业发展的基础。

（3）开展零能耗建筑工程示范项目。借鉴国际已有典型案例经验，从小型住宅着手，逐步扩展到大型社区及综合性建筑，在实践中展示零能耗技术路线与商业化潜力。

（4）在建设试点项目时，制定可衡量目标，借鉴国际零能耗及相关建筑设计指南，制定在实现能源目标前提下的成本控制策略。

（5）长期监控和跟踪试点项目，收集整理系统数据，对系统产能与消耗进行评估，分析建筑内行为（如切换运行模式）对内部电网质量波动造成的影响，以便后续优化、简化系统，为大规模商业化做技术储备。

（6）实现项目数据实时监控界面的可视化，如制作成公众可以浏览的网页（具体形式可参考瑞典 ZERO SUN 项目），提升公众对能源转型的参与度，提升公众对零能耗建筑的接受度，激发能源公司或地产公司等相关企业的兴趣，促进零能耗建筑的推广。

（7）编撰项目指导准则，制定技术手册、设计指南与国家行业规范。从本土化的试点项目与国际前沿项目中总结经验。

（8）进行零能耗建筑群总体规划，探讨能源规划面临的障碍，学习先驱地区清除这些障碍的思路，结合自身情况，因地制宜，考虑是否大规模复制。

（9）加强对零能耗建筑领域人才的培养，为建筑碳中和储备人才。

参考资料

[1] Policy Packages, Global Buildings Performance Network, Sweden, https://tools. gbpn. org/databases – tools/rp – detail – pages/sweden.

[2] 张时聪、徐伟、姜益强、冯威、孙德宇：《国际典型"零能耗建筑"示范工程技术路线研究》，《暖通空调 HV&AC》2014 年第 1 期。

[3] https://www. linkedin. com/pulse/true – pioneer – goes – off – grid – michael – jensen/.

[4] https://www. zerosun. se/.

[5] https://fuelcellsworks. com/news/swedish – housing – powered – 100 – percent – by – sun – and – hydrogen/.

第五章
欧洲生物质炉具

本章根据 2020 年欧洲能源考察旅程中观察到和亲身体验的多个生物质炉具和房屋供热系统使用情况进行汇总和分析，反映了目前欧洲民众对生物质炉具的一些实际使用情况。

一 德国生物质炉具考察

（一）德国生物质能源使用概况

从 2017 年德国可再生能源供热占比（见图 5-1）中可观察到，德国生物质能源在居民供热方面起到很大作用，拥有超过 50% 的占比。其中，用于居民供热的固体生物质燃料占最大比例，达 40.1%；用于商业和服务业供热的固体生物质燃料占比为 5.4%；用于工业供热的固体生物质燃料占 16.6%；用于热电联产的固体生物质燃料占 3.8%；废料生物质燃料占 7.4%。由此可见，在居民供热可再生能源利用方面，生物质能源占较大比重，这一比重在德国和欧盟政策的支持下还在增大。

（二）莱茵兰 - 普法尔茨州民居炉具考察

考察房屋位于莱茵兰 - 普法尔茨州艾费尔火山县云克拉特镇，地处德国西南部莱茵河中游，目前作为 Airbnb 的租赁房屋使用。我于 2020 年 3 月下旬入住。房屋建于 1983 年，共有三层，包括两层地上建筑和一层地下室。房屋的正面有着宽阔的玻璃墙面和巨大的斜坡屋顶（见图 5-2），总体结构

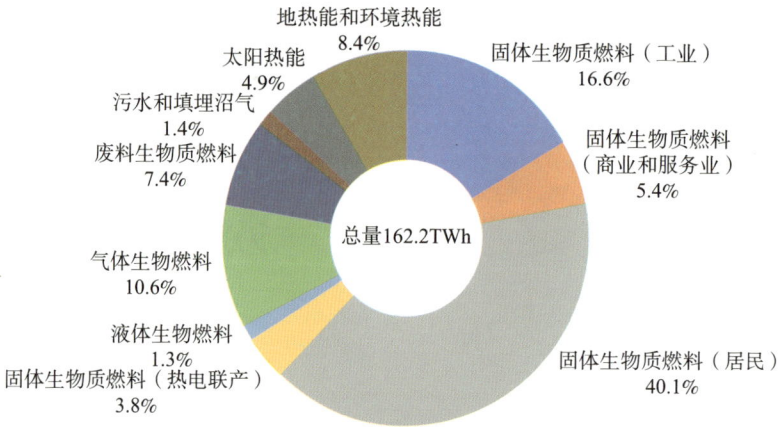

图 5 - 1　2017 年德国可再生能源供热占比

资料来源：BMWI，AGEE - Stat（2018）。

采用的是典型的德国传统木构架，均采用橡木建造，挑梁很高，极具空间感。

图 5 - 2　考察房屋正面

　　这是一处兼顾德国本地传统特色和现代化设备的民居，内部装饰复古且极具当地历史文化特色（见图 5 - 3），外部使用了大量现代化元素，如大面积的玻璃。

　　该房屋的供热系统由传统的燃气锅炉和生物质壁炉（见图 5 - 4）通过智能温控系统协同组成，主要热源为冷凝式燃气锅炉，辅助热源为室内生物质壁炉（共有 3 个）。这套供热系统能够兼顾厨房和 3 个卫生间的热水需求，四季都能提供热水，春秋季如遇寒冷天气，可随时启动供热。供热方

图 5 – 3　房屋阳台内部装饰

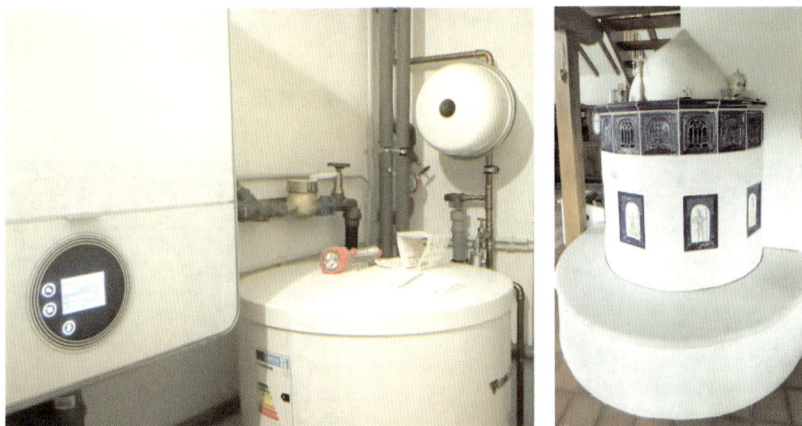

图 5 – 4　地下室燃气锅炉（左）和客厅生物质壁炉（右）

式主要有地板辐射供热和暖气片供热两种形式，均为水暖系统。各屋均有独立的温控阀，水温最高到 30℃。该房屋的供热系统经多次改造而形成，包含了年代不一、智能程度不一的多种设备。供热和热水是一体化的水系统。地下室设备间配有容量为 157 升的储热水箱，保证了温度调控系统的灵活性；燃气锅炉效率很高，排烟温度仅 49℃。

　　房屋内的生物质炉具包括 3 个壁炉，分别位于客厅和阳台。其中，客厅里的生物质壁炉为主要壁炉，发挥着供热的作用。这是一座拥有古典豪华外观且十分实用的壁炉，用蓄热砖修起高且厚的散热墙，蓄热性能良好。炉火燃起 1 小时后，墙体温度逐渐升高，散热墙外围设有座位，用于寒冷时节用户靠坐取暖。

位于壁炉上方的镂空壁砖在散热的同时，还很美观（见图 5-5）。壁炉中心的装饰瓷砖厚度相较于墙体略薄，传热性能良好（见图 5-6）。

图 5-5　生物质壁炉镂空壁砖

图 5-6　生物质壁炉中心的装饰瓷砖

生物质壁炉使用木柴作为燃料。炉膛前的操作空间有一把椅子，有一个台灯，可以在此休憩，静坐欣赏熊熊燃烧的漂亮火焰（见图 5-7）。壁炉的引火顺序是引火棉、厚的干树皮到大木柴，这样更易引火。此外，炉口有一个进风风道，能更好地加速燃烧。

封闭式阳台和开放式阳台上各有一个壁炉，共用一个烟囱。这两个壁炉仍然可以正常使用，但容易冒浓烟；开放式阳台上还有一个铸铁炉具，样式古典，安全系数不高，已经不再使用，只是作为纪念品留存（见图 5-8）。

图 5 - 7　生物质壁炉操作空间

图 5 - 8　阳台壁炉（左、中）和作为纪念品的铸铁炉具（右）

（三）科隆郊区民居炉具考察

考察的房屋位于德国科隆的郊区。科隆是德国第四大城市，是北莱茵 - 威斯特法伦州最大的城市，亦是德国内陆最重要的港口之一、莱茵地区的经济文化和历史中心。它已有两千多年的历史，是德国最古老的城市之一。考察的房屋也拥有较长的历史，房主说该房屋建于 120 年前。

该房屋的主要取暖方式是生物质炉具，于 2000 年时更换成现代化的生物质炉具。这个现代化的生物质炉具炉膛大，可以使燃料燃烧得更加充分，炉膛面有较大的透明玻璃，可以方便看清火势（见图5-9）。

　　该房屋供热系统的构成比较多样。生物质供热炉具位于客厅，卫生间和卧室配有电暖器。房屋内还有两个天然气供热炉，然而由于使用价格昂贵（使用3天的费用约为20欧元），房主很少使用天然气供热炉。

　　生物质炉具使用的木材主要取自建材市场的废料和垃圾回收站的木材。在当地政府的政策支持下，居民可免费获取上述木材，但需自行对其进行加工整理，如拔钉子和锯成可使用的大小等。生物质炉具附近放有助燃的蜡烛头（见图5-10）。由于炉具里的木材半夜里就会燃尽，冬天的早晨起床时房间会比较冷。

图5-9　现代化的生物质炉具　图5-10　木材储存棚（左）和助燃的蜡烛头（右）

　　除此之外，房屋里还收藏有一个废弃的铸铁炉具，曾用于炊事和供暖。如今厨房已全面电气化，该炉具现仅作为收藏品（见图5-11）。

（四）下萨克森州民居炉具考察

　　下萨克森州是德国西北部的第二大州。考察的房屋位于下萨克森州的郊区，主要用于接待客人和夏季度假。客厅有一个老式生物质炉具正在使

图 5 - 11　房主留存的铸铁炉具

用。该炉具炉膛小，厚重的蓄热砖用来保存热量。在这里，我第一次看到德国的型煤，乌黑锃亮，也很耐烧（见图 5 - 12）。中国农村使用的火炕与此炉具类似。使用型煤作为燃料的弊端是有一氧化碳中毒的风险。

图 5 - 12　生物质炉具（左）和使用的型煤（右）

二 瑞典生物质炉具考察

（一）瑞典生物质能源使用概况

瑞典在生物质能源使用上处于欧洲各国领先地位。2003年，瑞典引入了绿色电力证书制度。此制度间接支持了对生物质燃料的使用，同时鼓励了可再生能源的热电联产，极大地促进了生物质能源的发展。根据瑞典官方发布的区域供热结构报告，2016年，生物质和废弃物燃料供热约占瑞典区域供热的2/3，其中固体生物质燃料供热约占区域供热的一半。

（二）瑞典法伦市大铜山博物馆考察

瑞典法伦市以矿产闻名，其典型代表为大铜山矿区。约从10世纪开始到1992年，大铜山矿区一直以出产各种金属矿产特别是铜矿闻名。16～17世纪，处于鼎盛期的大铜山矿区所产的铜占欧洲铜总产量的70%以上。

大铜山博物馆是基于大铜山矿区历史遗迹建立的。博物馆的餐厅中有一个现代化的生物质炉具，使用的燃料是木材，兼具观赏和取暖功能。在博物馆的服务中心，还有一个仿制的正在熊熊燃烧的烧炭炉，为装饰品，仅供观赏（见图5-13）。

图5-13 生物质炉具（左）和装饰用烧炭炉（右）

（三）瑞典马卡吕德农舍炉具考察

该农舍位于瑞典南部马卡吕德郊区的山上，是房东的一套夏季度假房。房屋的外观（见图5－14）和内部装饰极具当地文化特色。在这里，生物质炉具是主要的热源。生物质炉具位于客厅，有很厚的蓄热砖墙，外观精美，兼具观赏和供暖功能。此外，房东在卧室和卫生间里布置了电暖器，作为辅助热源（见图5－15）。

图5－14　瑞典马卡吕德农舍外观

图5－15　生物质炉具（左）和电暖器（右）

三　芬兰生物质炉具考察

（一）芬兰生物质能源使用概况

芬兰在生物质能源利用方面进展极快，已经成为欧洲生物质利用领域的领先国家之一。根据芬兰官方调查研究，在芬兰供热燃料来源方面，化石燃料已经逐步被生物质和再循环热代替。图 5 - 16 展示了 1976~2016 年芬兰供热能源结构。

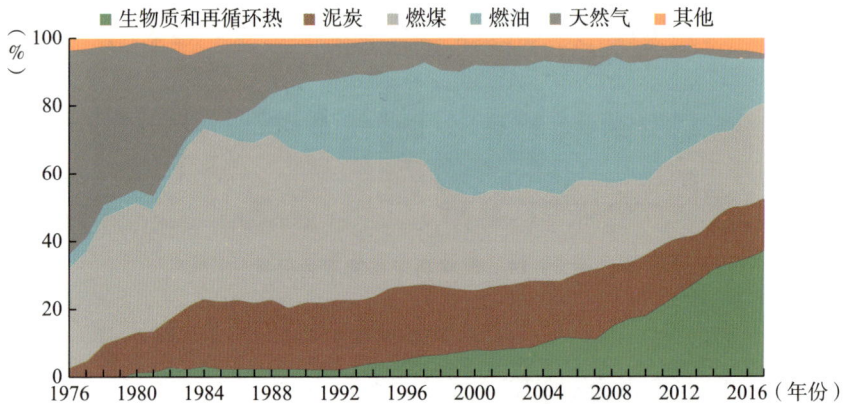

图 5 - 16　1976~2016 年芬兰供热能源结构

（二）芬兰罗瓦涅米农舍壁炉考察

罗瓦涅米市是芬兰北部拉普兰省的首府，位于北极圈以南 6 公里处，著名的圣诞老人村就位于这里。由于特殊的地理位置和环境气候，此地区的居民对供热有着更高的需求。

所考察农舍的供热系统是水暖系统，以地面辐射形式供热，壁炉形态的炉具是辅助热源。当有客人来入住的时候，房主利用生物质壁炉来迅速提升房间的温度。生物质壁炉位于客厅，有储热功能，主要使用木质燃料，同时采用智能温度计与储热水箱进行联动，节能高效地为房屋供热（见图5 - 17）。

图 5 - 17　生物质壁炉（左）、智能温度计（中）和储热水箱（右）

四　拉脱维亚生物质炉具考察

（一）拉脱维亚生物质能源使用概况

拉脱维亚是位于波罗的海东岸的欧洲东北部国家，是波罗的海国家之一。拉脱维亚在生物质能源使用方面也在欧洲国家中处于领先地位。根据统计，在拉脱维亚的整体能源消耗中，用于供热的能源消耗占比为 60.8%，而在供热能源消耗中，可再生能源提供的能源占比为 54.6%，其中最主要的能源就是生物质能源。拉脱维亚生物质供热能源消耗占一次能源消耗的比重达到 33.21%，居欧盟国家首位。

（二）拉脱维亚里加老城区公寓炉具考察

考察公寓位于拉脱维亚首都里加老城区的五层居民楼中。室内经过装修，干净整洁，设施齐全。公寓由生物质炉具和电暖器联合供热。房间里有地板辐射供热，也布置有电暖器。然而由于电价太贵，房东强烈建议使用生物质炉具，这样可以减少电暖器的电力消耗。据统计，在拉脱维亚，近 10 年来居民用电价格上升很快，2015 年比 2010 年高 50% 以上。2019 年，居民用电价格再次超过 16 欧分，合人民币 1.2 元（见图 5 – 18）。

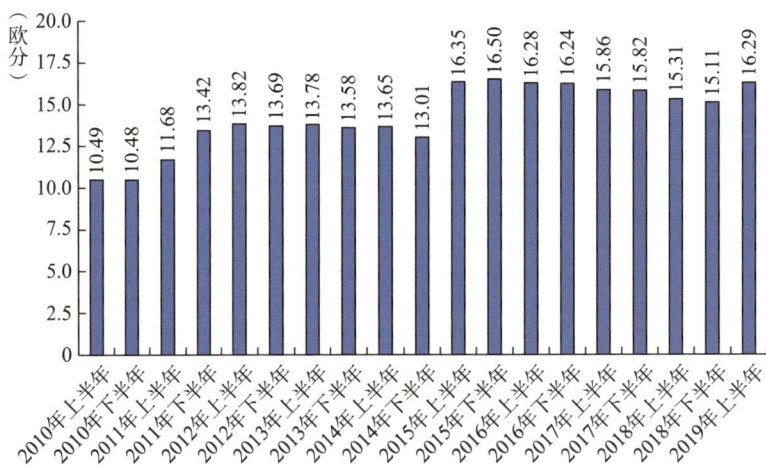

图 5 – 18　2010～2019 年上半年拉脱维亚居民用电价格

资料来源：statista 2020。

公寓的生物质炉具位于客厅，嵌于墙壁内部，是一种壁炉，颇具现代化气息，供热效果很好。壁炉的使用步骤简单，通过点火器点燃引火用的薄木片，再引燃专门为城区壁炉制作的木屑砖头。这样操作后，炉膛里的火很容易被点燃烧旺。此壁炉有一块面积较大的玻璃供住户观赏火焰，具有供热和装饰的双重功能（见图 5 – 19）。

图 5 – 19　生物质壁炉（左、右）和使用的木屑砖头（中）

五　生物质炉具考察总结

欧洲生物质炉具有以下 5 种典型类型。

（一）土坯炉具

这类炉具以保障炊事为根本，顺便为房间提供一点热量。在漫长的中世纪里，北欧的普通家庭大多使用这种炉具。如今这类炉具已逐渐被淘汰，只能在历史博物馆中看到。

（二）铸铁炉具

采用铸铁炉具后，能效大大提高，同时排烟效果更好，大大提升了安全性。这类炉具仍然以炊事功能为主，兼具供热功能。目前铸铁炉具也已经被淘汰，仅放置在房间作为观赏物。德国莱茵兰－普法尔茨州和科隆的农舍里就陈列着这样的铸铁炉具。

（三）蓄热式供热炉具

这类炉具为实现墙体的蓄热功能，多修建专门的蓄热砖炉体或设计较长的烟道。其特点是炊事与供热分离。由于只需要满足用热的需求，不再设置放锅的开口的灶位，烟气直接从烟道排出，安全性大幅提升。此类炉具目前仍在使用，瑞典马卡吕德和德国下萨克森州的两处夏季度假房就还在使用蓄热式供热炉具，但是由于热效能不够高，所以还需要和电热器配合才能满足房屋的用热需求。

（四）节能型安全炉具

此类炉具只供热，不炊事，新增的特点有：①炉膛特别大，这可以使燃烧更加充分，在节能的同时，大幅减少污染物排放；②密封和排烟效果很好，烟气排向室内的可能性进一步降低，安全性进一步提升；③炉膛面有很大的耐高温的安全玻璃，既便于看火势，也便于欣赏熊熊燃烧的火焰。瑞典法伦市大铜山博物馆的餐厅就布置有这样一个现代节能型安全炉具。

（五）与现代区域供热协同的作为辅助热源的炉具

最有代表性的是德国莱茵兰－普法尔茨州采用水暖的区域供热系统，热源可以选择直接电加热、空气源热泵、太阳能集热器或燃气锅炉。关键是该州的区域供热系统采用了智能温控系统，可以使炉具很好地与主热源协同。当炉具明显提升房间的温度时，主热源就可以停止供热，起到降低能源费用的作用。

从生物质炉具使用燃料的情况来看，本次考察到的欧洲生物质炉具都是以烧木质燃料为主，仅德国下萨克森州的一间农舍同时使用型煤和木质燃料作为燃料。

木质燃料的来源十分简单和廉价。在瑞典，修缮木屋的木质板材的生产量很大，因为瑞典制定了以一百年为周期的全国树木更新规划，边伐边种，伐木业产生的大量旁枝和树皮可用作燃料。同时有一部分燃料来自木质废家具和木质包装。在德国的科隆，市政集团把这类木质废弃物归类，供市民免费取用。这类免费木质燃料由于上面经常有一些没被拔掉的钉子，在使用过程中存在一定的安全风险。

城市里的生物质炉具多是使用木质成型燃料。由于在城市中使用木柴运输不方便，所以城市里的居所使用木砖等成型燃料。这种燃料便于长距离运输，使用也更方便。

六　对中国农村生物质供热的一些思考

根据此次考察的内容，结合中国农村目前的生物质使用情况，我们做出以下一些思考。

第一，供热的发展方向是清洁、安全、可持续，其中经济性是一个重要的制约因素。

第二，供热与炊事分开是保障安全的大事。在中国农村，供热与炊事分开尚未全面实现。有一种变通的办法是，卧室采用水暖供热系统，厨房当锅炉房用，这样可以解决安全问题。

第三，生物质在农村清洁供热中大有可为。剪枝、木材垃圾的资源量很大，生物质成型燃料也有很大的潜在资源量，用于供热是一个较好的选择。即使高度现代化的农村，也没有必要完全弃用生物质燃料。

第四，先进炉具技术的推广十分迫切。炕作为传统的蓄热炉具已经渐渐被淘汰，更新后的炉具至少要有蓄热功能，应该是拥有大炉膛的安全炉具。在中国农村，这种大炉膛的节能炉具可以大幅减少污染物的排放，在治理雾霾的大环境下，应该积极推广。

第五，与现代区域供热协同的作为辅助热源的炉具是未来农村清洁供热的一个重要方向。由于价格昂贵，目前在中国这种供热系统极少。中国普通农村住宅有使用多能互补的供热形式的，但智能化水平与欧洲相比还有较大差距。

第六，如果住房围护结构不升级，保温性能很差，那么不可能真正实现清洁供热。农村住宅保温改造至关重要。

七　专家点评[①]

本章总结了欧洲生物质炉具的发展历程，详细介绍了欧洲生物质炉具的应用状况，有助于广大读者全面了解欧洲生物质炉具的使用情况。

欧洲在生物质能领域全球领先，主要得益于欧洲各国政府战略性的部署和长期稳定的政策支持。在先进的理念下，欧洲各国形成了一系列强有力的法规和政策，促进了生物质能产业的可持续发展。欧洲多国政府对以生物质为燃料的供热、发电或者热电联产等实施减免能源税的政策，或直接投资参股支持项目开发等，以促进电力生产商由使用燃煤或天然气发电向使用生物质燃料发电转变。尽管欧洲以环保管控严苛著称，但在生物质能推广应用方面，充分考虑了居民用能习惯，根据生物质特性制定了有针对性的排放指标，很好地兼顾了生物质能清洁发展和环保的平衡。

在中国，监管部门更注重对生物质能应用烟气排放指标的控制，生物质能源对碳中和的潜在贡献尚未得到足够重视。在碳中和目标指引下，通过本书进一步深入研究和借鉴欧洲经验，可更好地推动中国生物质能源清洁低碳发展。

[①]　窦克军，国家发改委能源研究所研究员。

第六章
瑞典和丹麦的生物质供热[*]

2017 年 4 月，我在丹麦考察过一个燃烧秸秆的生物质供热工厂；2019 年 10 月，我在瑞典考察过一个农庄燃烧燕麦壳的生物质供热系统；2020 年 3 月，我在丹麦考察过一个农庄燃烧木质颗粒的生物质供热系统。本章结合以上现场考察，对瑞典和丹麦的生物质供热进行了文献分析。

一 瑞典生物质供热

（一）瑞典农庄生物质供热考察

考察地点：瑞典东部韦斯特罗斯市东郊约 5 公里处的一个农庄（见图 6-1）。

考察形式：看到其房顶上的光伏，前去考察，房主主动介绍其生物质供热情况。

考察时间：2019 年 10 月 20 日。

1. 农庄的供热系统

这个农庄采用的是生物质锅炉区域供热系统，覆盖三个家庭的若干幢房子。这些住宅归一个大家族所有。

我路过时无意间看到农庄屋顶上的光伏，于是敲开了房主的门，请教他

---

* 本章是国家重点研发计划政府间重点合作专项"EIR 计划－新型城镇能源互联系统研究及试点应用"（2018YFE0196500）研究成果的一部分。

图 6 - 1　瑞典韦斯特罗斯市的某个农庄

光伏项目的相关情况。房主不但详细地介绍了他的屋顶光伏，还热情地带我去参观他的生物质供热的锅炉房（见图 6 - 2、图 6 - 3）。从房主穿着的短袖可以看出，供热效果不错。房主告诉我，他们不用电供热，而是依靠生物质锅炉，原料是燕麦壳。一年燃烧 60 ~ 70 吨燕麦壳，为 5 幢房子供热和提供热水，相当于自建了一个小型热网。锅炉功率 98 千瓦，原料仓在楼上，原料靠重力自动滑下来。部分原料是他们自己生产的，部分从附近农庄购买。房主说，以前用的是燃油锅炉，一年用 15 吨燃油，价格昂贵并且清洁十分困难。

图 6 - 2　农庄主人展示他家的供热系统（左）和生物质锅炉（右）

图 6 - 3　生物质锅炉标识

2. 农庄的光伏

该农庄的车库和设备间屋顶上于 2019 年 5 月安装了 149 块光伏组件，总装机容量 40.04 千瓦，为整个农庄供电（见图 6 - 4）。项目总投资 100 万瑞典克朗，每千瓦约 2.5 万瑞典克朗，约合人民币 1.8 万元。虽然政府补贴初装费的 30%，但光伏价格仍然很高，一部分原因是瑞典的人工费很高。该农庄光伏发电量自用比例为 47%，剩余部分被卖给电力公司，销售价格随北欧电力市场的价格波动。这一项目的投资回收期大约为 10 年。

图 6 - 4　屋顶配有光伏的车库和设备间

注：烟囱处即锅炉房，用于烧热水，通过管道送到几十米远的住房。

2019 年（截至 10 月 19 日），该农庄光伏总发电量为 2.31 万千瓦时，其中自用 9190 千瓦时，占比 40%；用电量为 1.946 万千瓦时，其中光伏发电量占比 47%。光伏发电量多于其用电量，预计 2020 年光伏发电量将比用电量多出更多。

（二）瑞典生物质能源概况

20 世纪 70 年代石油危机以来，瑞典的生物质能源消费量持续增长，并对石油形成一定的替代。与 1980 年相比，2020 年瑞典的生物质能源消费量增长了 2 倍，而石油消费量减少了一半。

2017 年，在瑞典的能源生产总量中，生物质能源和垃圾占比达 31.8%。瑞典的生物质能源从 1983 年的 530 亿千瓦时增加到 2017 年的 1430 亿千瓦时，增长 1.7 倍左右。其中用于区域供热的生物质能源从 20 亿千瓦时增加到 380 亿千瓦时，增长了 18 倍；用于电力生产和交通的生物质能源也都大幅增长；用于居民和服务业的生物质能源总量比较稳定；用于工业的生物质能源有一定增长，近年来基本趋于稳定（见图 6 - 5）。

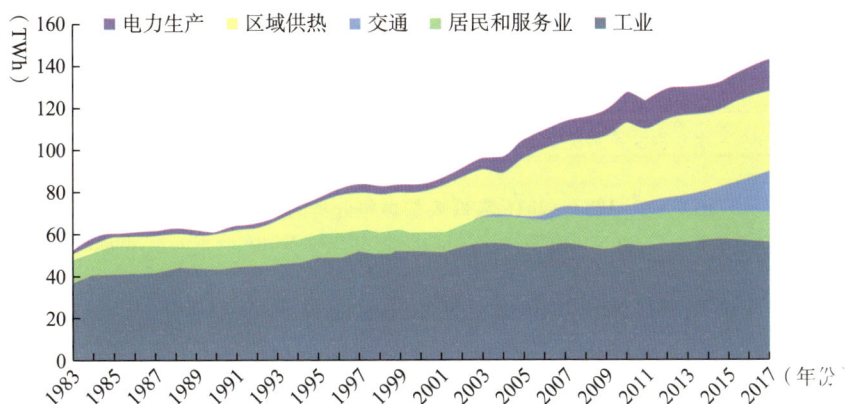

图 6 - 5　1983 ~ 2017 年瑞典生物质能源在不同部门的消费情况

资料来源：Bioenergy Systems in Sweden—Climate Impact, Market Implications, and O-verall Sustainability。

在瑞典，生物质的来源包括未压缩的木质燃料、压缩的木质燃料、黑液、城市生物质废弃物、妥尔油等。2017 年，瑞典生物质第一大来源是木质燃料（其中未压缩的木质燃料 550 亿千瓦时，压缩的木质燃料 84.6 亿千瓦时），黑液排名第二（442 亿千瓦时），城市生物质废弃物 105 亿千瓦时，其他固体生物质燃料 11 亿千瓦时。

（三）瑞典的供热能源变革

在最近的几十年中，瑞典的供热部门经历了巨大的变革。在 20 世纪 70 年代，燃油在瑞典住宅部门的能源消耗中占主导地位。在 1973 年和 1979 年的石油危机之后，瑞典开始使用更多的电加热设备，电力通过核电站、水电站和热电联产获得。在 20 世纪 80 年代初期，燃油供热仍占建筑物热量消耗总量的近一半，区域供热稳步增长。1983～2016 年，区域供热显著增加，并与热泵一起取代了建筑物中几乎所有的燃油供热（见图 6–6）。

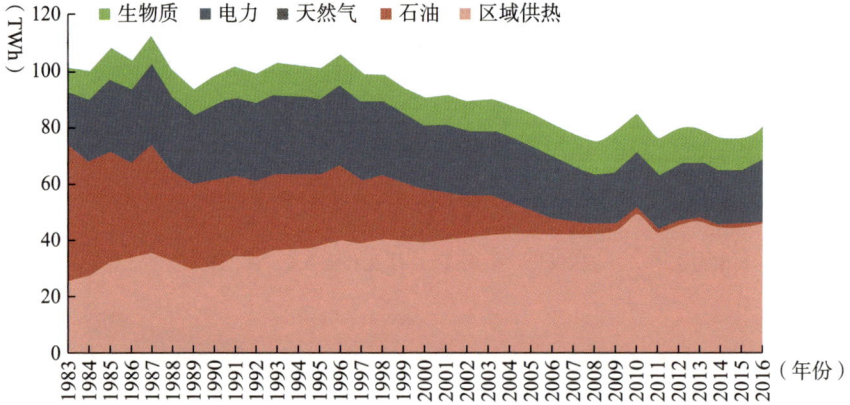

图 6–6　1983～2016 年瑞典按燃料分类的建筑供热能耗

资料来源：IEA（2019 forthcoming），World Energy Balances 2019 preliminary edition。

2016 年，瑞典区域供热提供了建筑热量总需求的近 60%；区域供热为 90% 的多户住宅建筑供热，为 77% 的其他建筑供热，为 17% 的独户建筑供热；固体生物质燃料（木材和颗粒）提供了建筑热量总需求的 14%，占独户建筑热量需求的 1/3（见图 6–7）。数十年来，固体生物质燃料在瑞典的使用一直相对稳定。天然气仅在少数几个城市为一小部分建筑供热，燃油中仅少量石油用于供热锅炉，因为它比其他替代品贵得多。

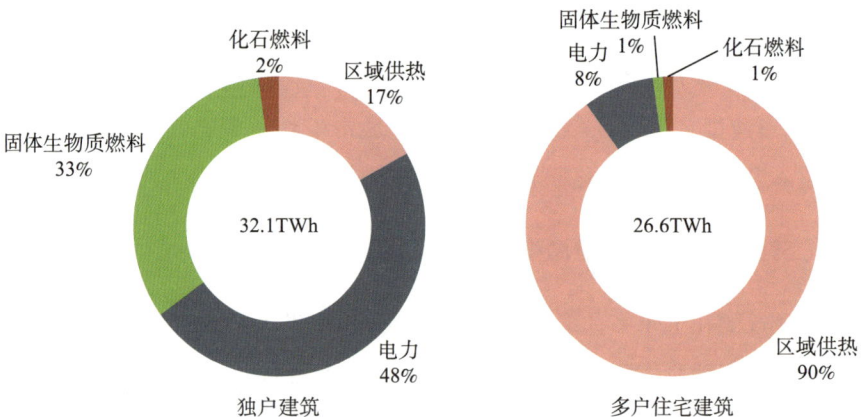

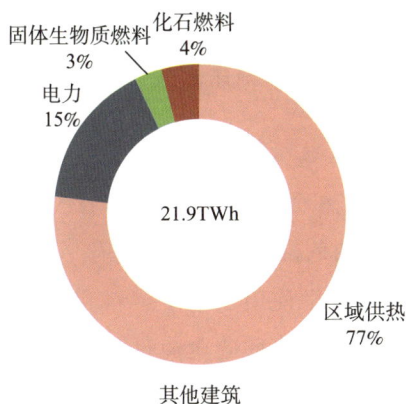

图 6 - 7　2016 年瑞典按燃料和建筑类型划分的供热情况

资料来源：Energy in Sweden 2019。

2006～2010 年，瑞典曾实施特定的补贴计划，鼓励对燃油供热和直接电加热进行替代。2006 年，瑞典政府引入了两个转换支持法案，以增加对更高效的低碳供热替代品的使用。一个法案（第 2005 - 1256 号法案）支持燃油供热的转换，另一个法案（第 2005 - 1255 号法案）支持直接电加热的转换。这两个法案鼓励房主将热源转换为区域供热、地源热泵或高效生物质燃料锅炉，若房主进行转换，政府将给予高达总成本 30% 的投资支持。由于应用量超过预期，这两个法案在政府补贴预算用完后提前结束。它们加速了对燃油供热和直接电加热的替代。同时，政府对燃油供热征收高额税款，鼓励了许多替代燃油供热项目的建设。

2017 年，瑞典建筑物中供热和热水的能耗比 2006 年下降了 0.3%，总量为 805 亿千瓦时，其热源分布为区域供热 57.6%，电力 25.9%，生物质燃料和废弃物 14.2%，石油 1.3%，天然气 1.0%。瑞典生物质成型颗粒供应不断增加。2017 年，瑞典独立住宅以外的生物质成型颗粒供应量 47 亿千瓦时，比 1997 年（21 亿千瓦时）增长 1 倍多；供应独立住宅的生物质成型颗粒总量为 25 亿千瓦时，比 1997 年（2 亿千瓦时）增长 11.5 倍，主要用于替代燃油和燃煤的供热锅炉。瑞典的生物质成型颗粒还需要进口，2017年进口总量为 4 亿千瓦时。

瑞典区域供热的热源已经从石油、煤炭逐步转变为固体生物质燃料，瑞典的能源系统已经逐步脱碳。瑞典大部分区域供热来自热电联产系统，可以说，区域供热部门也为瑞典的电力供应做出了贡献。

（四）瑞典区域供热中的生物质能源

1974 年以来，瑞典的区域供热规模持续扩大。2016 年，瑞典区域供热热量是 1974 年的 3 倍（见图 6 - 8）。瑞典最初的区域供热是由石油提供的，但在 20 世纪 70 年代的石油危机之后，瑞典政府开始推动燃料替代。首先是用煤炭替代石油，然后是鼓励使用生物质燃料和废弃物燃料。1991 年，瑞典政府开征碳税，这一税收政策是瑞典向可再生能源系统转型的重要驱动力，成为鼓励低碳燃料推广的重要政策工具。2000～2004 年，瑞典碳税税率迅速提高，此后进入平缓增加期。

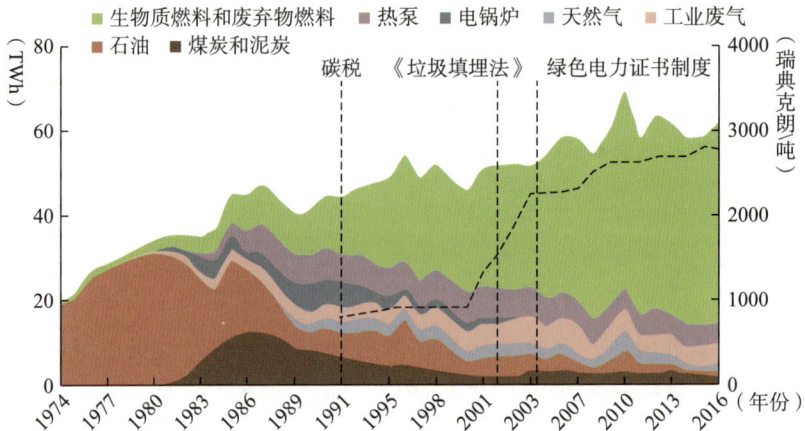

图 6 - 8　1974～2016 年瑞典按燃料划分的区域供热能源组成

资料来源：IEA（2019 forthcoming），World Energy Balances 2019 preliminary edition。

2001 年，瑞典政府颁布《垃圾填埋法》，禁止将有机垃圾和可燃无毒家庭垃圾填埋。城市废弃物越来越成为瑞典区域供热中有吸引力的燃料，焚烧供热和焚烧发电并用于供热成为瑞典城市废弃物最常见的处理方法。

2003 年，瑞典推出绿色电力证书制度，要求所有供电商和某些电力用户必须购买与其售电量或用电量成一定比例的绿色电力证书。因此，可再生能源电力生产商可以通过出售这些证书获得售电之外的收入，从而刺激可再生能源电力生产。该政策间接支持了生物质燃料的使用，进一步鼓励了废弃物的能源化利用，促进了废弃物和生物质燃料热电联产的发展。

随着碳税、《垃圾填埋法》和绿色电力证书制度的不断发展完善，生物质燃料和废弃物燃料逐步成为区域供热的主要能源。2016年，生物质燃料和废弃物燃料约占瑞典区域供热热源的2/3。

生物质燃料和废弃物燃料中主要是固体生物质燃料（如木屑），占2016年瑞典区域供热热源的一半以上。瑞典拥有大量的木材加工部门，副产品为木质燃料。2016年，废弃物燃料提供了瑞典区域供热热源的24%，其中大约一半是可再生废弃物。2016年，在按处理方法分类的瑞典城市废弃物中，可能源化利用的废弃物占48.5%。瑞典还进口废弃物，将其转化为能源，其中大部分来自挪威和英国。

瑞典未来用于区域供热的生物质燃料和废弃物的资源量会受到以下因素影响。①瑞典区域供热的能效还有进一步提高的潜力，这可以使同样多的生物质燃料和废弃物为更多的建筑供热。②瑞典按照可持续采伐的规定进行森林采伐，其森林工业产生的生物质燃料资源量还有进一步提升的空间。③瑞典在运输和工业等其他领域的脱碳目标可能会导致对可用生物质资源的竞争加剧。④欧盟的废弃物等级制度优先考虑减少废弃物和进行材料回收，而不是焚化，这促使瑞典政府考虑设计废弃物焚化税。随着回收利用的增加，废弃物的焚化率可能会下降。⑤挪威和英国等向瑞典出口废弃物的国家也正在研究国内废弃物的能源化方案，这可能会导致对此类废弃物的竞争加剧。

除生物质燃料之外，瑞典大部分区域供热由工业余热和热泵提供热源，这两者在区域供热生产中相对稳定。工业余热与热泵这两种热源通常具有最低的运行成本，因此被优先考虑用于保障区域供热系统的基础负荷。当电价较低时，启用热泵制热水，用于区域供热。随着生物质燃料和废弃物燃料的增长，瑞典的区域供热已基本脱碳。2016年，化石燃料（包括天然气、煤炭、石油和泥炭）在瑞典区域供热中的占比仅为8%，化石燃料的份额正在进一步下降。在与瑞典西南部的天然气输送网相连的城市中，少数几个城市的热电厂使用天然气，主要是马尔默和哥德堡。煤炭主要用于剩余的一些热电厂中的峰值发电，以及斯德哥尔摩Värtaverket企业的基本负荷（该企业决定在2022年之前逐步淘汰燃煤发电，实际上已经于2020年4月16日完全关闭了燃煤发电机组）。极少的燃油锅炉主要为某些区域供热系统提供峰值负荷。在某些地方，生物燃油已经替代了化石燃料油。

（五）瑞典生物质供热总结

第一，瑞典的生物质能源在终端能源消费中的占比相当高，在欧盟国家排名前列。第二，生物质成型颗粒在瑞典居民供热中的重要性非常突出。独立住宅的供热方式主要有两种，第一种是电热泵供热，第二种是生物质成型颗粒锅炉供热。替代燃油、燃气锅炉也是基于这两种方式。第三，在瑞典的生物质能源中，木质燃料居绝对主导地位，秸秆所占比例很低。第四，随着城市化进程的加快，生活在城市中并使用区域供热的人口将有所增加，建筑物的能源效率也将不断提高。因此，预计未来瑞典对区域供热的需求将保持稳定或略有下降。第五，瑞典区域供热公司适应来自其他技术（如热泵技术）的竞争，正在努力容纳更多的废热和低温热源，并通过与热电系统的集成提升灵活性。但是，与此同时，低廉的电价正在挑战区域供热市场的发展。对区域供热系统和技术的更多研究和开发，可以促进基础设施的现代化，并有助于保持区域供热作为瑞典能源系统的重要组成部分。第六，瑞典对城市生物质废弃物的充分利用值得中国学习。废弃物焚烧将在瑞典区域供热中长期扮演重要角色，这将促使其区域供热发展战略与废弃物处理政策保持一致，以实现无化石能源区域供热系统。

二　丹麦生物质供热

（一）丹麦民居生物质供热锅炉考察

考察地点：日德兰半岛上距离瓦埃勒（Vejle）十几公里的一个农庄。

考察形式：租住该农庄的民宿两日，考察生物质锅炉房。

考察时间：2020年2月29日至3月1日。

1. 案例概况

瓦埃勒曾被誉为丹麦的曼彻斯特，是丹麦国家级的纺织业中心。19世纪中叶到20世纪，瓦埃勒从一个集镇发展成为一个繁忙的工业中心。当地河流为工厂提供了水力，当时充足的水能和风能不仅是产业集聚和工业城市形成的关键影响因素，还影响了铁路的布局。1880 年，该市第一座风车磨坊在去瓦德的路上落成；同年，从瓦埃勒到比隆的铁路建成，纺织工厂在这里形成了集聚。20 世纪上半叶，该市约 25% 的工人在纺织行业工作。二战后，纺织工业逐渐衰落，瓦埃勒的最后一家棉纺厂经营到 1993 年。如今，商业、服务业以及高科技公司的地位越来越重要。著名的乐高公司距离这里仅 30 公里，legoland、legohouse 吸引了大量参观人群。乐高公司于 20世纪 60 年代建设的比隆机场是丹麦第二大机场。

我在瓦埃勒考察的农庄是一个大四合院，房主拿出数个房间用来做民宿。农庄供热面积共约 350 平方米，通过生物质成型颗粒锅炉烧热水供热。该农庄还安装了屋顶光伏（见图 6 - 9）。

图 6 - 9　瓦埃勒装有生物质锅炉和屋顶光伏的农庄

2. 供热系统

该农庄采用了丹麦典型的微型区域供热系统，有一间独立的生物质锅炉房，前身是燃油锅炉房。生物质锅炉使用的燃料是生物质成型颗粒，购买自波兰。该锅炉采用了自动上料装置，料斗（见图 6 - 10）装满后大约可用一星期。锅炉房内还有一个储热水箱，容量为 92 升（见图 6 - 11）。该锅炉全年使用，夏季用于供热水，冬天用于供热和热水，一年燃料费用约8000 丹麦克朗。每 100 平方米的费用约 2300 丹麦克朗。

20 世纪 70 年代石油危机以前，丹麦的供热能源已经从煤炭改为石油。石油危机后，石油价格不断上升，丹麦供热系统的开支很大，于是逐渐改用生物质。

图 6 – 10　生物质锅炉房里的料斗

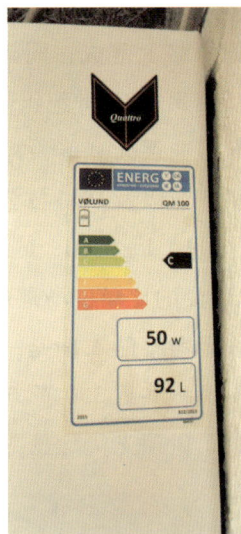

图 6 – 11　92 升的储热水箱

（1）关于燃烧器（见图 6 – 12）

图 6 – 12　生物质锅炉房里的燃烧器

燃烧器仪表上显示，风速 3.1 米每秒，温度 2.1℃，生物质成型颗粒的总消耗量为 8554 千克，加热的水温是 59.6℃，输入储热水箱后，水箱水温为 50.8℃（见图 6-13）。燃烧器细部特征见图 6-14。

燃烧器的出力是波动性的，具有较好的调节能力，因为后端的热需求在变化。另外，燃烧器与储热水箱存在智能协同关系。

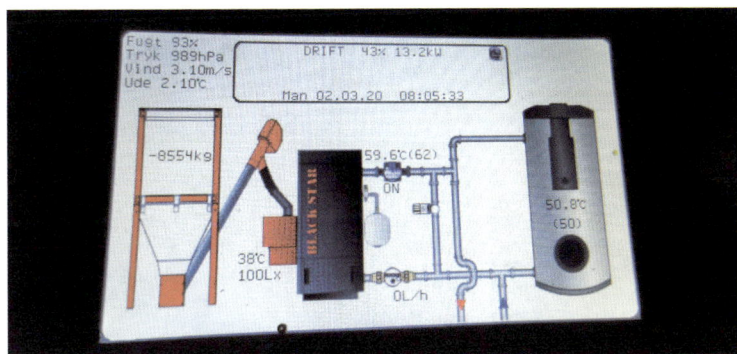

图 6-13　燃烧器仪表的显示情况

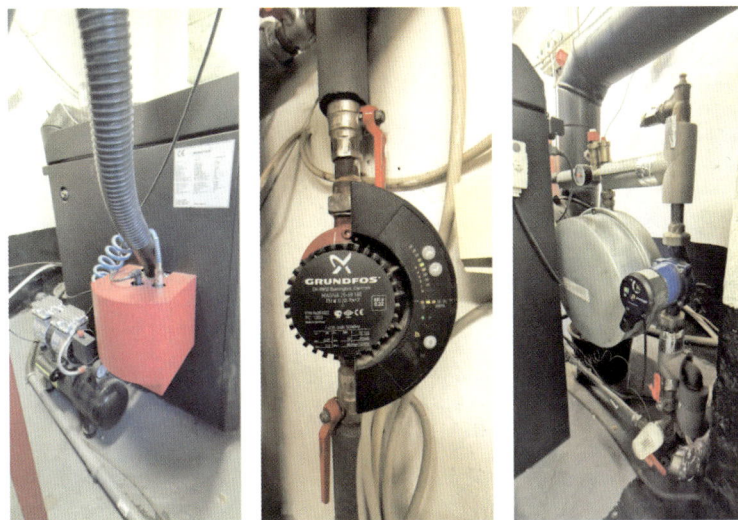

图 6-14　燃烧器相关细部图片

（2）关于燃料

燃料为直径 8 毫米的生物质成型颗粒，每小袋 15 千克（见图 6-15），66 个小袋组成一个 990 千克的大包装，价格为 1188 兹罗提。该产品产于波兰，兹罗提是波兰货币。按 1.6 的汇率折算，每千克生物质成型颗粒大约 1.92 元人民币。如果按煤炭每吨 800 元人民币计，这种燃料的价格约相当于煤价的 2.4 倍。

图 6-15　波兰生产的直径 8 毫米的成型颗粒（左）和包装袋（中、右）

这种燃料的特点有：①高热量。每千克的热量相当于 5.3 千瓦时。1 吨可替代 470 升取暖油、572 立方米天然气、429 升液化石油气、790 千克煤炭。②易储存。以 15 千克或 25 千克每袋的形式包装，1 吨燃料占用空间约 2 立方米，散装颗粒每吨占用空间约 1.7 立方米。③生态性。这种生物质成型颗粒燃烧后会有少量灰烬，灰烬可用作草坪或花园的肥料。另外，这种燃料零二氧化碳排放。⑤不含有害物质，不会散发让人不愉快的气味。④不会引起过敏。⑤使用时清洁度高，不会像煤炭、焦炭那样弄脏房间。

生产木质颗粒的这家波兰公司还卖木屑砖。6 块木屑砖重 10 千克，做成一个小包装，96 个小包装集合成一个大包装，重达 960 千克。木屑砖由刨花、软木和硬木制成，在高压下形成高密度的立方体，含水量控制在 10% 以下，与天然木材大体相当。

（3）建筑保温及供热相关设施

农庄的保温房窗户和门普遍做了改造，窗户改为双层玻璃。锅炉房的玻璃未经改造，对比很明显（见图 6-16）。这种老房子墙很厚，保温性能好（见图 6-17）。暖气片（见图 6-18）有调节阀（见图 6-19），一档是保持不结冰，能耗很低，五档是最热，这样可以根据实际需要调节热量，这要求前端的锅炉和储热水箱有较好的调节能力。厨房的电气化程度很高（见图6-20），最耗电的是集成式电炉和烤箱，此外还有冰箱、洗碗机、干衣机、电视等。厨房、洗脸池和浴室都有热水，全年供应。房屋建设使用了大量木材（见图6-21），优点是费用低、易于维修，而且低碳、可持续。

图6-16　未改造的锅炉房窗户（左）和经过保温改造的窗户（右）

图6-17　很厚的墙

图6-18　暖气片

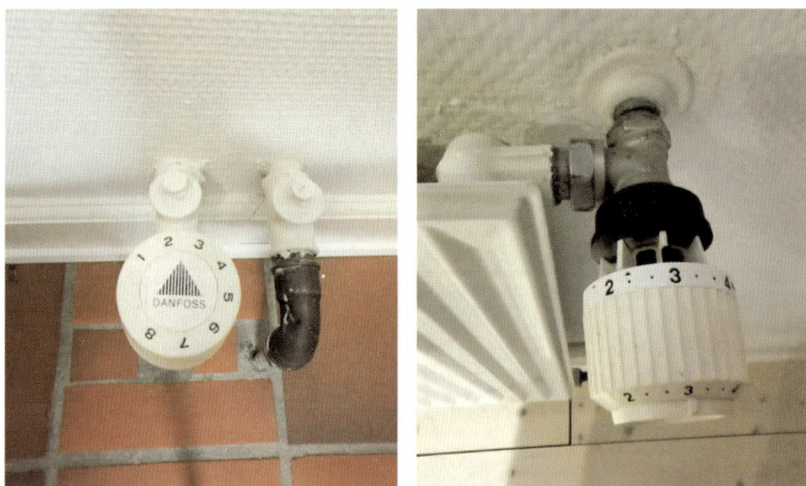

图 6 – 19　供热调节阀（丹麦丹佛斯公司产品）

图 6 – 20　电气化厨房（左）和可供热水的厨房水龙头（右）

图 6 – 21　农庄卧室的木板屋顶

（4）农庄风貌

该农庄的布局与中国四合院有点接近，中间是一个大花园，四周是房间，朝北和朝东是住宅。花园中植被丰茂，有树有花有草，没有种菜，还有一个正在育苗的玻璃温室（见图6-22）。

图6-22　绿植丰富的农庄及其正在育苗的温室

（5）对农庄供热系统的总结和思考

该农庄供热系统通过燃烧生物质供热，是一种清洁的、可持续的供热方式，对于减少碳排放很有意义。该系统供热费用并不高，而且全年供热水。它有四个重要特征：①燃烧器的效率高；②有储热水箱；③采用水暖系统；④低温供热且具有智能调节能力。燃烧器的出力是波动性的，因为后端的热需求在变化。燃烧器通过与储热水箱的智能协同，实现了较好的调节，提高了能效。

与此案例对照，思考中国的户用供热，以下四点显得非常重要。①农村供热系统不能只关注燃料本身；②户用供热系统的升级改造很迫切；③建筑保温也绝不能忽视；④农村建筑热水和供热整合在一起的不多，而这种整合将是农村建筑现代化的一个发展方向。

（二）丹麦生物质供热工厂考察

考察项目：Ringsted Forsying 生物质供热工厂。

考察形式：作为世界资源研究所分布式能源项目考察团的成员参加考察。

考察时间：2017 年 4 月。

1. 项目概况

该供热工厂有两台 8.5 兆瓦的生物质锅炉，既供热，也供热水，但不发电（见图 6 – 23）。

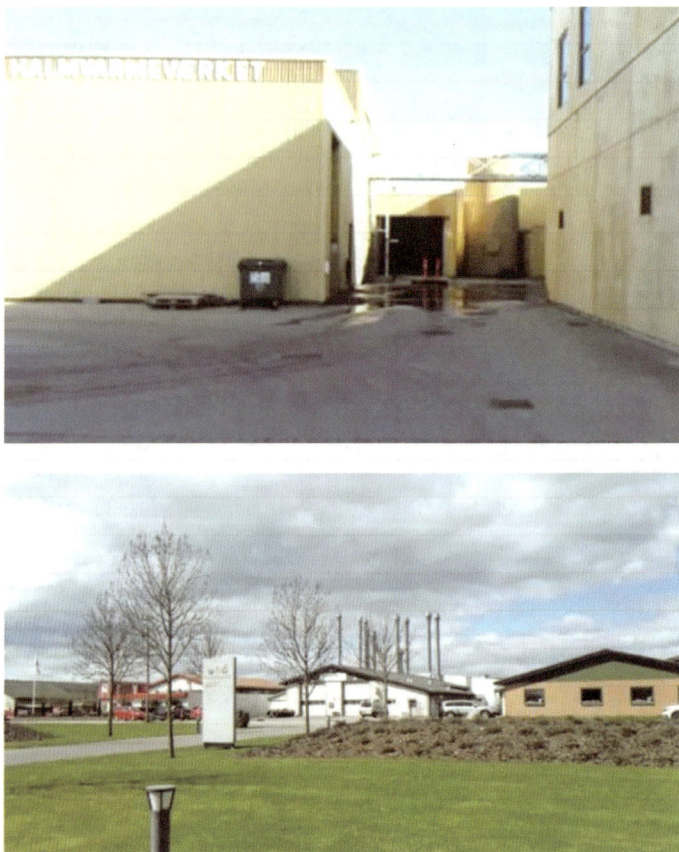

图 6 – 23　供热工厂与紧邻的农庄

这家供热工厂所属企业已有 50 年历史，最初采用燃煤供热，后来供热燃料经历了从石油、天然气、废弃物到秸秆的变迁。20 世纪 80 年代用燃煤供热，1999 年改为天然气热电联产，2008 年建成生物质供热机组。这样的变迁主要是由政府推动的，当地社区也很支持。

生物质供热机组共为 6500 户用户供热，其中 3000 多户是住户，还有学校等用户。从供热工厂到最远的用户大约 3 公里，最近的只有 200 米。这家工厂大约可保障当地热需求的 75%。其供热系统的出水温度是 93℃，供到用户的水温是 70℃，最远的用户大约 60℃，回水温度 42℃。该供热系统热损失率大约是 18%。

该工厂归当地社区所有，相当于合作社，因而属于公共事业，用热的客户就是该工厂的股东。供热工厂按成本价向用户供热和供热水，政府不允许其赢利。政府监管有很多细致的规则，通过精密的计算，确定供热价格，这些核算都会向社会公开。当地社区建厂共投资 1000 万美元，按 15 年投资回收期计算成本，建设资金均为贷款，利率约为 2%。建设这个工厂没有得到政府的补贴，因为它不属于新技术。

2. 燃烧系统

农民自己有秸秆仓库，按协议每周送至供热工厂。供热工厂的仓库只存放一周的用量（见图 6 - 24）。

图 6 - 24　供热工厂的秸秆仓库

工厂每年焚烧秸秆约 30000 吨，有小麦秸秆，也有玉米秸秆，来自附近 60 个农户。农户把秸秆卖给工厂的价格是单独议定的，每年议一次价。双方以每 100 吨为基数签订协议，最终形成 75 个合同（有的农户有不止一个合同）。近几年，秸秆价格基本稳定，每吨价格不到 100 美元。

农户在地里直接把秸秆打成长方体的捆，每捆约500千克。秸秆入厂的时候，要验货、称重、测含水量。秸秆叉车上的三个尖带有感应器，可以测含水量，用于测量秸秆的湿度。含水量25%以下是合格的；如果高于30%，则是不合格产品，要退货。生物质供热工厂重要设施见图6-25。

图6-25　生物质供热工厂重要设施

注：左上——秸秆运往锅炉途中；右上——带感应器的秸秆叉车；左下——旋转刀片将秸秆切碎后入炉；右下——生物质锅炉供热厂间。

生物质锅炉的运行情况显示在仪表盘上，如图6-26。生物质锅炉燃烧控制的精细化程度很高。燃烧室温度控制在850℃以上，以防止产生二噁英。燃料燃烧后进行两级除尘，不是采用电除尘技术，而是采用布袋除尘技术。污染物排放每年都要做检测，氮氧化物一年检测一次，由第三方机构抽查，检测记录报当地环保管理部门。燃烧后的余热回收后用于给秸秆预热。

秸秆燃烧力求燃尽，否则要回炉燃烧。工厂不允许未烧尽的材料离开车间。燃烧产生的草木灰可用于还田，是非常好的肥料。工厂根据农户卖

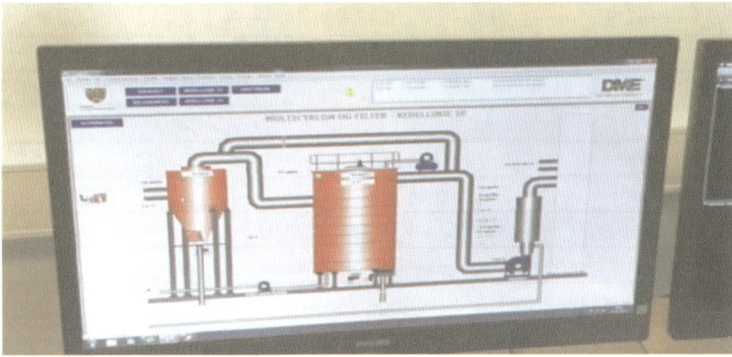

图 6 – 26　生物质锅炉系统示意

的秸秆数量，将草木灰免费送给农户，大约是按 4% 的比例回馈草木灰。

该工厂还有两台天然气热电联产机组，电力的生产能力是 11 兆瓦，热力的生产能力是 13 兆瓦。天然气热电联产机组主要是备用，2016 年只运营了 170 小时。天然气热电联产项目所产生的电力是卖给电网的。它现在归丹麦的一个能源管理机构直接调度，按照建设时计划的 20 年投资回收期，还未完全收回成本。政府若要将其用于给风电调峰，需要向该工厂支付容量费。该机组如果产生盈利，这部分盈利将补贴到供热业务中，以降低热价。

（三）丹麦的能源转型与生物质能源

丹麦国土面积约 4.3 万平方公里，人口约 580 万。2020 年，丹麦人均 GDP 超过 6 万美元。丹麦的能源转型目标有：2030 年弃煤；2035 年实现供电和供热都不使用化石能源；2050 年前完全不使用化石能源。

2016 年，在丹麦能源消费总量中，生物质能源占 22%，风电占 6.4%，沼气约占 1.4%。

丹麦的风电发展是世界著名的。2016 年，风电占丹麦电力消费量的比例超过 40%。但就能源生产总量而言，风电远低于生物质能源。2016 年，丹麦生物质能源（不包括生物天然气）消费量达到 150 皮焦，是风电消费量（45 皮焦）的 3 倍多，还消费了超过 10 皮焦的生物天然气（见图 6 – 27）。

2000 年，废弃物、秸秆和木柴是丹麦主要的可再生燃料。此后，木屑颗粒和木屑的使用逐渐增加。2010 年以来，木屑颗粒在用于能源目的的固体生物质消费中占据主导地位。木屑颗粒在现有的燃煤电厂中用于混合燃

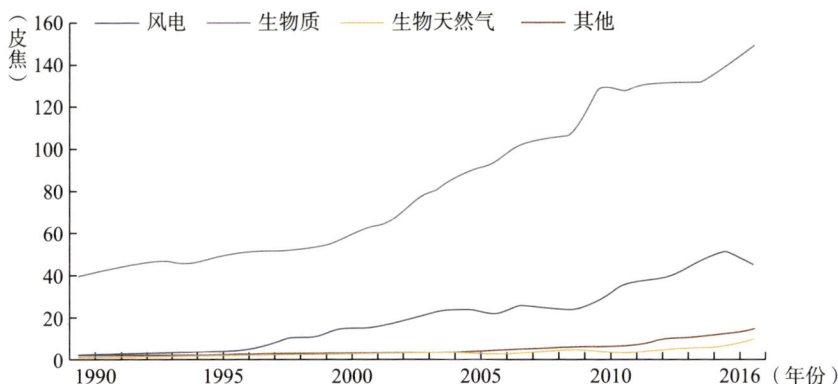

图 6 - 27 1990 ~ 2016 年丹麦可再生能源消费情况

资料来源：Danish Energy Agency。

烧（作为支持燃料），或用于已转换为以木屑颗粒为主要燃料而不是以煤炭为主要燃料的燃煤电厂。

1990 ~ 2016 年，丹麦生物质能源的供给经历了快速上升的阶段（见图 6 - 28）。2010 年以来，固体生物质燃料的供给增长放缓，但在生物质能源消费中的占比保持上升趋势。

图 6 - 28 1990 ~ 2016 年丹麦生物质能源的供给情况

资料来源：World Energy Balance，OECD/IEA 2018。

在 2016 年丹麦 159 皮焦的生物质能源供给中，初级固体生物质燃料占 73.7%，固体废弃物可再生能源占 14.0%，生物天然气占 5.8%，生物柴油占 6.3%（见图 6 - 29）。

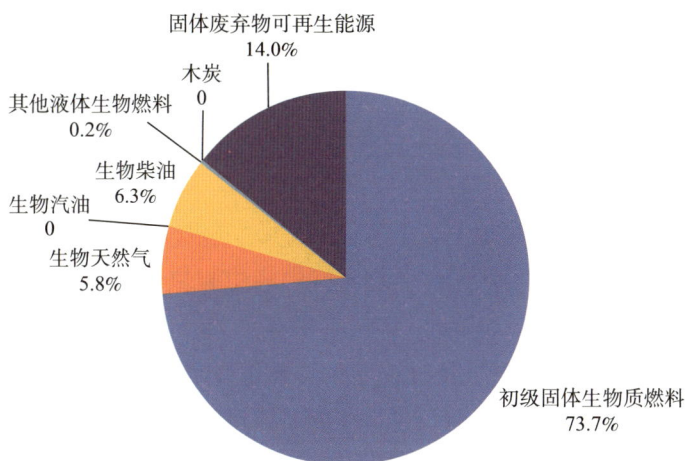

图6-29　2016年丹麦生物质能源供给情况

资料来源：World Energy Balance，OECD/IEA 2018。

2016年，在丹麦的生物质能源中，进口的占比大约为20%。近几年，丹麦进口生物质能源占比有一定幅度上升。

2016年，丹麦人均消费生物质能源约27.7吉焦（见图6-30、表6-1），欧盟国家平均水平为11吉焦，中国不到7吉焦，全球平均水平为8吉焦。丹麦规划到2020年人均消费生物质能源34吉焦。

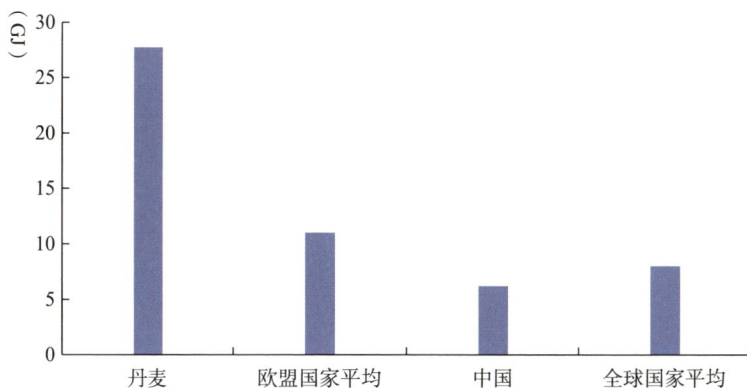

图6-30　2016年丹麦及世界其他国家生物质能源的人均利用水平

资料来源：The Danish Climate Council，Chain Energy Research Society。

表6－1　2016年丹麦能源人均消费情况

单位：吉焦

	总能源	生物质能源	固体生物质燃料	固体废弃物可再生能源	生物天然气	液体生物燃料
人均	120.8	27.7	20.4	3.9	1.6	1.8

资料来源：World Energy Balance，OECD/IEA 2018。

把皮焦折算为千瓦时（1皮焦约合2.8亿千瓦时），可计算出2016年丹麦生物质能源人均消费约7756千瓦时，固体生物质燃料人均消费20.4吉焦，相当于5712千瓦时，超过2016年中国人均电力消费数据。2016年，丹麦的秸秆人均消费942千瓦时，可生物降解垃圾人均消费1045千瓦时，木质垃圾人均消费419千瓦时，进口生物质能源人均消费1986千瓦时。

（四）丹麦的生物质供热

2016年，丹麦的供热终端消费约200皮焦，其中108皮焦是区域供热的消耗，91皮焦为单体建筑的供热消耗。在单体建筑的供热来源中，25.3%为木质燃料，12.2%是生物质成型颗粒，3.2%是秸秆，0.2%是固体生物质锅炉，这几项合计40.9%，59.1%的供热来源包括热泵、太阳能、直接电加热、地热等。

在区域供热的能源来源中，生物质能源的占比呈增长趋势。2016年，在丹麦区域供热能源中，生物质和废弃物占比达到60%，其中生物质占比超过50%。过去20多年来，煤炭和石油在丹麦区域供热能源中的占比大幅下降；天然气占比在20世纪90年代有所增长，但2010年开始逐步降低。

2016年，丹麦家庭供热方式中，区域供热占64.5%；区域供热方式中，热电联产占66%；区域供热所用能源中，可再生能源（包括废弃物）占70%（见图6－31）。区域供热最主要的三项来源是城市废弃物热电联产、生物质（秸秆、木片和木质成型颗粒）热电联产和生物质锅炉。2018年，丹麦61%的区域供热来源是可再生能源（见图6－32）。这些可再生能源包括生物质（木质燃料、可降解废弃物、秸秆和生物燃油）、沼气、太阳能、地热能。

（五）小结和思考

第一，丹麦依靠本土生物质所产生的人均电力和热量，与中国人均电

天然气锅炉
15.0%

燃油锅炉
9.0%

热泵和其他
11.5%

区域供热
64.5%

家庭供热方式

锅炉和其他
34%

热电联产
66%

区域供热方式

煤炭
9%

石油
1%

天然气
19%

电力
1%

可再生能源
（包括废弃物）
70%

区域供热所用能源

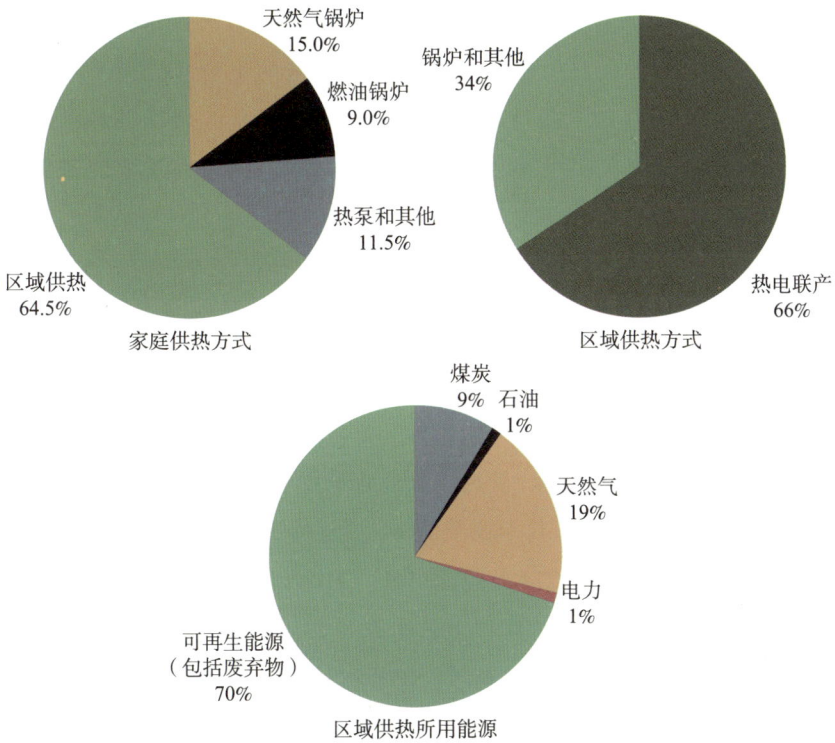

图 6 - 31　2016 年丹麦供热情况

资料来源：丹麦区域能源白皮书。

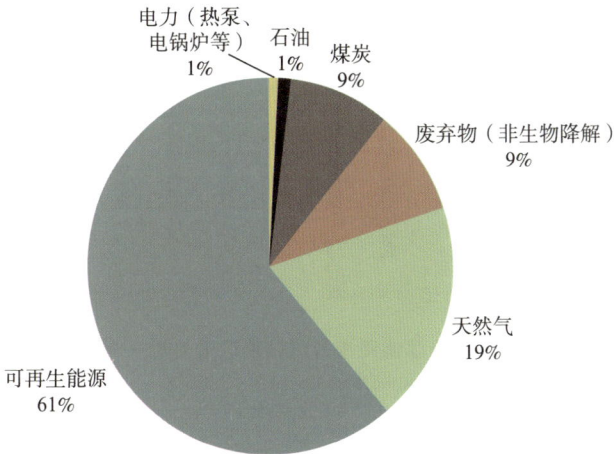

电力（热泵、
电锅炉等）
1%

石油
1%

煤炭
9%

废弃物（非生物降解）
9%

天然气
19%

可再生能源
61%

图 6 - 32　2018 年丹麦区域供热来源

资料来源：丹麦区域能源白皮书。

力消费量大体相当，大于中国煤炭所产生的人均电力消费量，这展示了生物质能源的巨大潜力，对中国与之条件相近地区的生物质能源发展战略有很大的借鉴意义。第二，在丹麦，固体生物质能源是区域供热和单体建筑供热的主体能源。第三，中国当前煤改气和煤改电困境的重要突破渠道是大力发展煤改生物质能源。

三　欧盟生物质供热

（一）欧盟国家供热能源消费量

2017 年，在欧盟国家中，供热能源消费量排名前 5 位的国家是德国、法国、意大利、英国和波兰。其中德国最多，为 11067 万吨油当量，折合 12871 亿千瓦时；法国第二，为 6274 万吨油当量。2017 年，在欧盟国家中，供热能源消费量占终端能源消费量一半以上的国家有 13 个。其中，排名前 5 位的国家分别为斯洛伐克、拉脱维亚、荷兰、匈牙利和捷克（见图 6 - 33）。

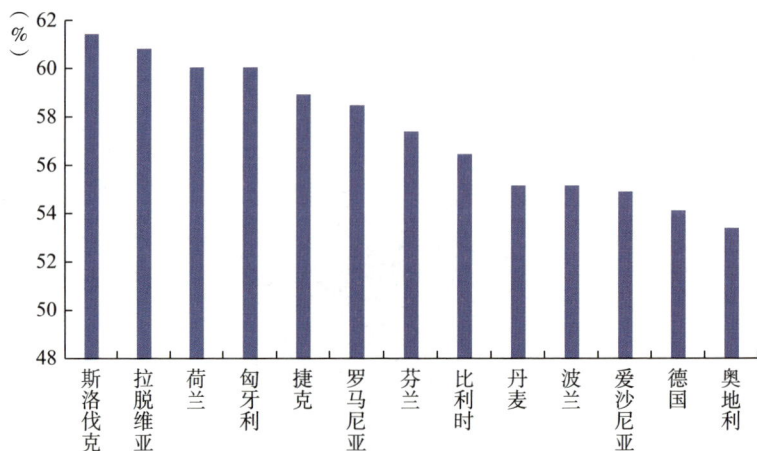

图 6 - 33　2017 年供热能源消费量占终端能源消费量一半以上的欧盟国家
资料来源：IEA Bioenergy，Annual Report 2018。

（二）欧盟国家可再生能源供热占比情况

2004 ～ 2017 年，欧盟国家可再生能源供热占比整体呈明显上升趋势，从 10% 上升到近 20%，并且可再生能源供热总量大幅增长，从 2004 年的 62.292ktoe 增长到 2017 年的 102.189ktoe（见图 6-34）。

图 6-34 2004～2017 年欧盟国家可再生能源供热总量和占比情况

2017 年，可再生能源供热占比超过 30% 的欧盟国家有 10 个。其中，瑞典占比最高，接近 70%；其次是芬兰、拉脱维亚和爱沙尼亚，这三个国家可再生能源供热占比都超过 50%（见图 6-35）。

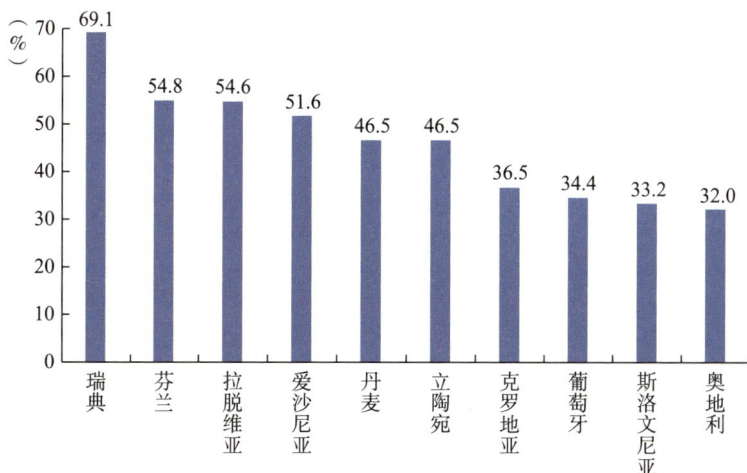

图 6-35 2017 年可再生能源供热占比超过 30% 的欧盟国家

资料来源：IEA Bioenergy，Annual Report 2018。

欧盟制定了可再生能源发展的目标，包括可再生能源在电力中的比例、在供热供冷用能中的比例、在交通用能中的比例。在总目标下，欧盟各个成员国制定了各自的目标。

2017 年，有若干个欧盟国家实现了 2020 年可再生能源供热的目标。其中，瑞典远超目标。超额完成目标的国家还有保加利亚、爱沙尼亚、丹麦、立陶宛、拉脱维亚。

关于 2030 年的可再生能源供热目标，瑞典制定的目标是可再生能源供热占比达到 90%，爱沙尼亚、芬兰、立陶宛、拉脱维亚和丹麦都制定了可再生能源供热占比超过 60% 的目标。

2017 年，在欧盟整体供热系统中，化石能源供热仍然占绝大部分，占比达到 79.4%，生物质供热占 16.9%，其他可再生能源供热占 2.6%（见图 6 – 36），其中热泵供热占 77%，太阳能集热器供热占 15%，地热供热占 8%。

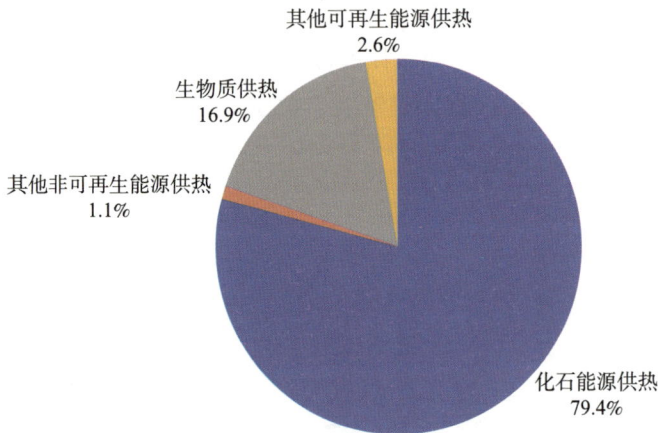

图 6 – 36　2017 年欧盟整体供热系统中不同能源供热的占比情况

资料来源：Biomass for Heating and Cooling EU – final。

（三）欧盟国家生物质供热在终端能源消费量中的占比

2017 年，生物质供热占终端能源消费量的比例高于 10% 的欧盟国家有 14 个。其中拉脱维亚占比最高，为 33.21%；其次是芬兰、瑞典、爱沙尼亚、丹麦和立陶宛，占比均超过 20%；克罗地亚、奥地利、罗马尼亚占比为 15% 左右，葡萄牙、斯洛文尼亚、保加利亚、捷克和匈牙利占比为 11% 左右（见图 6 – 37）。

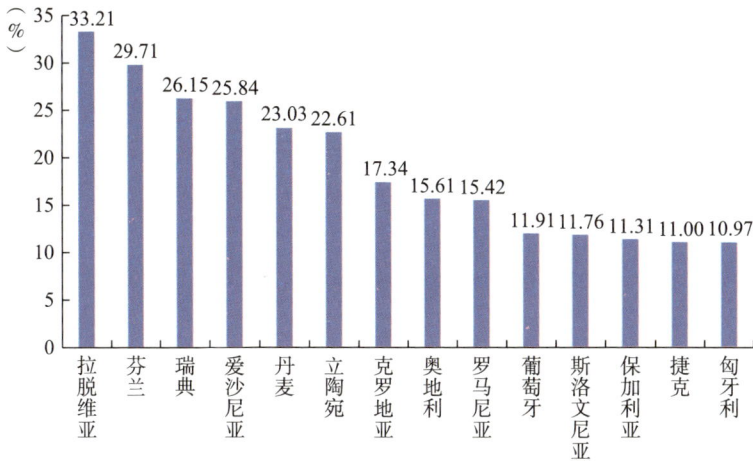

图 6 - 37　2017 年生物质供热占终端能源消费量的比例高于 10% 的欧盟国家

资料来源：Biomass for Heating and Cooling EU － final。

（四）欧盟国家生物质供热情况

2017 年，欧盟国家生物质供热的形式主要包括固体生物质供热、可再生废弃物供热、生物天然气供热和液体生物燃料供热 4 种。其中，以固体生物质供热为主，占 91%；可再生废弃物供热和生物天然气供热分别占 4%，液体生物燃料供热仅占 1%（见图 6 - 38）。

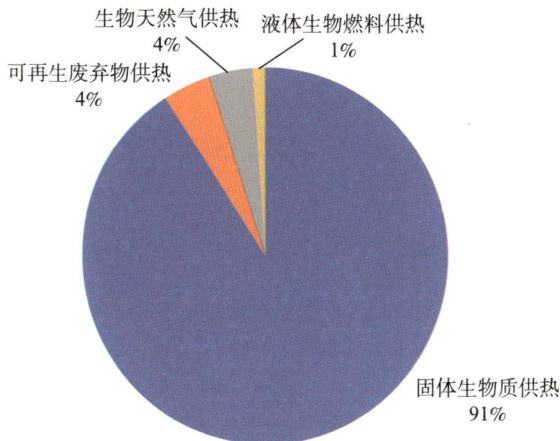

图 6 - 38　2017 年欧盟国家生物质供热主要形式

资料来源：Bioenergy Europe Statistical Report 2019。

表 6 - 2、图 6 - 39 展示了 2017 年欧盟国家生物质供热在各个行业的消费情况。其中，使用生物质供热的最大行业是住宅，约占欧盟生物质供热的一半；工业生物质供热约占 1/4；其次是管网供热、商业和服务业；其他部门包括农业、渔业和其他未指定的行业。管网供热包括小型区域供热和热电联产，是指主要使用可再生废弃物供热的部门。

表 6 - 2 2017 年欧盟国家生物质供热在各个行业的消费情况

单位：ktoe

	固体生物质	可再生废弃物	生物天然气	液体生物燃料	总计
工业	21456	688	499	83	22726
住宅	43531	7	391	4	43933
管网供热	10952	2905	734	100	14691
商业和服务业	2972	217	1434	168	4791
其他部门	1766	0	539	36	2341
总计	80677	3817	3597	391	88482

资料来源：Bioenergy Europe Statistical Report 2019。

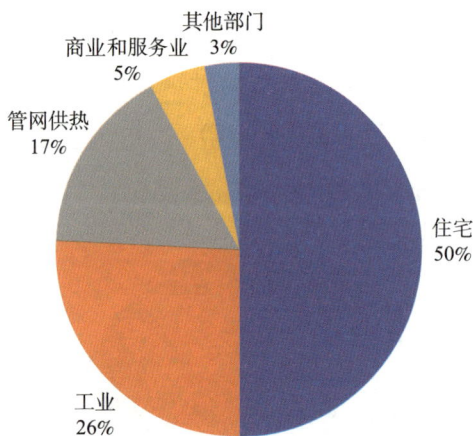

图 6 - 39 2017 年欧盟国家生物质供热在不同行业的消费比例

资料来源：Bioenergy Europe Statistical Report 2019。

2000 ~ 2017 年，在欧盟国家所有领域，特别是在工业和管网供热领域，生物质供热的消费量都在稳定增长（见图 6 - 40）。在住宅领域，生物质供热消费量的波动可以用冬天的温度和燃油价格的波动来解释。2000 ~ 2017

年，欧盟国家生物质供热量增长了 70%，其中住宅的生物质供热量增加了 49%，工业的生物质供热量增加了 44%，管网供热的生物质供热量增加了 1 倍，商业和服务业的生物质供热量增加了近 4 倍。2000 年以来，欧盟国家生物质供热总量平均每年增长 3.2%。这表明，家庭、工业、区域供热等越来越依赖于生物质。

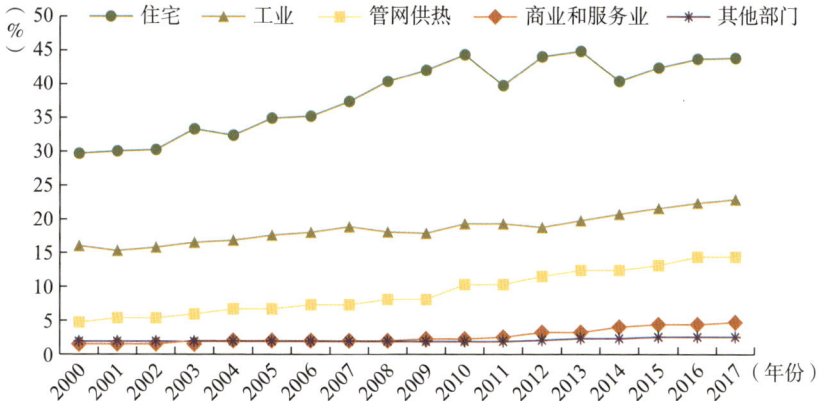

图 6-40　2000~2017 年欧盟国家生物质供热在不同行业的消费比例

资料来源：Bioenergy Europe Statistical Report 2019。

（五）欧盟国家居民供热情况

2017 年，欧盟国家居民供热能源消费（不包括电力）中只有 23% 来自可再生能源，其中主要是生物质能源（87%）。

2017 年，居民供热能源消费总量排前 5 名的欧盟国家为德国（50984ktoe）、法国（33622ktoe）、英国（30526ktoe）、意大利（28414ktoe）、波兰（17992ktoe）。

2017 年，欧盟国家居民供热消费能源来源于生物质、管网供热、固体化石燃料、天然气、石油、热泵、电力供热、地热和太阳能集热器 9 种。其中，生物质供热占比超过 40% 的国家有克罗地亚、保加利亚、爱沙尼亚、拉脱维亚、罗马尼亚和斯洛文尼亚。

四　专家点评[1]

回顾世界能源转型史，曾经发生了两次能源转型。19 世纪初发生了由生物质能向煤炭的第一次能源转型；20 世纪发生了第二次能源转型，可将其划分为两个阶段：前一阶段发生在 20 世纪 60 年代，呈现为石油对煤炭的替代；后一阶段发生在 20 世纪 70 年代，呈现为核能与天然气使用量的增长。目前，第三次能源转型正在进行中。以清洁、无碳、智能、高效为核心的"新能源" + "智慧能源"能源体系，是第三次能源转型的发展方向与目标。

从全球范围看，受经济发展水平、区域地理位置和资源禀赋差异等因素的影响，不同国家和地区的能源消费结构差异较大，全球能源结构发展不均衡的问题日益突出。以清洁能源为例，欧洲和中南美洲的清洁能源占比较高。其中，欧洲以光伏、生物质等可再生能源为主，挪威、瑞典等北欧国家的清洁能源占比已超过 60%，可再生能源的应用在各行业表现突出；南美洲拥有充沛的水力资源，其清洁能源以水电为主。亚太地区的清洁能源占比相对偏低，但增长较快，全球可再生能源新增发电容量的 40% 以上来自中国。中东地区拥有丰富的油气资源，其清洁能源占比极低。

通过欧洲能源转型的案例，可以看出欧洲大部分国家已经意识到能源转型的重要性并且积极采取了行动，为实现碳中和的目标做出了努力。欧洲多国针对加快发展非化石能源，制定了一系列去碳化政策和发展目标，对煤炭、天然气和核能等传统能源行业进行了大规模整改，并强制执行相关政策和文件，以走好实现碳中和目标的每一步。欧洲典型城市的发展经验主要表现为：一是充分清洁化利用生活垃圾、生物质、光伏等能源资源；二是合理选择城市外部天然气等清洁能源，实现城市内外部清洁能源的最大化利用；三是建立城市综合能源系统，实现冷、热、电等多能协同互补，提高能源利用效率。相比欧洲城市，中国城市对生活垃圾的处理与能源化利用缺少统筹考虑。

---

① 张大勇，中国产业发展促进会生物质能产业分会秘书长。

目前，中国也在逐步进入能源转型的轨道。中国正在大力推动农村清洁能源利用工程，提高清洁能源消费占比：以农村广阔的土地、屋顶空间为载体，充分利用生物质、地热、风、光、小水电等清洁能源资源；打造农村综合能源系统的典型应用场景、可普及的利用方式，逐步推广"纵向源网荷储协调，横向多能互补"的综合供能模式；针对居住分散式农村，创新小型储能（储电、储热）的应用场景，以"光热采暖＋电锅炉＋储热""光伏＋储能"等多能协调场景为主要能源供给结构；针对集中式居住的农村，构建以电能为核心、以生物质能为主要利用手段的农村综合能源系统，从多能耦合的角度提高能源利用效率。

能源转型是一个长期、渐进、复杂的过程，且伴随着能源体系转换、消费结构调整和主体能源替代等重大变革，面临诸多困难与挑战。结合国际经验和行业特点来看，政策、技术和投资是决定未来能源转型的三个核心要素，三者必须相互结合，才能共同推动能源产业低碳高效和可持续发展。

参考资料

［1］ IEA，Energy Policies of IEA Countries Sweden 2019 Review，Paris：International Energy Agency，2019.

［2］ SEA，Energy in Sweden，Facts and Figures 2018.

［3］ IEA，IEA Bioenergy Denmark – 2018 Bioenergy Policies and Status of Implementation，Paris：International Energy Agency，2019.

［4］《区域能源：城市地区的绿色供热和供冷》，绿色国度，2020。

［5］ The Danish Energy Agency，Biomass，https：//ens. dk/en/our – responsibilities/bioenergy/ solid – biomass 2021/07/30.

［6］ Cristina Calderón，Martin Colla et al.，Bioenergy Europe Statistical Report 2019，du Champ de：Bioenergy Europe，2019.

第七章
瑞典垃圾分类及能源化利用

在欧洲考察期间，我在瑞典生活时间最长，较多时间租住在一所独幢房子中。在房东的指导下，我逐步了解到瑞典对垃圾分类的各种要求，学会了垃圾分类的一些方法和技巧。在与华人家庭的深入交流中，我了解到瑞典垃圾分类从娃娃抓起的成功经验。此外，我还去了斯德哥尔摩市恩华特公司，考察真空管道垃圾输送系统项目，去韦斯特罗斯等市的垃圾回收站参观和体验，考察韦斯特罗斯市的市政沼气公司和市政垃圾发电公司，这些都加深了我对垃圾能源化利用的直观印象。

一　考察瑞典垃圾分类

对瑞典垃圾分类与能源化利用的考察，主要关注垃圾分类标准、垃圾回收设施、垃圾能源化利用、社会教育等方面。从垃圾分类标准到能源回收和公共教育，瑞典的垃圾处理每一步都十分详尽与细致。

垃圾分类是瑞典居民每天必做的工作，他们需要将可回收垃圾按塑料、纸张、瓶子、玻璃、金属等分类，投入对应的垃圾桶中。

在瑞典居住时，我每次喝完牛奶后，都要用清水将牛奶盒洗干净，将塑料盖与纸盒分开，将纸盒剪开、晾干（见图 7 - 1），再开车送至垃圾回收站。

为了更好地分类，不少瑞典居民会在家中放置具有各类垃圾标识的垃圾桶，以便提醒自己需要分类的垃圾类别。

在参观 Vallby 博物馆时，我看到工作人员开着铲车收垃圾袋，垃圾袋

图 7 - 1　对牛奶盒进行分类

都是纸质的，垃圾箱则是木质的（见图 7 - 2）。

图 7 - 2　Vallby 博物馆的纸质垃圾袋（左）和木质垃圾箱（右）

二　瑞典垃圾管理与步骤

　　瑞典的垃圾填埋率不到 1%，这得益于其先进的垃圾管理模式。瑞典将垃圾管理分为五个步骤：第一是预防垃圾产生，通过二手店、捐赠等方式减少垃圾；第二为材料再使用，通过维修、清洁延长产品寿命；第三为材料回收，瑞典垃圾类目详尽，国民有良好的分类习惯，瑞典政府也出台相关政策鼓励垃圾分类，使垃圾材料回收效率得到提高；第四为能源化利用，无法被回收的无机垃圾将进入垃圾焚烧厂，用于热电联产，有机垃圾则被运至沼气厂进行沼气生产，产生的沼气大多用作机动车燃料；第五是填埋处理，只有极少数的垃圾被进行填埋处理。

　　2019 年，瑞典处理的家庭垃圾量为 4818510 吨：垃圾回收率为 35%，其中包括建筑材料的回收；14% 的家庭垃圾被送去进行生物处理；有 50.3% 的家庭垃圾被用于能源化利用；被填埋处理的垃圾占0.7%（见图7-3）。

图7-3 2015～2019年瑞典家庭垃圾处理情况

如此低的填埋率是如何实现的？瑞典经过一代人的努力，提高了垃圾处理效率，大幅降低了垃圾填埋率。

（一）明确责任

瑞典对于垃圾管理有着明确的责任划分，从政府、企业到个人，每一个机构和社会成员都有义务减少垃圾的产生。

1. 地方政府责任

地方政府的首要目标是减少垃圾的生成和实现废弃物的重新使用。地方政府还需要确保本行政区域内垃圾运输、回收、处置这三个步骤得到完整执行。每个行政区域还需出台垃圾管理计划与规定，并向公众告知这些计划与规定。

2. 产品制造商责任

产品制造商有义务回收无法直接再利用的废弃产品，比如电子产品、轮胎、汽车、药品等。这些废弃的产品需交由专门的公司进行回收再利用。此外，瑞典还鼓励制造商生产更加经济、便于回收、对环境无害的产品。

3. 家庭责任

每个家庭都必须遵守地方政府的相关规定，进行垃圾分类，并将不同的垃圾扔入对应回收点内。

4. 企业责任

企业产生的垃圾不属于家庭垃圾，若无法让制造商回收，则企业必须自行按照法规进行处置。

瑞典垃圾处理的负责人由各地方政府决定，包括政府、专门企业、地方协会。66%的城镇由专门的公司负责收集食品与家庭垃圾，30%的城镇由政府管理垃圾。在垃圾处理方面，主要由政府或者专业公司负责。

（二）注重产品再使用、预防垃圾产生

延长产品的使用周期，防止产品变成垃圾是减少垃圾的最佳方法，也是瑞典垃圾管理中最优先的层级。

1. "2025/25"目标

瑞典将"预防垃圾产生"作为垃圾管理的首要目标。瑞典垃圾管理和回收协会（Avfall Sverige）制定了"2025/25目标"，即到2025年，食品与家庭垃圾量需要比2015年减少25%。2015年，瑞典人均产生食品与家庭垃圾225千克。到2025年时，这个数字需要降至169千克。截至2019年，瑞典食品与家庭垃圾量比2015年减少7%。

2. 预防垃圾产生的方法

瑞典垃圾管理和回收协会在2017年发行了一本有关预防垃圾产生的指导手册，为每一位产品生产过程中的参与者提供建议。例如，在减少食品与家庭垃圾方面，该手册向瑞典环境署建议制定政策、开展国内外合作、提供食品方面的相关统计数据；建议瑞典食品局关注相关政策是否有效等；建议生产商开展合作交流，避免食品生产过剩……此外，瑞典垃圾管理和回收协会向公众介绍了10种减少日常垃圾的方法，开发了"环保主义者标签"（MILJÖNÄR Label），旨在指导公众通过修理、共享减少垃圾。其网站上不仅提供了修理店、二手店、拍卖店的地图，还提供了变废为宝的DIY教程（见图7-4）。

3. 产品再使用

有些产品虽然表面看起来无法再使用，但是可以通过维修清洁、重新

117

图 7 - 4　MILJÖNÄR Label 网站教程：如何使用包装纸、
杯垫、旧钢筋等材料装饰墙壁

装饰恢复原来的用途，或者通过改造另作他用。瑞典 60% 的垃圾回收站设有产品回收点，民众可将一些废弃的家具、织物、其他家用物品等放入回收点中。

（三）材料回收

2019 年，瑞典回收利用了 152 万吨家庭垃圾和 15 万吨建筑垃圾，其中包括 18.9 万吨可回收纸张、86.8 万吨塑料包装和 15.7 万吨电子产品与电池。在瑞典，需要分类的垃圾类别众多，主要有纸张、硬纸板、有色玻璃、无色玻璃、可回收塑料、不可回收塑料、金属、电子产品、纺织品、轮胎、电池、其他有害物质等。对这些垃圾进行分类并回收，再用这些材料生产新的产品，可以节约大量资源：

- 建筑材料可以被重新使用；
- 金属材料可以被无限次重复使用；
- 未经过处理的木材可以用作硬纸板或生物质燃料，已涂漆或进行防腐处理的木材可用于能源生产；
- 瓦楞纸可回收生产新的瓦楞纸，纸纤维可以重复利用 7 ~ 8 次；
- 塑料回收处理成塑料泡沫后可生产新塑料；
- 玻璃回收后可用于生产新玻璃制品；

- 纺织品可以被重新使用或经加工处理再使用；
- 难回收的垃圾则被送去焚烧进行能源回收、用于热电联产。

三 瑞典居民日常垃圾分类和回收行为

（一）缴费扔垃圾

在瑞典，扔垃圾没有那么容易。对于可回收的垃圾，居民需要将其分门别类，扔入对应的回收桶中。对于不可回收的垃圾，居民虽然无须像对待可回收的垃圾那样细致地分类，但要缴费处理。缴费金额以垃圾重量为计算单位，缴费标准为4瑞典克朗/千克；另外还有垃圾清运费，每次的清运费为8瑞典克朗；即使产生的垃圾少，无须每次都清运，也需缴纳基本费用，为912瑞典克朗/年，这是每个家庭都必须缴纳的费用；最后政府还会对垃圾处理进行征税，税率为25%。瑞典的家庭平均每年需要缴纳2128瑞典克朗（约合人民币1500元）垃圾处理费用。

（二）购买二手货是一种生活方式

在瑞典，国民"购买耻辱"（shame of buying）的观念越来越强，社会已经意识到一味追求最新产品、丢弃过时或者不喜欢的产品造成了巨大浪费。另外，北欧地区是全球物价最高的地区之一，购买二手产品成为当地居民的一种消费习惯，二手店里的物品价格往往十分优惠，并且出售的物品种类很多，从衣物、家具、餐具到书籍等都有。

韦克舍的商业二手店货品丰富，且有艺术观赏性（见图7-5中的左图）。很多喜欢室内装饰的居民会来这里淘一些装饰品。韦斯特罗斯有一家红十字会的二手店（见图7-5中的右图），店内物品均来自捐赠。该二手店将这些物品整理后出售，所得款项用于红十字会的公益活动。这家二手店内的十几位工作人员是志愿者，不领工资。店内的物品，价格十分低廉。一件二手西装只需90瑞典克朗（约合人民币63元），一条围巾只需40瑞典克朗（约合人民币28元）。在物价极高的瑞典，对于当地居民来说，二手物品是十分优惠的选择。

图 7-5　韦克舍的商业二手店（左）和韦斯特罗斯红十字会二手店内的西装（右）

四　瑞典垃圾回收体系

为了鼓励民众进行垃圾分类，方便民众放置可回收垃圾，瑞典建立了有效的垃圾回收体系。

（一）垃圾回收站与路边垃圾回收桶并存

家庭产生的可回收垃圾主要被扔在社区的垃圾回收站中。通常一个社区只设立一个回收站，有些居民若距离较远，只能自己开车将垃圾送至回收站。瑞典政府在超市、加油站、停车场或路边也放置了小型垃圾回收桶，以方便市民快速处理小型垃圾（见图 7-6）。统计显示，路边垃圾桶收集到的可回收纸张和包装材料的总量大于大型回收站的回收量。

图 7-6　垃圾回收站（左）和路边的垃圾回收桶（右）

（二）真空垃圾收集管道

真空垃圾收集管道利用空气压力来运输垃圾。垃圾通过地下管道被长距离运输到收集站，然后在密闭容器中被压实。真空垃圾收集管道埋于地下，地面上设置垃圾桶，使用真空负压技术，将垃圾通过地下管网运输至收集中心，再通过卡车将垃圾运输到垃圾焚烧厂、填埋场或回收中心进一步处理（见图7-7）。

垃圾收集系统可以同时处理多种垃圾。每个单独的垃圾包使用一个垃圾槽。在收集站中，同种垃圾被运送到指定的容器中。

图7-7 地下真空垃圾收集管道示意

考察团参观了哈马碧市的垃圾真空收集站（见图7-8）。在哈马碧市区，看不到垃圾箱或垃圾中转站。这个拥有近3万人口的新城所产生的垃圾隐藏在地下管网里。地下管网将垃圾从街道下方输送到位于城区边缘的收集中心，再运输到垃圾焚烧厂、填埋场或回收中心进一步处理。研究数据表明，与传统垃圾收集过程相比，垃圾清运车辆在真空收集模式下开车，可以使行驶距离减少93%，使尾气排放量减少96%，使街道交通得到缓解。这种垃圾处理方式可以使卫生设施的占地用于其他用途（如改造为停车空间），减少环境中的异味。

图7-8 考察团参观哈马碧市的垃圾真空收集站

（三）光伏垃圾桶

光伏垃圾桶（见图7-9）具备垃圾压缩功能和无线通信功能。光伏板连着一套垃圾传感器智能组件，在垃圾桶内部的斜上方有一个传感器，通过传感器可以随时了解垃圾桶内部的情况，并传输到收集终端。同时，根据内部垃圾高度，垃圾桶可以用重锤压缩垃圾的体积，将垃圾体积压缩到之前的1/5甚至1/8。这提高了垃圾桶的容纳率，也减少了垃圾清运次数，降低了运输垃圾的成本。同时，垃圾桶连接着回收商的云平台，方便回收商随时监控垃圾情况，设计垃圾运输最佳时间与路线，提高调度效率。光伏板为垃圾桶的工作提供电源。

图7-9 瑞典的光伏垃圾桶

（四）超市塑料瓶回收机器与PANT塑料瓶回收计划

在瑞典，购买塑料瓶包装的饮料，总金额包括饮料费和塑料瓶押金。喝完饮料后，将塑料瓶扔到超市的回收机器中，可以收回押金。PANT指塑料瓶包装押金金额，会在塑料瓶上标注，通常为1~2瑞典克朗（见图7-10）。在PANT塑料瓶回收计划下，90%的可回收塑料瓶得到回收。

图 7 – 10　塑料瓶回收机器（左、中）和塑料瓶身上标注的押金金额（右）

五　瑞典垃圾能源化利用

（一）热电联产

瑞典在垃圾能源化利用方面处于全球领先。瑞典共有 34 个垃圾热电厂，垃圾焚烧产生的能源可为 81 万户家庭提供热能，为 25 万户家庭提供电能。图 7 – 11 展示的是林雪平市的垃圾热电厂，该厂的烟囱像瑞典常见的电厂烟

图 7 – 11　林雪平市的垃圾热电厂

囱那样，安装了螺旋状的防涡振边条，以防止在特别风速下产生卡门涡振摆动效应。

2019 年，瑞典有 240.9 万吨家庭垃圾用于能源化利用，产生人均约1500 千瓦时能量。

瑞典的火力发电厂通常有大型的冷却塔，这些冷却塔会散发发电时产生的多余热能，因此只有约 40% 的热能得到充分利用，这造成了巨大的能源浪费。热电联产技术旨在收集这些热能用以供热。为减少热能在运输过程中的消耗，瑞典从 20 世纪 50 年代开始研究区域供热系统，以求能量利用最大化。现在瑞典几乎所有的垃圾发电厂都是热电联产的，也称为热电厂。

高效的垃圾管理和处理技术导致瑞典本国生产的垃圾总量无法满足发电的需求，因此瑞典决定从欧洲其他国家进口垃圾。这不仅可以为热电厂提供发电燃料，产生电能和热能，还可以从其他国家赚取垃圾处理费用，一举两得。2019 年，瑞典垃圾热电厂处理了来自欧洲其他国家的约 155 万吨垃圾。瑞典平均每吨垃圾回收的能量比欧洲其他国家高 3 兆瓦时。

在北欧电力市场实时电价的政策下，瑞典几乎所有的热电厂都配备了储热装置，以收集热能，实行热电解耦，提升发电的灵活性。图 7 - 12 是韦

图 7 - 12 瑞典韦斯特罗斯垃圾热电厂的大型储热水罐

斯特罗斯垃圾热电厂的大型储热水罐，储存的热水达 2 万多立方米，该储热水罐可以使电厂的发电功率处在较低水平时，对供热系统进行持续供热。

（二）沼气

2019 年，瑞典共有约 68 万吨家庭垃圾进行生物处理。厌氧发酵是生物处理最常用的方法，有机物经微生物发酵后会产生沼气。沼气是二次能源，并且为可再生能源，常被用于汽车燃料，有助于减少气候影响、空气污染和水体富营养化。

当垃圾被运至垃圾处理厂后，工作人员分辨出装有有机垃圾的绿色垃圾袋，将它们传送至另一条传送带上，然后用卡车运到附近的沼气厂（见图 7 – 13）。沼气厂会将有机垃圾集中处理，将食物垃圾在沼气池中厌氧发酵 20 天，然后将沼气池中产生的甲烷提纯，除去二氧化碳，成为生物天然气，再分配给城镇的加气站用于车辆加气。

图 7 – 13　沼气厂

2018 年，瑞典消耗了约 37 亿千瓦时的沼气，人均约 370 千瓦时。截至 2019 年，生物天然气在瑞典燃气汽车所用燃料中的份额为 94.3%。

Vafabmiljo 公司的燃气汽车使用自产的生物天然气（见图 7 – 14）。近几年，该公司新买的垃圾车是用沼气制成的生物天然气驱动的，另一些垃圾转运车是用 HVO（氢化植物油）驱动的。到 2018 年底，该公司所有垃圾车都用生物天然气驱动。该公司为客户提供了大量的生物天然气储气库（见图 7 – 15），以更大程度地利用沼气，进一步减少对化石能源的使用。

图7-14　Vafabmiljo 公司的生物天然气车（左）和瑞典生物天然气公交车（右）

图7-15　生物天然气储气库

　　沼气在瑞典多用于公交车燃料。2018年，斯德哥尔摩有64%的公交车使用沼气作为燃料，市内有生物天然气加气站，仅供公交车和市民的燃气汽车加气（见图7-16）。

图7-16　生物天然气加气站

六　欧洲其他国家垃圾处理考察

　　2018年，欧盟27国的垃圾填埋率为38.7%，回收率为38.1%；欧盟成员国的居民平均产生了 5.2 吨垃圾。欧盟成员国的垃圾管理效率差异较大。

（一）德国垃圾箱

德国的垃圾箱容量大，并且以颜色区分垃圾类别（见图 7-17、图 7-18）。蓝色装可回收纸盒；黄色装各种可回收的塑料制品、牛奶盒等复合材料制品，以及罐头盒等金属制品；绿色装有机垃圾；黑色装不可回收的其他垃圾，这些垃圾一般用作垃圾焚烧厂的燃料。因为居民小区垃圾处理要缴费，黄色、黑色垃圾箱往往会有锁，居民小区业主缴费之后才能扔。很多居民小区的绿色垃圾箱也带一把锁。正中间有洞眼的垃圾箱是用来装玻璃瓶子的，还有一种是用来装废弃的衣服的。使用这两种垃圾箱不用缴纳垃圾处理费，这两种垃圾箱往往被放置在人来人往的地方，比如超市停车场等。

图 7-17　德国垃圾箱（1）

图 7-18　德国垃圾箱（2）

（二）斯洛文尼亚首都的地埋式垃圾箱

在 2004 年加入欧盟之前，斯洛文尼亚的垃圾分类几乎没有开展。在加入欧盟之后的短短十几年内，其垃圾分类成就已经非常引人注目。2020年7月在斯洛文尼亚首都卢布尔雅那考察时，我看到市中心建设了地埋式垃圾箱（见图7-19中的左图）。该市地下安装了至少67个垃圾库，露出地面的部分不高，方便居民投入垃圾。对于生活垃圾和有机垃圾的垃圾库，居民要用电子钥匙打开，垃圾箱盖上有光伏板，为垃圾库的门锁供电（见图7-19中的右图）。可回收垃圾库无须钥匙。卢布尔雅那是欧洲首个宣布"零废弃物"目标的首都，如今已回收其61%的城市废弃物。到2025年，这一数字将至少达到75%。该市每位居民每年仅产生121千克不可回收废弃物。

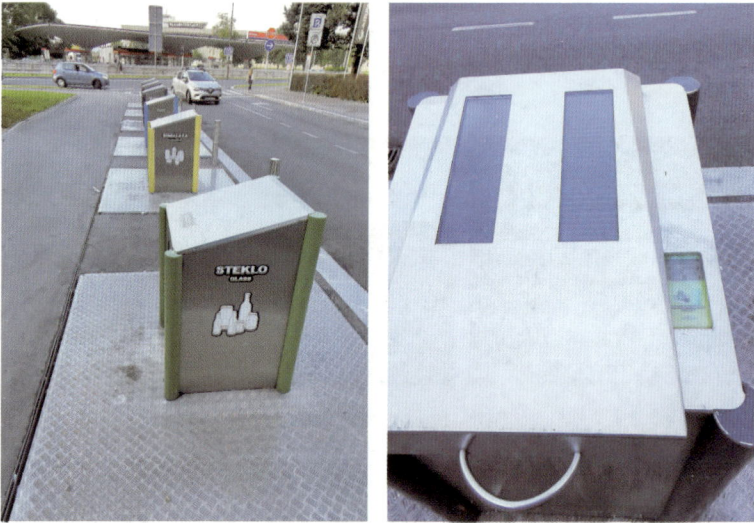

图7-19　斯洛文尼亚首都的地埋式垃圾箱

（三）意大利威尼斯垃圾收集方式

意大利威尼斯由于土地资源极其紧张，所以采用固定时间段上门收垃圾的方式，规定时间段之外不允许扔垃圾。环卫工人每天早晨6~8点上门收垃圾，然后用小车将垃圾转运至河边的环卫船（见图7-20）。环卫工人在清理时若发现一些食品垃圾，会扔给海鸟吃。总体来讲，威尼斯的垃圾分类是比较差的，如有机垃圾和纸品、塑料等可回收物品没有分类回收。

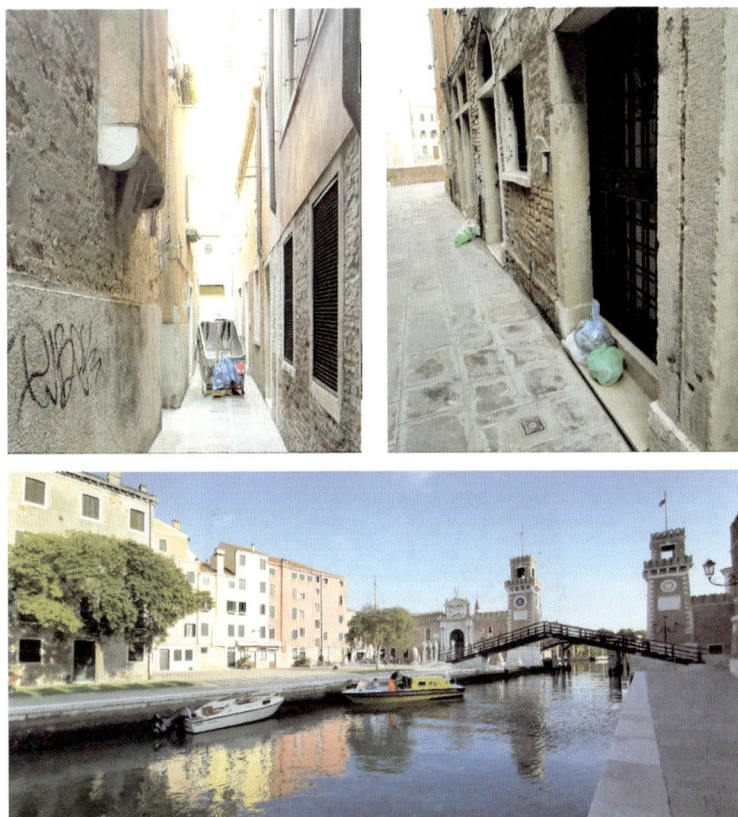

图 7 - 20　威尼斯上门收垃圾和环卫船

（四）丹麦小美人鱼铜像身后的垃圾焚烧电厂

丹麦著名的小美人鱼铜像身后是垃圾焚烧电厂，其在冬天可以用于滑雪，现在是哥本哈根的旅游胜地。当初德国请丹麦处理垃圾，德国用船把垃圾运到这里，费用自付，丹麦燃烧垃圾发电，所产生的电量由德国方面购买。

（五）英国伦敦建筑工程的垃圾管理

英国皇家音乐学院的改造工程对所有能耗、垃圾进行了明示（见图 7 -21）。该工程将总计用电 13590 千瓦时，总计用水 85.3 立方米，总计碳排放 5.2 吨。该工程已产生 1714.1 立方米的废弃物，其中惰性垃圾 545 立方米，包装垃圾 16 立方米，餐厨垃圾 10 立方米，土壤垃圾 1142 立方米。

图 7 - 21　英国皇家音乐学院改造工程的垃圾明示

伦敦禁止乱扔垃圾（见图 7 - 22），甚至有警示牌警告，最高罚款 5 万英镑、判处 5 年监禁。

图 7 - 22　禁止扔垃圾的标识

参考资料

[1] Avfall Sverige, Swedish Waste Management 2019.

[2] https：//www. miljonar. se.

[3] https：//www. axios. com/garbage - underground - pneumatic - tube - ee1880c3 - ed29 - 4eee - 80a8 - af9f53d815c9. html.

[4] https：//www. envacgroup. com/.

[5] https：//pantamera. nu/om - oss/returpack - in - english/about - returpack/.

[6] Maria Ljunggren Söderman, "Recovering Energy from Waste in Sweden—A Systems Engineering Study," *Resources, Conservation and Recycling* 38（2003）.

[7] https：//www. nytimes. com/2018/09/21/climate/sweden - garbage - used - for - fuel. html.

[8] https：//www. naturvardsverket. se/Miljoarbete - i - samhallet/Sveriges - miljomal/Generationsmalet/.

第八章
瑞典交通能源转型

在瑞典自驾期间，我用过 Preem 加油站的生物柴油，也用过 Circle K 加油站的生物柴油。我注意到瑞典很多城市的公交车使用生物天然气作为燃料。瑞典的加油站建设了不少充电设施，OKQ8 加油站和 Circle K 加油站都有 50 千瓦的充电桩，位于北纬 63 度的厄斯特松德市的 Circle K 加油站有最大充电功率达 350 千瓦的充电桩。瑞典各个城市的充电设施很普及，我在玛丽斯塔德、哥德堡、马尔默感受了电动城市的交通能源转型整体规划，在玛丽斯塔德考察了瑞典第一个光伏加氢站。

长期以来，瑞典生物燃料行业是开发新型可持续生物燃料的世界领先者。现在瑞典乘用车电动化的步伐在欧洲居于领先位置，其在交通能源转型领域的探索值得关注和借鉴。

一 瑞典碳中和目标和能源转型

（一）瑞典碳中和目标

瑞典温室气体排放量在 1995 年达峰，其 2015 年的温室气体排放量比 1990 年减少 25%，其中在欧洲碳排放交易体系（EU ETS）以外的温室气体排放量减少 27%。瑞典计划在欧洲碳排放交易体系以外的温室气体排放量到 2020 年比 1990 年减少 40%，到 2030 年比 1990 年至少减少 63%，到 2040 年比 1990 年至少减少 75%，到 2045 年净温室气体排放量为零，实现碳中和（见图 8-1）。

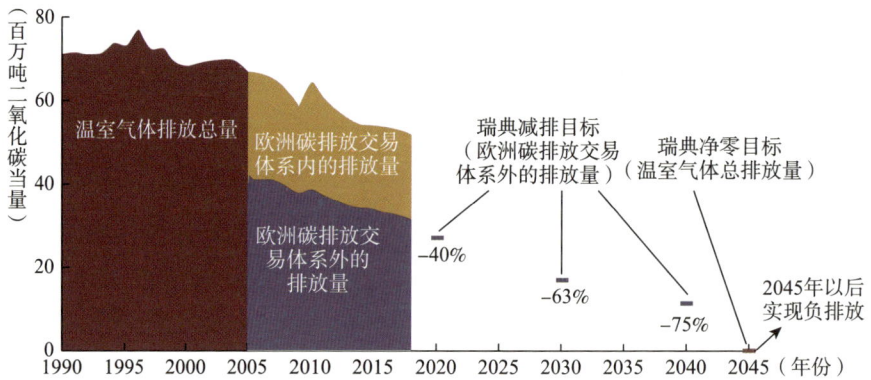

图 8 - 1　瑞典温室气体减排总目标

欧盟计划 2020 年可再生能源占能源消费总量的比例达到 20%。欧盟各成员国的目标有所不同，欧盟分配给瑞典的目标是 2020 年可再生能源占能源消费总量的比例达到 49%。同时，根据欧盟的目标，瑞典 2020 年可再生能源在交通运输部门能源消费量中的份额至少为 10%。

（二）瑞典成功的能源转型

瑞典是可再生能源在能源消费总量中的占比最高的欧盟国家。2019 年，瑞典可再生能源在能源消费总量中的占比达到 56.4%。在瑞典全部能源中，化石能源占比仅 25% 左右。瑞典是化石能源占比最低的欧盟国家，已成为欧洲能源转型的旗帜。

瑞典电力系统领域的能源转型走在了欧洲前列。在瑞典 2019 年的电力生产总量中，水电和核电约占 80%，风电占 12%，生物燃料和化石能源发电只占 8%。另外，瑞典的电力系统与北欧其他国家的电力系统相连，因此瑞典也可以有效地利用北欧其他国家的发电厂。瑞典的电力系统和供热系统已经接近零碳，其最后一个燃煤电厂已经于 2020 年 4 月 16 日关闭，其电力系统中所剩不多的化石能源主要是钢铁厂使用的煤炭。瑞典电力部门的目标是在 2040 年实现 100% 的可再生电力生产。

瑞典也在不断发展绿色的供热系统：热电联产和区域供热使发电产生的废热得到合理应用；生物质供热的广泛应用减少了化石燃料的使用。

由于供电和供热已经逐渐清洁化，因此交通领域成为瑞典最大的碳排放源。现在，瑞典交通能源转型领域的探索在欧盟处于领先地位，已经有比较完整的技术、政策和规划。除了生物能源在交通能源中的应用在欧盟领先，瑞典电气化交通的实验和规划也在欧盟领先。

20 世纪 90 年代初以来，瑞典减少碳排放的两个重要政策工具是能源税和碳税。如今，这些政策工具已得到其他手段的补充，例如绿色电力证书系统、技术采购、公共宣传运动、有区别的年度车辆税收和投资补助等。与禁令、标准和城市规划有关的立法在遏制碳排放方面也发挥了作用。欧盟范围内的政策工具，特别是新车排放标准和欧洲碳排放交易体系，在瑞典也得到重视和运用。尤其重要的是，在近几十年，瑞典一直在扩大对区域供热网络、公共交通系统和无碳发电方面的投资。

瑞典的人均国民生产总值较高，工业和交通运输业发达，冬季寒冷。虽然这些因素通常意味着较高的温室气体排放量，但瑞典温室气体排放量人均 5.1 吨（2018 年），低于欧盟人均水平（约 6.6 吨）。

二　瑞典交通能源转型

（一）瑞典交通能源考察

1. 生物燃料

Preem 是瑞典最大的燃料生产商，其生产的柴油至少 50% 来自可再生原料（主要为林业的残余物）。Preem 生物柴油加油站（见图 8-2）价格屏上显示生物柴油的价格为 15.73 瑞典克朗每升。这是 2019 年 8 月时的价格（当时瑞典克朗与人民币的汇率约为 0.73），比中国 92 号汽油的价格高 70% 以上。瑞典油价如此之高的一个原因是瑞典的碳税税率高达 120 美元每吨。低碳或无碳的生物柴油需要缴纳的碳税很低，这是生产成本较高的生物柴油和其他生物燃料在市场上具有竞争力的一个重要原因。

Circle K 加油站提供一款可再生原料占比高达 42% 的柴油（见图 8-3）。这款柴油含节油添加剂，可节约 2% 的柴油，从而减少二氧化碳排放。Circle K 采购生物柴油时，不仅关注其可再生特性，还表示遵循明确的可持续性标准。可持续性标准覆盖了其生物柴油的整个生产链。

图 8 – 2　Preem 生物柴油加油站

图 8 – 3　Circle K 加油站提供一款可再生原料占比高达 42% 的柴油

瑞典有很多加油站是油气一体加注站，也有单独的加气站（见图 8 - 4 中的左图），还有一类加气站专门为公交车提供加气服务。加气站的生物天然气来自当地的餐厨垃圾。韦斯特罗斯市拥有十几万人口，公交车 100 多辆，全部以生物天然气为燃料（见图 8 - 4 中的右图）。

图 8 - 4　单独的加气站（左）和以生物天然气为燃料的公交车（右）

在某个加气站，我们看到几辆卡车上装有压缩天然气（CNG）的罐厢（见图 8 - 5）。司机说每个罐厢装的压缩天然气大约有 1.8 万升，这些压缩天然气将被送至几十公里外的一个加气站。

图 8 - 5　装有压缩天然气罐厢的卡车

2. 加油站的充电桩

瑞典北部山区小镇 Sarna 镇的 OKQ8 加油站安装有充电桩（见图 8 - 6），功率有 50 千瓦和 22 千瓦两种，所充电力 100% 是绿电。这个加油站的柴油价格为 16.4 瑞典克朗每升，合人民币约 12 元每升。

Circle K 在其加油站安装了充电桩（见图 8 - 7），功率以 50 千瓦为主。自 2019 年底开始，Circle K 陆续建起 22 个充电站，提供 IONITY 的超快速

图 8 - 6　OKQ8 加油站

充电器，每个充电站平均有 4 个充电桩。IONITY 的超快速充电器可提供高达 350 千瓦的功率，可以使一些电动汽车的电量在 10 分钟内从 0 充到 80%，显著缩短充电时间。

图 8 - 7　Circle K 在加油站安装的充电桩

3. 电动城市玛丽斯塔德

玛丽斯塔德是一个只有 2 万多人口的小城市，位于瑞典最大湖泊维纳恩湖的东南岸。这里大约北纬 57 度，夏季光照强，冬季光照很差。瑞典的 E20 高速公路从城边经过。该市提出电动城市计划，在汽车 4S 店、市政府停车场、电动公交车停车场都建了充电设施（见图 8 – 8）。

图 8 – 8　玛丽斯塔德的停车场和充电设施

玛丽斯塔德电动城市的一个重要理念是可再生能源与可持续交通协同发展。该城市在这个理念下建立了世界上第一个光伏加氢站。这个加氢站是瑞典第 5 个加氢站，特别之处在于它是一个离网的加氢站（见图 8 – 9 至图 8 – 11），利用光伏制氢气，将氢气以气态形式压缩贮存在氢气瓶中，为市政府的 8 辆氢燃料电池公务车提供加氢服务。这个加氢站是无人值守的。氢气在这里是一种跨季节的储能方式。

图 8 – 9　玛丽斯塔德的光伏加氢站

图 8 - 10 玛丽斯塔德加氢站的储氢装置

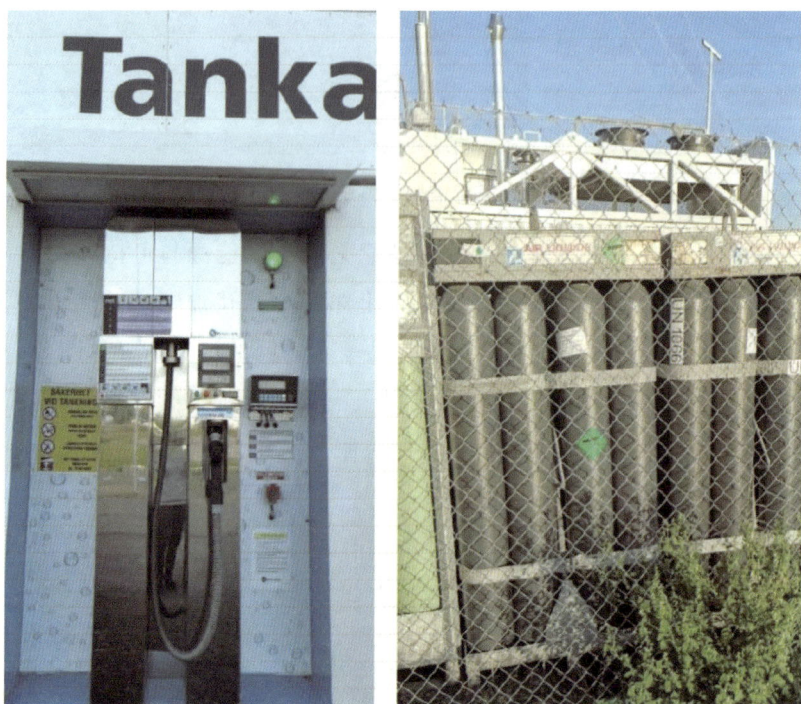

图 8 - 11 玛丽斯塔德加氢站的加氢枪 (左) 和氢气瓶 (右)

(二)瑞典交通能源转型的成果和挑战

瑞典是一个缺油少气的国家,石油长期以来完全依赖进口,因此交通领域转向可再生能源是其一个现实之举。瑞典政府为此投入了大量的资金,开展相关研究，推广试点工程，建设可持续发展交通体系。一方面，在燃料端着力发展生物燃料；另一方面，通过政策技术手段提高车辆能效，同时推进交通电气化城市试点。

2018 年，瑞典温室气体排放量约为 5180 万吨二氧化碳当量（不包括土地使用部门），相比 1990 年下降了 27%。然而 1990～2018 年，瑞典交通领域温室气体排放量下降不明显，且始终在排放总量中占据较大比重（见图 8－12）。由此可见，交通能源转型对瑞典实现减排目标愈显重要。

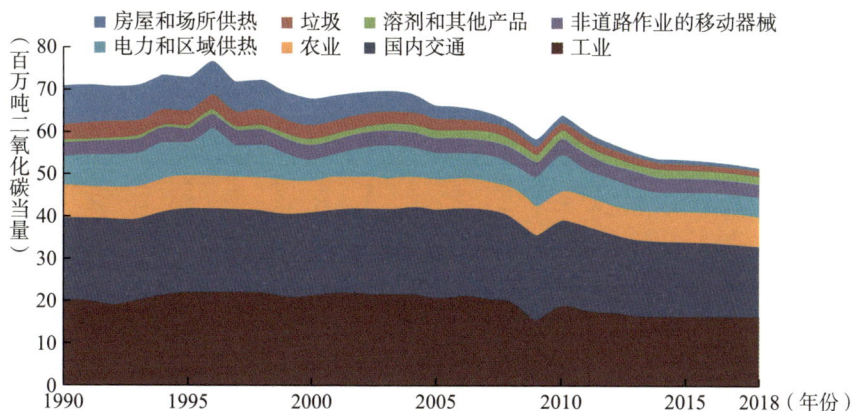

图 8－12　1990～2018 年瑞典各部门温室气体排放总量

瑞典的温室气体排放清单显示，瑞典的温室气体排放主要来自交通、工业、电力和区域供热领域。交通领域的温室气体排放量占瑞典温室气体排放总量的 1/3，不包括土地利用、土地利用变化和林业（LULUCF）的温室气体排放量以及国际交通的温室气体排放量。瑞典国内的运输以公路运输为主。在瑞典的货物运输中，公路运输和航空运输所占比例大致相等，而铁路运输所占份额较小。瑞典的客运以公路运输（84%）为主，其次是铁路运输（10%）。2015 年，化石燃料占瑞典交通能源总量的 82%，生物燃料和电力合计占 18%。

20 世纪 70 年代以来，瑞典交通用能不断增加。1970 年，瑞典交通用能 56.4 太瓦时（即 564 亿千瓦时），2007 年达到 932 亿千瓦时，随后整体呈减少趋势（见图 8－13）。从 2013 年起，这种减少的趋势有所放缓。2015 年，瑞典汽车销量创历史新高，导致该年交通用能略有增加，但仍比 2007 年少

50 亿千瓦时。因为虽然瑞典道路上的交通量有所增加，但是化石燃料向生物燃料的转变以及车辆能源效率的提高足以抵消交通量增加所造成的碳排放。

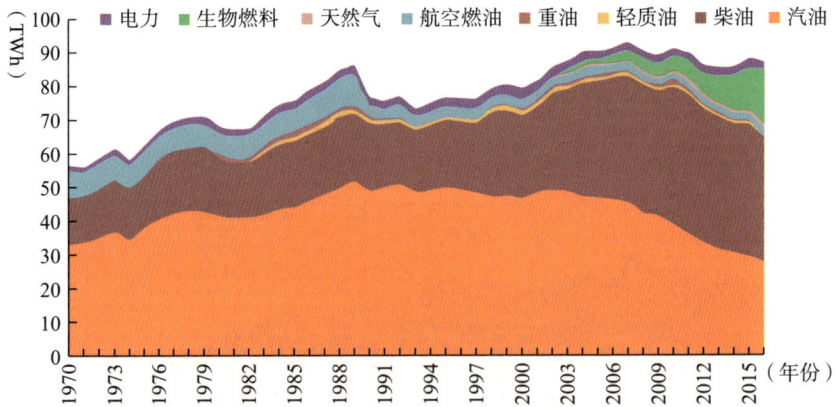

图 8 - 13　1970～2016 年瑞典交通用能

能源效率的提高是车辆温室气体排放量减少的重要原因。从汽油动力到柴油动力的转变提高了车辆的能源效率。能源效率的全面提高为车辆的温室气体减排提供了支持。瑞典重型车辆的温室气体排放量随经济活动的波动而变化：1996～2008 年，重型车辆的温室气体排放量有所增加；2010 年，重型车辆的温室气体排放量开始有所减少；自 2013 年起，重型车辆的温室气体排放量减少速度有所放缓。

除公路运输产生的温室气体外，交通产生的温室气体还包括空运、铁路运输、海运、其他工作机械和越野设备产生的温室气体。2015 年，瑞典交通的温室气体排放为 1700 万吨二氧化碳当量，其中 50 万吨二氧化碳当量来自空运，40 万吨二氧化碳当量来自海运，10 万吨二氧化碳当量来自铁路运输，30 万吨二氧化碳当量来自其他工作机械和越野设备。

有关数据显示，2019 年，瑞典交通用能为 830 亿千瓦时，约占瑞典能源消费总量的 15%。

从用能结构来看，瑞典交通燃料的清洁化趋势明显。汽油消费量占比从 1970 年的 58% 下降到 2016 年的 32%；生物燃料消费量占比大幅提升，从 2007 年的 4% 上升到 2016 年的 19%（见图 8 - 14）。燃料品种也在逐步增加，包括汽油、电力、天然气、生物燃料等 8 大种类。

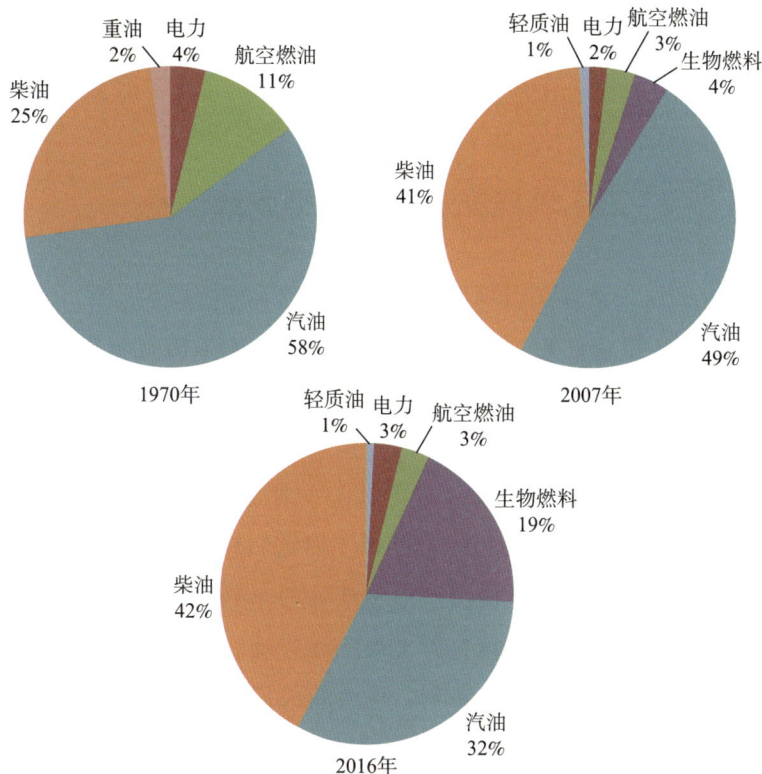

图 8 – 14　1970 年、2007 年、2016 年瑞典交通用能结构

（三）瑞典交通能源转型技术路线

瑞典的目标是到 2030 年，国内交通的温室气体排放量比 1990 年至少减少 70%，其中不包括航空温室气体排放量，因为航空温室气体排放量已经包含在欧洲碳排放交易体系中。

瑞典交通署的分析表明，为了以经济有效的方式实现交通部门的气候目标，需要广泛的电气化、使用更多生物燃料并提高化石燃料价格。

广泛的电气化是实现无化石运输的基础。由于大规模电气化需要时间，因此需要更多地使用生物燃料。另外，从更广泛的可持续性角度看，依靠电气化和生物燃料可能也存在风险。例如，电池中所含的镍、钴等稀有金属是不可再生资源，制造生物燃料需要使用大量粮食。因此，瑞典交通署的政策文件提出，若要着重于生物燃料的使用，政府需要确保制定生产和使用生物燃料的战略。瑞典交通署认为，改进的公路运输替代方案，例如铁路、公共交通、自行车和步行，通常可以带来巨大的好处。然而，它们在减少交通部门温室气体排放方面的贡献却很有限。

三　瑞典交通能源转型政策体系

2006 年以来，瑞典交通领域温室气体排放量的下降可归因于瑞典国家层面和欧盟层面推出的相关政策。最重要的三个政策为新车排放标准、车辆税和车辆燃油税。这些政策鼓励了民众使用更节能的车辆和更多地使用可再生燃料。除此之外，瑞典当地的气候投资计划也为电动汽车的引进提供了基础设施支持。从 2018 年 4 月 1 日起，瑞典政府对航空旅行征税，以减少航空对气候的影响。从 2018 年 7 月 1 日起，瑞典政府要求为新的轻型车辆设计激励措施，并要求使用汽油和柴油的车辆承担减排义务，以进一步促进交通领域的温室气体减排。另外，瑞典政府还大力支持交通运输部门研究、开发和推广优秀减排案例。瑞典相关机构正在资助数个大型研究项目，涵盖生物燃料从原料种植到新燃料使用的整个链条。

（一）交通领域碳税和能源税

瑞典碳税和能源税同时涵盖汽油和柴油。2018 年，柴油的能源税为每升 2.34 瑞典克朗，汽油的能源税为每升 3.87 瑞典克朗（见图 8 - 15）。

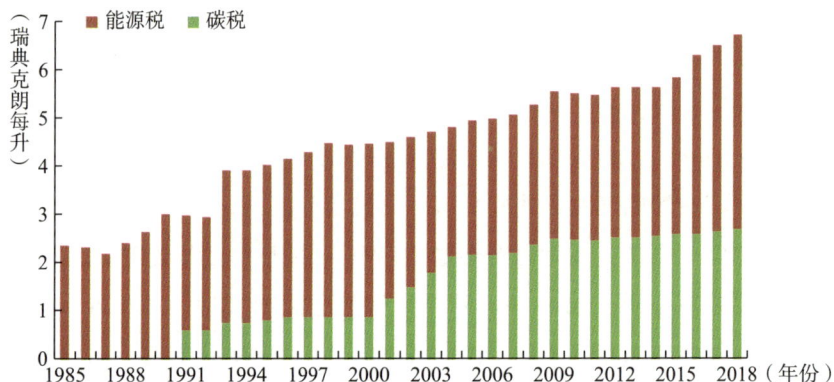

图 8 - 15　1985 ~ 2018 年瑞典汽油的能源税和碳税

瑞典自 1985 年开始对汽油征收能源税，自 1991 年开始对汽油征收碳税。1991 年，瑞典汽油的能源税和碳税合计约 3 瑞典克朗每升，2016 年以来已经超过 6 瑞典克朗每升。

瑞典对可持续的生物燃料实行减税，减少额度因不同种类的生物燃料而异，税额与化石燃料相比减少了 36% ~ 100% 。自 2015 年 12 月起，瑞典对可持续的生物燃料完全免除碳税。

（二）公路运输减排政策

1. 推动交通领域去碳化

为了加快实现交通能源转型，瑞典政府出台了一系列政策，包括要求所有大型加油站都必须提供至少一种可再生燃料；针对温室气体排放量较低或零排放的车辆免税；着力降低碳、硫、氮氧化物等温室气体的排放，鼓励节能技术的引入和公共交通的发展，促进交通领域的去碳化。

瑞典的税收政策被称为"绿色税收体系"，即重点征收能源税和污染排放税，并对能够节约能源、减少污染的生产设备和生产技术给予降低税率的优惠。从 2006 年开始，瑞典针对车辆温室气体排放量收取车辆税。使用生物柴油或其他替代燃料（如乙醇燃料和气体燃料）的低排放机动车，所征税率都低于汽油车。对于低排放车辆，新车购买后的头 5 年免征车辆税。

瑞典政府还推行了"超级绿色汽车"和电动公交车的补贴计划，使环保型汽车可以从税收补贴中受益，高燃油效率汽车和可替代能源汽车的市场需求因此增加。自 2012 年起，瑞典居民购买"超级绿色汽车"会获得最高 4 万瑞典克朗的补贴。2016 年，为推行"超级绿色汽车"，瑞典政府准备了 4.89 亿瑞典克朗，最终使用了 3.48 亿瑞典克朗。2016 年 12 月，瑞典政府决定将"超级绿色汽车"计划延长至 2017 年底。2017 年，有 7 亿瑞典克朗预算用于该计划。2016 年 6 月，瑞典政府决定对电动公交车进行监管，有公共交通运营权限的机构可以申请补贴，补贴力度取决于公共交通车辆的排放等级和运输能力。

此外，瑞典政府还实施了"替代燃料基础设施行动计划"，以配合欧盟关于替代燃料基础设施部署的指令。该行动计划包括评估替代燃料市场的未来发展，以及对替代燃料基础设施的部署设定目标。根据欧盟的指示，瑞典制定了替代燃料充电和加油的通用标准。

2. 减排义务计划

减排义务计划（即燃料的变更）于 2018 年 7 月 1 日生效，规定汽油和柴油供应商有义务通过提高混合生物燃料的占比来减少汽油和柴油的温室气体排放。燃料的变更为逐步淘汰运输中的化石燃料做出重要贡献。

瑞典政府在出台减排义务计划的同时，还对汽油和柴油税收政策进行了修改。根据减排义务计划，低混合生物燃料将不再免税，而高混合生物燃料将完全免除碳税和能源税。

3. 对加油站可再生燃料销售的要求

2006 年 1 月 1 日，瑞典政府对可再生燃料的可用性进行了规定，要求汽油和柴油年销售量超过指定水平的加油站必须提供至少一种可再生燃料。此规定促使 E85 乙醇汽油加油泵的数量增加。自 2015 年 1 月 1 日起，瑞典政府放宽了规定，要求出售 1500 立方米以上汽油或柴油的加油站必须提供至少一种可再生燃料。

4. 燃油质量指令

2009 年 4 月，瑞典通过了指令 2009/30/EC 并修订了燃油质量指令（1998/70/EC）。新的燃油质量指令修改了原指令中对汽油和柴油规格的要求，并对燃料供应商提出低碳燃料标准，以减少公路运输温室气体排放量。此外，该指令建立了可持续性标准，以确保生物燃料承担温室气体减排义务。

5. 新车的排放性能标准

在欧盟各国销售车辆的制造商必须遵守欧盟法规（第 443/2009、333/2014、510/2011、253/2014 号）。这些法规针对新乘用车和新货车设定了排放性能标准，这是欧盟针对部分轻型车辆减少二氧化碳排放量出台的综合方法。根据这些规定，新乘用车的平均二氧化碳排放量 2015 年起不得超过 130 克/公里，2021 年起不得超过 95 克/公里；新货车的平均二氧化碳排放量 2017 年起不得超过 175 克/公里，2020 年起不得超过 147 克/公里。

6. 差别车辆税

2006 年以来，瑞典根据不同车辆每公里的二氧化碳排放量对年度车辆税进行了区分：平均二氧化碳排放量超过 111 克/公里的车辆，每克二氧化碳每公里需缴纳 22 瑞典克朗的车辆税；由于柴油燃料的能源税比汽油低，因此汽油车的车辆税是柴油车的 2.37 倍；使用乙醇和天然气等替代燃料（除液化石油气外）的车辆，每克二氧化碳每公里需缴纳 11 瑞典克朗车辆税。自 2011 年起，轻型卡车、小巴和休闲车也被纳入了以二氧化碳排放量区分车辆税的税收体系。旧汽车和重型卡车的税收主要基于重量。征收差异化车辆税的主要目的是使购车者选择对气候影响较小的汽车。

7. 超级绿色汽车折扣

购买者如果购买符合欧盟排放标准（欧 5 和欧 6）且每公里排放不超过 50 克二氧化碳的车辆，就有资格获得超级绿色汽车折扣。私人购买电动汽车的返利为 40000 瑞典克朗，而混合动力汽车购买者的返利于 2016 年 1 月 1 日降至 20000 瑞典克朗。此项返利旨在为技术开发和部署做出贡献，并增强公众意识，以减少未来大规模引入电动汽车和混合动力汽车的障碍。自 2018 年 7 月 1 日起，该政策被针对新型汽车的奖惩制度取代。

8. 电动公交车补助金

截至 2016 年 7 月 30 日，瑞典地区公共运输机构有资格申请电动公交车补助金。该补助金由瑞典能源署管理，适用于 2015 年 12 月 31 日后订购的电动公交车。补助金数额取决于乘客人数以及公交车是纯电动还是混合动力。2016～2019 年，瑞典共拨款 3.5 亿瑞典克朗用于该补助金。该措施旨在促进电动公共汽车的市场推广，为实现"减少气候影响"、"清洁空气"和"营造良好建筑环境"的国家环境目标做出贡献。

9. 适用于新型车辆的奖惩制度

自 2018 年 7 月 1 日起，瑞典政府对购买新型轻型车辆实施奖惩制度。购买低排放量的车辆将有资格获得奖金，而购买高排放量的车辆将在购买头 3 年内缴纳更高税率的税金。该制度取代了对环保汽车和超级绿色汽车的免税或退税政策。

10. "气候飞跃" 计划

在 2018 年的预算提案中，瑞典政府提议加强支持被称为"气候飞跃"的综合投资计划。市政当局、公司、相关机构和其他组织均可申请该投资支持，以采取与运输有关的措施来减少气候影响，例如投资沼气工厂或安装电动汽车充电桩。

11. 电助力自行车补助金

在 2018 年的预算提案中，瑞典政府提出"电助力自行车补助金"，以提高电助力自行车的使用率。瑞典政府在 2018～2020 年每年拨款 3.5 亿瑞典克朗，用于为电助力自行车购买者支付最多相当于购买价格 25% 的补助金。补助金制度让使用电助力自行车进行长距离通勤成为可能，并减少了大众对汽车的依赖。

12. 家庭补助费

在 2018 年的预算提案中，瑞典政府提出家庭补助费。个人若在家中安装电动汽车充电桩，可获得相当于总费用 50% 的补助，最高补助额度为 1 万瑞典克朗。该补助由瑞典能源署进行管理，目的是使家庭以最经济的途径选择可持续的交通出行方式。

13. 城市环境协议

城市环境协议是一项在瑞典区域和地方层面投资公共交通和自行车基础设施的计划。该计划于 2015 年开始，持续到 2018 年。市政当局有资格申请中央政府的拨款，以支付公共交通基础设施的部分投资费用。该投资应与其他旨在提高城市可持续性与交通系统可持续性的政策相结合。这些政策包括：为公共交通增加无障碍设施；通过合理的城市规划，提高自行车和步行的出行率；降低机动车车速以及改善停车状况。城市环境协议由瑞典交通署管理，总预算为 27.50 亿瑞典克朗。截至 2016 年底，已获批约 13.75 亿瑞典克朗。

14. 研究与示范

瑞典正资助几个大型研究项目，涵盖生物燃料从原料种植到燃料使用的整个链条。这些项目也对使用生物燃料的其他潜在影响进行研究。瑞典还参与制定了欧盟旨在引入具有成本效益的替代性汽车燃料的相关战略。

15. 在长期基础设施规划中考虑气候

2016 年，瑞典议会制定了《2018 – 2029 年国家基础设施规划》。该规划由瑞典交通署与其他参与者一起实施。瑞典交通署负责所有交通运输形式的长期规划，并与地方和区域规划机构进行协同。另外，瑞典《规划与建筑法》明确要求在规划中考虑环境和气候问题。

16. 重型运输的生态奖励制度

在 2018 年的预算提案中，瑞典政府提出采用临时的生态奖励制度，以激励将公路货运转为海运，减少公路重型货运产生的温室气体。瑞典政府为此在 2018 ~ 2020 年分配了 1.5 亿瑞典克朗的生态补贴。

（三）空运减排政策

1. 航空旅行税

从 2018 年 4 月 1 日起，瑞典对从瑞典机场起飞的商业航班征收航空旅行税，旨在减少航空对气候的影响。根据最终目的地，瑞典税务局将对航空公司征收不同额度的税款（60 瑞典克朗、250 瑞典克朗和 400 瑞典克朗）。

2. 将航空二氧化碳排放量纳入欧洲碳排放交易体系

根据 2014 年 4 月 16 日修订的欧盟法规 421/2014，自 2012 年起，航空二氧化碳排放量被纳入欧洲碳排放交易体系。

3. 国际民航组织

2016 年 9 月，国际民航组织决定实施《国际航空碳抵消和减少计划》（CORSIA），以限制国际航空的二氧化碳排放。瑞典从一开始就是自愿参加该计划的国家之一。

国际民航组织还于 2017 年采用了飞机的二氧化碳排放标准。该标准包括限制新飞机（2020 年起）和生产中的飞机的二氧化碳排放。采用新标准后，预计 2020 ~ 2040 年将减少约 6.5 亿吨二氧化碳排放量，但未来的燃料价格等因素可能会影响实际结果。

（四）海运减排政策

在国际海事组织（IMO）中，瑞典一直是努力制定温室气体减排措施的国家之一。从 2013 年开始，瑞典大多数（约 85%）新建船舶被强制采用船舶能效设计指数（EEDI）（一种衡量船舶能效的标准化方法）。强制性的船舶能效管理计划（SEEMP）也已出台并在瑞典船舶管理系统中使用，以提高现有船舶和新船舶的能效。此外，瑞典还引入了自愿性能效运营指标（EEOI）作为工具和基准。

2015 年 4 月，瑞典通过了有关海上运输温室气体排放监测、报告和验证的欧盟法规。该法规于 2018 年 1 月 1 日生效，适用于所有进出欧盟港口的 5000 吨以上的船舶。国际海事组织于 2016 年 10 月采用了类似的强制性燃油消耗量数据收集系统以及若干附加的特定指标。

瑞典还积极促进在海运中使用替代燃料（如液化天然气和甲醇）以及修建相关基础设施。与传统使用化石燃料的船舶相比，使用液化天然气的船舶可以减少多达 30% 的温室气体排放量。使用液化天然气的优点是烟气中的氮氧化物含量低，硫和颗粒物的排放量也非常低；缺点是会向大气中排放一定量的甲烷。

此外，瑞典许多港口已投资基础设施，使船舶可以使用岸上电力，从而大大减少温室气体排放量。斯德哥尔摩港甚至对使用这种基础设施的船舶采取了有力的激励措施。

全球变暖不仅由二氧化碳、甲烷和其他温室气体驱动，黑碳也是影响气候并对北极环境产生重大影响的另一种排放物。国际海事组织正在审查运输中黑碳的排放，并着重关注未来北极运输的潜在影响。瑞典也在积极努力确定可能的减排措施。

四 瑞典生物燃料战略

瑞典已成为欧洲生物燃料消费量最大的国家。2016 年，瑞典以生物乙醇、生物柴油和生物天然气为代表的生物燃料消费总量达到 169 亿千瓦时。生物乙醇消费量比高峰期有较大幅度下降，2008 年曾达到 25 亿千瓦时，

2016 年仅有 12 亿千瓦时；生物天然气消费量保持平稳增长，2015 年达到
11 亿千瓦时；生物柴油消费量增长最为明显，2016 年达到 145 亿千瓦时，
是 2005 年（1 亿千瓦时）的 145 倍。2019 年，瑞典交通部门生物燃料消费
量接近 170 亿千瓦时，相当于交通部门能源消费总量的 20%（见图 8 - 16）。

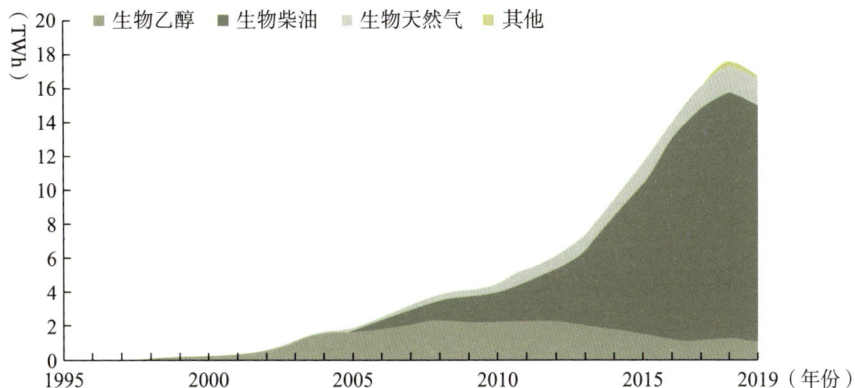

图 8 - 16　1995～2019 年瑞典交通部门生物燃料消费情况

瑞典交通领域使用的生物燃料包括低比例和高比例的生物柴油混合物，
纯净的生物天然气或与天然气混合的生物天然气，以及低比例和高比例的
乙醇混合物。常见的低混合乙醇是 E5，而高混合乙醇包括 E85 和 ED95。瑞
典的生物燃料主要有 HVO（加氢处理的植物油）、FAME（脂肪酸甲酯）、
沼气、E85 和 ED95 等。HVO 和 FAME 是瑞典市场上两种不同类型的生物
柴油。

（1）HVO：由食品行业的废弃物和副产品制成，主要用于重型车辆的
柴油发动机，也可用于小型柴油车辆。柴油车使用 HVO，不需要对车辆做
任何改造。

（2）FAME：在瑞典，菜籽油最常用于生产 FAME。如 B100 是一种含
有 100% 菜籽油的生物柴油，可为重型车辆提供高性能燃料，减少高达 67%
的温室气体排放量。

（3）E85：由大约 85% 的乙醇和大约 15% 的 95 号汽油组成。加少量汽
油是为了让发动机更容易启动。一辆用 E85 驱动的汽车要比用普通柴油驱
动的汽车多消耗大约 30% 的燃料。这是因为 E85 的能量含量比普通柴油低
近 30%。在市场上，E85 价格比汽油价格便宜 30% 左右。

（4）CNG（压缩天然气）：使用主要来自沼气的 CNG 的汽车比使用普通柴油的汽车可减少高达 90% 的温室气体排放量。

（5）液化沼气（LBG）：使用 LBG 的汽车比使用普通柴油的汽车可减少 20% ~ 80% 的温室气体排放量。

（6）ED95：由乙醇和少量有增强功能的添加剂组成。ED95 是一种用于重型乙醇卡车和乙醇公共汽车的液体燃料，其使用和加油方式与适用于 ED95 车辆的普通柴油相同。与普通柴油相比，ED95 大约可减少 90% 的温室气体排放量。

HVO 和 FAME 都可以通过各种类型的油料植物生产，例如油菜、大豆和棕榈，也可以通过动物脂肪生产，例如各种类型的内脏。2015 年，瑞典 HVO 的原料主要是屠宰场的油脂废弃物、粗妥尔油和棕榈油。

HVO 于 2011 年在瑞典市场上市后，使用规模迅速扩大。2013 年，HVO 已占瑞典当年可再生运输燃料总量的 36%，是瑞典使用最广泛的运输生物燃料。HVO 在化学成本上与化石柴油相同，因此可以与化石柴油混合使用而无须对柴油发动机进行任何调整。2015 年，瑞典推出了纯 HVO 乘用车，并陆续批准客运和货运车辆使用纯 HVO。将 FAME 与柴油混合使用则需要对柴油发动机进行改造，这对瑞典 FAME 的增长有所抑制。

乙醇是通过碳水化合物原料（如甘蔗、玉米、谷物和甜菜）的发酵生产的。用于汽油的乙醇消费量取决于汽油总用量。由于乙醇汽车的新车销售量大幅下降，自 2005 年以来瑞典乙醇消费量逐渐减少。

瑞典是全球生物天然气开发最早的国家之一。生物天然气的主要来源是农场畜禽粪便、能源作物、有机垃圾和污水处理厂的污水经过厌氧发酵生成的沼气。2015 年，瑞典沼气总产量达到 19 亿千瓦时，其中近 2/3 经过提纯后升级为生物天然气作为汽车燃料。升级是指从腐蚀性物质中净化出气体、颗粒和水，并且通过去除二氧化碳来增加热值。

CNG 于 20 世纪 90 年代初被引入瑞典市场，其成分最初主要是化石天然气。随着 20 世纪 90 年代中期瑞典生物天然气产量的增加，后来政府规定在瑞典销售的 CNG 总量中应至少有 50% 为生物天然气，其余为化石天然气。2015 年以来，CNG 主要含 74% 左右的生物天然气和 26% 的化石天然气。现在瑞典至少有 15 个城市的公交车完全使用生物天然气，部分客运火车也以生物天然气为动力。

交通能源价格的持续攀升激发了开展交通能源替代的更大动力。但在近几年汽油、柴油价格有所下降的背景下，生物乙醇的价格竞争力正在下降，而生物柴油的价格竞争力不断增强。生物天然气能够占据城市公交车市场，很大的原因是政府的采购，而不完全是因为生物天然气的价格优势。交通用电的价格比汽油、柴油和生物燃油的价格具有竞争力，从长期趋势来看竞争力还会增强。这些价格因素将影响交通能源转型的路线选择。

五　瑞典交通电气化探索

交通电气化是减少对化石燃料的依赖、实现交通能源转型的重要驱动力。2016 年，瑞典交通系统使用电力 2.6 太瓦时，占交通用能的 5.3%，比 2006 年的 4.25% 有一定增长。

在瑞典公路运输中，电动汽车占比较小，并且一辆电动汽车的价格比普通汽车高约 20 万瑞典克朗。根据瑞典大瀑布电力公司（Vattenfall）和沃尔沃公司的电动汽车测试，电动汽车的能源成本仅为汽油驱动汽车燃料成本的 1/3。

瑞典电动汽车和混合动力汽车的数量正在日益增加。尽管这类车辆在所有正在使用的机动车中占比小于 1%，但截至 2020 年 12 月，瑞典已拥有 217704 辆可充电汽车，其中 29% 是电动汽车，68% 是插电式混合动力汽车，还有 3% 是全电动商用货车。电力驱动与生物燃料的结合会有不错的前景，而新的解决方案和价格下调措施将使电动汽车与混合动力汽车拥有更大的市场份额。

瑞典积极推动交通电气化，主要有三方面优势：与其他能源品种相比，瑞典的电价相对便宜；瑞典的电力都是清洁能源，几乎无碳，能够满足能源转型需求；瑞典国内停车场已经实现电气化，为车辆的电动化发展奠定了很好的基础。

瑞典停车场电气化设备最重要的用途是热车。瑞典冬季很冷，本地多数汽车有发动机加热系统，用电来热车。停车场已安装的电气化设备可直接为电动汽车充电，为瑞典推广电动汽车提供了得天独厚的条件。但目前瑞典公共停车场的电流限制值太小，容量不够，多车充电的话，需要扩容改造。未来，瑞典将在现有电气化停车的基础上升级智能停车场，完善充电管理系统，集照明、安防、收费功能于一体。

瑞典第二大城市哥德堡的"电动城市"项目，以电动公交车为代表的城市公交系统电动化工程为核心，提出未来可持续交通系统的解决方案。除公交车的电动化，项目还包括新型公交站、交通管理、安全性及能源供应等多套系统。

2015年6月，哥德堡的55路公交车正式投入运营。该线路由沃尔沃公司提供的3辆纯电动公交车和7辆混合动力公交车组成。车辆配有可快速充电的电池组，可在终点站快速充电，所充电力完全为风能和水能产生的清洁电力，能源利用效率比传统柴油动力公交车高80%。而且，由于电动公交车和混合动力公交车噪声低、污染物排放量低，该线路实现了全部公交站点均设置在室内换乘。

哥德堡"电动城市"项目先期测试广受好评，因此已延长至2020年。沃尔沃公司投入了2辆大容量铰链式电动公交车，完善了充电设施，并纳入了纯电动垃圾运输卡车等其他重型车辆。2020年7月30日，哥德堡市公交服务供应商之一GS Buss公交公司向沃尔沃公司订购了30辆纯电动公交车。这是截至当时瑞典最大一笔纯电动公交车订单。

瑞典还在试点电气化公路，通过受电弓充电或无线充电的方式对公路进行电气化改造，对货车进行电驱系统改造，使大货车像无轨电车那样使用清洁电力。

六　总结和思考

（一）总结

第一，瑞典的交通能源转型对于世界各国实现交通碳中和目标起到重要的示范作用。

第二，瑞典在交通能源领域形成了非常全面细致的政策体系。碳税和碳市场的制度设计、加油站必须销售可再生燃料的规定，以及各种鼓励使用生物燃料的政策，都具有全球引领性。对于生物燃料，瑞典不仅关注其可再生性，还关注其可持续性，并建立了认证体系，这也是领先全球的制度创新。

第三，瑞典交通能源转型尝试了非常多元的技术路线，包括使用生物燃料、乘用车电动化、公路电气化和使用氢能等。

第四，瑞典的生物燃料战略已经取得巨大成绩。生物柴油、生物乙醇、生物天然气等，不仅提供了能源，也避免了污染，展现了生物燃料的技术前景和规模前景，对于世界各国实现对生物燃料的宜用尽用起到重要参考作用。

第五，瑞典生物燃料战略具有局限性。瑞典交通能源转型过去主要关注用生物燃料替代燃油，现在已经认识到，从资源总量和价格来看，生物燃料无法实现对燃油的全面替代。

第六，瑞典已经开始对交通的全面电气化给予高度关注并重点布局。

（二）对中国交通能源转型的启发和思考

第一，应明确转型的目标。瑞典明确了 oil‐free 的交通转型目标，这有利于保障国家能源安全。中国在高达73%的石油对外依存度的情况下，更加需要保障国家能源安全。中国应当把控制石油对外依存度作为重要目标，系统全面地考虑利用国内的油气资源、可再生能源资源和电力资源推动交通能源转型，根据党的十九大报告提出的"构建清洁低碳、安全高效的能源体系"的要求建设交通能源体系。

第二，瑞典生物燃料的结构性变化值得关注，尤其是其生物乙醇用量下降值得中国深入思考。生物乙醇曾被瑞典寄予厚望，但十几年过去，其生物乙醇的消费量却从2008年、2011年的高峰跌回2004年以前的水平。目前，中国正大规模地推进生物乙醇的使用，要汲取瑞典的经验教训，以避免在生物乙醇发展过程中走弯路。瑞典生物柴油用量10年来持续快速攀升，相比而言，中国在这一领域的资源量很大，但开发很不充分，值得加强。

第三，电动化转型可以考虑布局全球市场。瑞典对电动汽车的需求快速上升，中国电动汽车的产能正在快速扩张，瑞典能够成为中国电动汽车的市场之一。像瑞典这样的市场，全球还有很多，中国的电动汽车发展要着眼于布局全球市场。

参考资料

［1］ S. Axelsson, Roadmap for Fossil Free Competitiveness（2019）, http：//fossilfritt‐sverige. se/wp‐content/uploads/2018/02/roadmap_ for_ fossil_ free_ competitiveness. pdf.

［2］ Swedish Energy Agency, Energy in Sweden 2021 ‐ An Overview, https：//energimyndigheten. a‐w2m. se/FolderContents. mvc/Download? ResourceId＝198022.

［3］ IEA, Energy Policies of IEA Countries Sweden 2019 Review, Paris：International Energy Agency, 2019.

［4］ https：//energimyndigheten. a‐w2m. se/Home. mvc? ResourceId＝198022.

［5］ Nationell plan för transportsystemet 2018‐2029 ‐ Sammanställning och läshänvisning, https：//www. trafikverket. se/contentassets/0e77669ba6f348f6bbf790a15682e94f/nationell_ plan_ for_ transportsystemet2018‐2029_ sammanstallning. pdf.

［6］ 戚永颖、何继江：《瑞典交通能源转型路径》，《能源》2018 年第 11 期。

［7］ Sweden's Long‐term Strategy for Reducing Greenhouse Gas Emission, https：//unfccc. int/sites/default/files/resource/LTS1_ Sweden. pdf.

［8］ Sweden's Seventh National Communication on Climate Change（2017）, https：//unfccc. int/files/national_ reports/annex_ i_ natcom_/application/pdf/6950713_ sweden‐nc7‐1‐swe_ nc7_20171222. pdf.

［9］ Underhåll och klimatmålen i fokus i Trafikverkets inriktningsunderlag（2020）, https：//www. trafikverket. se/om‐oss/nyheter/Nationellt/2020‐10/underhall‐och‐klimatmalen‐i‐fokus‐i‐trafikverkets‐inriktningsunderlag/.

［10］ https：//www. circlek. se/hallbarhet/fossilfritt.

第九章
德国充电网络考察

    2019 年 12 月 21 日，我和陈欣、朱丹宁三人组成的考察团，驾驶一辆电动汽车从柏林出发，踏上了既充满挑战又令人兴奋的德国能源转型考察之旅。本次考察使用的电动汽车是尼桑 LEAF，续航能力 260 公里。图 9－1 是我们的考察用车在充电。我们自驾车环德国一周，途经柏林、莱比锡、德累斯顿、茨维考、纽伦堡、海尔布隆、海德堡、达姆施塔特、法兰克福、吕塞斯海姆、科隆、杜塞尔多夫、杜伊斯堡、明斯特、萨尔茨贝根、维滕堡、汉堡 17 个城市，历时 11 天，总行程 2836 公里。

    这是一次对德国能源转型多角度的观察。本章将重点放在德国交通能源转型，尤其是电动汽车充电设施上。此外，为了使考察结果尽可能真实、客观，我们在设计考察路线时没有事先全线选好充电站，而是在考察途中寻找沿线充电设施。

图 9－1　在莱比锡火车站的停车场充电

一 德国充电设施分布概况

充电桩的数量和分布是对充电设施建设最直观的衡量。截至 2019 年 12 月，德国共有 23840 个公共充电桩和半公共充电桩，其中 15% 是快速充电设施。这一数据展现的充电设施总量和密度让我们很期待，然而真实体验却未达预期。这种落差主要来自两个方面：①查询工具收集的充电设施信息不全面，导致查询结果看起来多，但实际能用的少；②有些城市充电设施分布不合理，数量虽多，充电却难。

考察伊始，我们参考德国联邦网络局（BNetzA）建设运营的德国充电设施分布地图寻找充电设施。从地图上看，柏林市区内充电桩密布；然而在实际寻找过程中却发现，地图上标识的充电桩虽多，却不见得都能用：有些充电桩由于故障无法使用，有些位于封闭或私人区域内（如在关闭的停车场、园区内等），不对外开放使用，而这些信息并不能在地图中查询到，这给寻找充电桩带来了巨大的困难。

为了寻找充电设施，考察团尝试了大量查询工具，最后选择了 Plugsurfing 充电卡 + 充电 App 组合的查找方式，基本解决了信息不足造成的问题。

此外，城市充电设施的分布合理性也极大地影响着实际的充电体验。柏林和汉堡在城市面积和充电设施数量上都非常接近，公共充电设施密度都较大（见表 9 - 1）。然而，在两个城市寻找和使用充电桩的体验大相径庭。汉堡的充电桩分布较合理，寻找方便，给我们带来的充电焦虑感最弱。柏林欧瑞府能源科技园内有德国最大的充电共享平台，分布了约 30 个充电桩，在这里充电，没有碰到过排队情况；然而在柏林市区内沿路寻找充电桩则比较困难。柏林的共享电动汽车业务在德国发展得最为成熟，然而车多桩少，排队充电的现象非常常见。考察团在柏林市内几次尝试，均没能成功充电，最后还是回到欧瑞府能源科技园充电。

德国主要有四种类型的充电插头：Type 1、Type 2、CCS（组合式充电插头）和 CHAdeMO（Charge de Move）（见图 9 - 2）。其中，Type 2（也称 Mennekes 插头）是欧洲标准插头，欧洲的大多数电动汽车匹配这种类型的插头。根据 2016 年德国发布的《充电站条例》，新建的交流公共充电站必须

表 9-1 柏林、汉堡公共充电桩密度对比

单位：平方千米，个

	面积	公共充电桩数量
柏林	892	1052
汉堡	755	1096

配备这类插头。有两个 Type 2 接口的 22 千瓦慢充桩，是我们在考察途中最常见的充电设施之一。

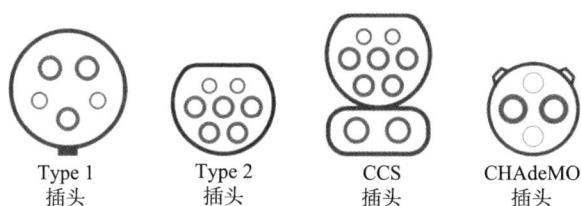

图 9-2 电动汽车的充电插头类型

CCS 是为电动汽车提供交流（AC）和直流（DC）组合式充电的系统。2013 年，欧盟委员会规定使用符合 IEC62196 标准的 CCS 2 型充电插头作为整个欧洲统一的充电插头，作为 Type 2 型插头的快充方案。此外，还有 CHAdeMo 插头，这是日本标准插头，用于电动汽车的直流快速充电，充电功率通常为 50 千瓦，主要适配亚洲汽车，例如日产、起亚或三菱。在考察途中，包含一个 Type 2 慢充插头、一个 CHAdeMO 50 千瓦快充插头和一个 CCS 50 千瓦快充插头的复合式充电桩也很常见。

二 德国充电设施运作状况

截至 2019 年底，德国大约有 24000 个电动汽车公共充电桩，其中包括少部分免费充电桩。收费的公共充电桩大多按照充电量收费，少部分按时间计费。此外，不同充电设施运营商会设置自己的计费系统。

德国充电设施运营商主要分为三类：漫游供应商（Roaming-Anbieter）、地区能源供应商（Örtliche Energieversorger）和电动汽车制造商（Automobilhersteller）。

（一）漫游供应商

所谓"漫游"，在这里指跨供应商的收费和付款。这类供应商提供的充电卡可以兼容许多不同类型的充电桩，保证用户不仅可以使用自己网络内的充电设施，还可以访问合作伙伴的充电设施。例如 Plugsurfing 和 NewMotion 的充电卡在欧洲几乎可以兼容 10 万多个充电桩。德国主要漫游供应商相关情况见表 9-2。

表 9-2　德国主要漫游供应商相关情况

供应商	服务充电桩数量（个）	基本费用	详情
NewMotion	125000（欧盟）	不固定	可通过 EV Charging App、RFID 序列号和充电卡进行充电
Plugsurfing	130000（欧盟）	不固定	可通过 EV Charging App、RFID 序列号充电，月租 9.95 欧元，超出部分按月结算。可使用信用卡和 PayPal 支付
Telekom	20000（德国）	按充电时间收费	使用合作伙伴（例如 Allego、Bosch、Innogy 等）的专属 App 进行充电，每月结算付款
ADAC e-Charge	30000（德国、奥地利、瑞士）	0.29 欧元/千瓦时（交流）0.39 欧元/千瓦时（直流）	服务于 ADAC 会员，通过 EnBW mobility App 和 ADAC 电子卡支付费用

资料来源：https://www.mobilityhouse.com/de_de/ratgeber/elektroauto-oeffentlich-laden-welcher-ladetarif-ist-der-richtige-fuer-mich#abrechnungssysteme。

（二）地区能源供应商

德国许多能源供应商提供自己的充电卡，这些充电卡通常与当地电价挂钩。这些能源供应商通常在其供电服务区域建设良好的充电设施，同时充电成本相对较低（见表 9-3）。

表 9-3　德国部分地区能源供应商相关情况

供应商和充电服务软件	服务充电桩数量（个）	基本费用	费用：交流充电	详情
EnBW：mobility App	30000（欧盟）	4.99 欧元	0.29 ~ 0.39 欧元/千瓦时	直流充电价格 0.39 欧元/千瓦时

续表

供应商和 充电服务软件	服务充电桩 数量（个）	基本费用	费用： 交流充电	详情
ENTEGA – 充电卡	90000（欧盟）	—	0.36 欧元/ 千瓦时	ENTEGA 客户每月通过电子邮件结算，合同期限 12 个月，激活费为 10 欧元
NATURSTROM	100000（欧盟）	—	5.90 欧元/ 每次	NATURSTROM 公司的客户不需支付基本费用，包括签过合同和使用 App 的客户，其他客户需支付每月 6.99 欧元的基本费用
Maingau	70000（欧盟）	—	0.25 欧元/ 千瓦时	Maingau 会员价，交流充电 120 分钟或直流充电 60 分钟以上额外收费
Innogy	3600（德国）	4.95 欧元/月	0.30 欧元/ 千瓦时	无须支付基本费用；可以通过信用卡付款或通过 PayPal 线上付款
Enspire Energie （绿色电力）	30000（欧盟）	3 欧元/月	0.49 欧元/ 千瓦时	公司客户不需支付基本费用，其他客户按每月 9 欧元额外费用来收取，充电费按漫游费计算

资料来源：https://www.mobilityhouse.com/de_ de/ratgeber/elektroauto – oeffentlich – laden – welcher – ladetarif – ist – der – richtige – fuer – mich#abrechnungssysteme。

（三）电动汽车制造商

宝马、大众、雷诺或特斯拉等汽车集团提供了仅适用于相应品牌汽车的充电和计费系统（见表 9 – 4）。以宝马为例，它为经常使用的用户提供了一种资费套餐，而为偶尔使用的用户提供了另一种资费套餐。常客户适用"ChargeNow Active"资费套餐：月费 9.50 欧元 + 0.04 欧元/分钟（白天）和 0.02 欧元/分钟（夜间）；临时客户适用"ChargeNow Flex"资费套餐：20.00 欧元的启动费 + 0.07 欧元/分钟（白天）和 0.035 欧元/分钟（夜间）。

表 9 – 4　德国部分电动汽车制造商相关情况

供应商	服务充电桩 数量（个）	套餐类型	基本费用	费用：交流充电
宝马[*]	115000 （全球）	常客户套餐	9.50 欧元/月	0.04 欧元/分钟（白天）； 0.02 欧元/分钟（夜间）
		临时客户套餐	20.00 欧元的启动费	0.07 欧元/分钟（白天）； 0.035 欧元/分钟（夜间）

续表

供应商	服务充电桩数量（个）	套餐类型	基本费用	费用：交流充电
大众	22000（德国）	仅针对大众、奥迪、西亚特、斯柯达的电动汽车或插电式混合动力汽车用户	—	5.90 欧元/每次
博世（充电设施）	40000（欧盟）	没有基本费用或最低期限，通过 App 和信用卡付款	—	—

资料来源：https://www.mobilityhouse.com/de_de/ratgeber/elektroauto – oeffentlich – laden – welcher – ladetarif – ist – der – richtige – fuer – mich#abrechnungssysteme。

由此足以看出，德国充电设施的运营商众多，收费模式令人眼花缭乱。这一点也让德国人头疼不已。在如此混乱的局面下，要想建立广泛统一的收费方式，需要克服很多难题。

图 9-3 中的左图为 Innogy 充电桩付费界面，显示此次充电减排二氧化碳 25.6 千克，相当于增加森林面积 19.7 平方米；右图为绑定充电卡后的 PayPal 支付界面。

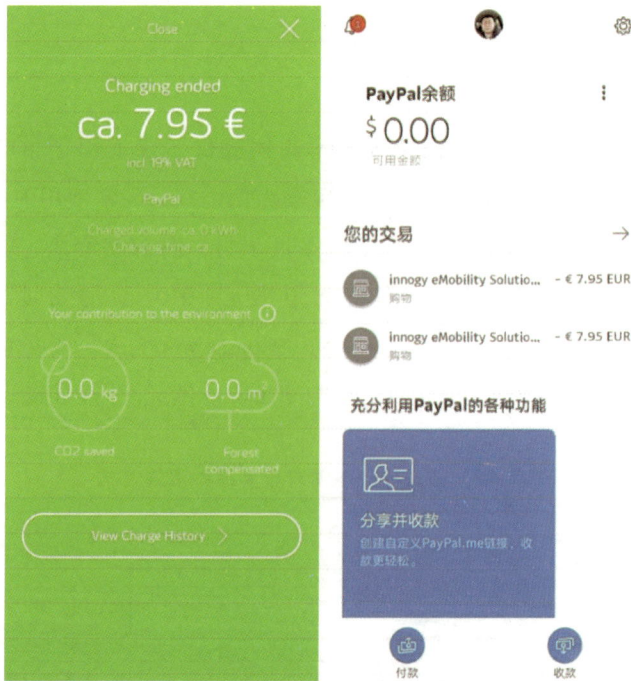

图 9-3 Innogy 充电桩付费图

在考察途中，我们发现大多数充电桩上有二维码，理论上应该是支持扫描绑定 App 支付，但经测试发现，大多数二维码是无效的。唯一通过扫描二维码成功付费的，是 Innogy 公司的充电桩，其二维码可以自动链接到 App，并支持 PayPal 和信用卡付费，而且付款界面清晰，内容也较完整，还会自动换算每一次充电为碳减排贡献了多少力量，相当于植树多少平方米。这种直观而有趣的反映碳减排贡献的方式，对于增强人们的环保意识、鼓励采用电动汽车出行是很有意义的。遗憾的是每次付费 7.95 欧元的充电行为显示减排量为 0，看来是 App 软件功能还不完善。

部分充电桩还存在付款后不充电的问题。我们在纽伦堡附近的 Innogy 充电桩充电时，遇到故障，预付款后充电不成功。同类事件发生过两次。

值得一提的是，各个充电桩运营商的客户服务都非常好。我们考察纽伦堡时，充电桩的二维码显示无效，拨打热线询问时，客服人员非常耐心友好。当时正值平安夜，客服人员直接在后台开放了充电功能，而且免费，作为圣诞礼物。在考察途中，我们一共打过 8 次客服电话；为了尽可能完整地获得信息，我们进行了"盘问级别"的沟通，客服人员的服务态度从始至终都非常好。每个充电系统后台的客服人员都尽力地帮助排查问题，寻找解决办法。但就结果来看，除了巴伐利亚州的市政充电桩热线，其余热线解决问题的能力并不强。德国公共充电设施常见的问题之一，就是后台工作人员并不能调控所有充电桩。

三　德国充电设施特色项目

（一）连锁零售商的充电设施

德国的大型连锁零售商，如 Kaufland、Aldi Süd、Rewe、Hellweg、Hornbach、Lidl 和 IKEA 等，正在推广其停车场免费充电服务。电动汽车公司 EWE Go 和麦当劳德国公司正在展开合作，截至 2020 年已经在 40 多家麦当劳餐厅建设了 150 千瓦功率的 EWE Go 快速充电桩，到 2021 年将增加到 200 个，从 2022 年起每年增加 250 个。预计到 2025 年，麦当劳餐厅将有 1000 多个停车位可以用 100% 的绿色电能为电动汽车充电。

连锁超市 Kaufland 和 Lidl 计划在其每家新分店建设至少一个电动汽车充电桩，在已有的分店也逐步建设充电站。从中期来看，这两家超市将在德国大约 3900 家 Kaufland 和 Lidl 商店的停车场建设电动汽车充电站。这两家超市所属的 Schwarz 集团称其将经营德国零售业最大的电动汽车充电网络，目的是使两个零售连锁店的充电站之间的距离小于 20 公里。Kaufland 当时有 120 个充电站。考察团到达科隆附近时，曾在一家 Lidl 超市的停车场体验了功率 50 千瓦的快充，充绿电，一小时内免费。该充电桩显示屏的功能很强，充电数据很翔实。我们从超市购物完成，回到车边时，充电 43 分钟 30 秒，充电 18.71 千瓦时，电池充至 94.1%（见图 9 - 4）。

图 9 - 4　在科隆附近 Lidl 超市的停车场充电
注：左图为停车场充电桩，右上图为 Lidl 超市，右下图为充电桩显示屏。

德国另一大零售超市 Aldi Süd 在大城市拥有约 100 个充电站，充电功率为 22 千瓦。该超市计划从 2021 年开始，每年建设不少于 300 个充电站，到 2024 年底，充电站数量将超过 1500 个；此外，还将增加 150 千瓦的直流快充站。在 Aldi Süd 的一个超市，虽然我们没有成功充电，但值得一提的是，这家超市的充电桩不仅可以给电动汽车充电，还可以为电助力自行车充电。当前在德国，电助力自行车非常受欢迎，但是价格比中国高出很多。此外，Aldi Süd 的连锁超市大多在屋顶大面积甚至全面积铺设了光伏板。

德国电动汽车充电网络正在稳步扩展。如果大型连锁超市、其他零售商和餐饮公司参与充电网络的扩展，将对电动汽车的推广大有助益。

（二）汽车公司的风光一体充电站

大众汽车茨维考工厂也有充电设施（见图9-5）。该工厂是大众8个电动汽车生产基地中最早投产的。大众投资了12亿欧元对该工厂进行改造，计划总产能达到30万辆。这座工厂承担着大众汽车转型战略的重要任务。工厂门口还有一个风光一体充电站（见图9-6）。这显示出大众已经坚定了电动汽车发展战略，并且正在稳步推进。

图9-5　大众汽车茨维考工厂

（三）光伏充电平台系统

施耐德电气集团与其合作伙伴在柏林欧瑞府能源科技园合作设立了智能微电网光伏充电平台系统测试中心zeeMobase（见图9-7）。

图 9 – 6　大众汽车茨维考工厂门口的风光一体充电站

图 9 – 7　智能微电网光伏充电平台系统测试中心 zeeMobase

该平台及其充电桩测试属于德国联邦教育与研究部项目 Mobility2grid 的一部分，目的是在不提高成本的前提下，实现交通领域的零碳及其分布式能源智能管理。

（四）Fast E 项目

该项目由充电设施运营商 Allego 主持，是欧盟委员会资助的最大的电动汽车基础设施部署项目。截至 2018 年底，该项目已经在 4 个国家 20000 多千米主要道路上部署了 307 个三合一（CCS、CHAdeMO 和 Type 2）直流组合式快速充电站。另外，这个项目还同步开展了四大研究课题，包括业务创新和市场整合、网络规划、创新的通信解决方案以及确保未来充电的兼容性，比如探讨 50 千瓦充电桩未来的发展、是否可以使用屋顶光伏给电动汽车充电等问题。

（五）FASTNED 快速充电站

FASTNED 是荷兰的创业企业，业务覆盖范围由荷兰本地扩展至德国，专门研发建设快速充电站。其目标是建立一个由 1000 个快速充电站组成的欧洲快充网络，为电动汽车提供太阳能和风能电力。

就外观和场地来看，FASTNED 建设的快速充电站比德国本土充电站精致、讲究。除了有 50 千瓦的普通快充桩，FASTNED 还配置了 150 千瓦、175 千瓦和 350 千瓦双枪直流超级快充桩。其中 150 千瓦是该公司专门为奥迪 e-tron 研发的。

在到达纽伦堡之前，我们发现了 FASTNED 建设的一个大型快充站（见图 9-8），里面有一个 50 千瓦的三枪快充桩、一个 175 千瓦的充电桩和两个 350 千瓦的快充桩——350 千瓦是目前欧洲充电桩最大的功率。我们的考察车只能使用其中 50 千瓦的快充桩，电量从 18% 充到 96% 用时 40 分钟，效果不错。

图 9-8 FASTNED 建设的大型快充站

（六）A9高速公路高速充电设施示范项目

A9 高速公路是一条贯通莱比锡和慕尼黑的高速路段，全长 600 千米。2014 年，西门子、宝马、奥迪与电力集团意昂合作，在 A9 高速公路上建成了"巴伐利亚-萨克森移动交通"高速充电站示范项目。其中包括 8 个 50 千瓦的高速充电站，可以保障电动汽车充电 20 分钟即可到达下一个充电站。

德国联邦政府为该项目拨款 4000 万欧元,巴伐利亚州和萨克森州各配套 1500 万欧元。该项目计划后续扩展到柏林。在考察途中,我们测试了其中 4 个充电站,都运行良好,当天行程畅通无阻,非常顺利。

(七)吕塞斯海姆市欧宝充电设施建设计划

欧宝汽车公司总部位于吕塞斯海姆市,在法兰克福市附近。欧宝汽车公司对可再生能源给予了积极的关注,与吕塞斯海姆市政府联合推出电动城市计划,计划建设大量充电设施。但是我们在市内考察的过程中,很难找到充电设施,该市市民对电动城市计划也知之甚少。欧宝汽车公司总部办公楼周边的充电桩要用专用充电卡,我们充不了。同样是小城市,吕塞斯海姆的电动城市计划与瑞典玛丽斯塔德的相比有较大差距。

四 德国充电设施总结

在本次考察途中,我们了解了不少充电设施建设项目,其中包括由欧盟推进、由欧盟其他国家扩张到德国、由德国联邦政府联合科研机构和电力运营商共同推进以及由企业推进四种形式。

德国联邦政府正在通过多种途径来鼓励使用电动汽车[①],比如:

• 规定 2011 年 5 月 18 日至 2020 年底注册的全电动汽车可享受 10 年免税期。

• 为 6 万欧元以下的纯电动汽车提供 4000 欧元的购买补助,为插电式混合动力汽车提供 3000 欧元的购买补助。

• 投资 3 亿欧元用于建设电动汽车充电基础设施。其中,2 亿欧元用于建设快速充电基础设施,1 亿欧元用于建设标准充电桩。

• 为带有替代动力系统的重型卡车提供补助,包括锂电池和燃料电池。

在停车充电等方面,德国地方政府有相应的优惠政策。在考察途中,除法兰克福的火车站停车场针对电动汽车停车无差别征收高额停车费,我们基本没有为停车充电支付费用。大多数充电桩旁边配有免费充电车位;

---

① IEA,Germany 2020,https://www.iea.org/reports/germany-2020.

有的自动停车收费机增加了"电动汽车停车第 1 小时免费充电"的优惠条款。

在法兰克福会展中心的门口，充电桩建在出租车停靠站旁边。通常来说，这片区域仅用于临时停靠。但此处增加了指示牌，在原有的"此处仅允许出租车短暂停靠"的基础上，标明电动汽车充电可以例外，能够在此长时间停车充电。在通常禁止外来车辆入内的一些私人区域（特指企业、工厂），由于安装了共享充电桩，外来电动汽车也可以在此停留充电 2 小时（见图 9 – 9）。

图 9 – 9　私人区域停车充电许可

在 11 天内，我们在德国境内共行驶了 2836 公里，充电费用总计 126.58 欧元，有效充电费用 105.68 欧元（见表 9 – 5）。经统计，有 10 次免费充电。

表 9 – 5　电动汽车充电费用

单位：欧元

	金额
有效充电费用	105.68
无效充电费用	15.90
充电停车费	5.00
总计	126.58

在德国，驾驶电动汽车出行比驾驶燃油车出行具有显著的经济优势。以 2019 年 12 月 21 日油价为例，壳牌加油站汽油价格为 131.9 欧元/100 升，常用燃油车按百公里 8 升油耗估算，每公里油耗约为 10.6 欧分，行驶 2836

公里的加油费用为 299.25 欧元,是电动汽车充电费用的近 3 倍。

我们在考察中也发现了一些问题:充电 App 显示正常,到现场却无法充电;收费却无法充电;实际充电功率远小于 22 千瓦,导致充电时间太长;充电站设置区域不合理;充电制式不同,无法充电;充电卡不支持使用充电桩;充电站周边无服务设施。

针对这些问题,建议如下:建立完善的充电情况在线监测平台;使充电站 App 定位更智能、更实时;统一充电制式;改进收费模式,使之更精确、明确、易操作,甚至实现智能比价;优化充电站周边的环境和服务设施;大型的停车场提供一定比例的电动汽车充电桩。

附表　考察全程充电情况总览

序号	地点	运营商	额定功率（千瓦）	充电量（千瓦时）	时长（分钟）	费用（欧元）	充电时段	周边环境
1	柏林	施耐德电气集团	22	约12	约120	—	路上办事	欧端附能源科技园内，工作日参观、休息、用餐方便
2	—	Innogy*	50	充电失败	—	—	路上	高速公路麦当劳中心、停车场
3	科斯维希	Chargeit Mobility	22	12.76	119	11.36	路上等待	位于小镇中心、自然公园、用餐、购物可达
4	莱比锡	保时捷工厂	22	7	62	2.03	路上等待	大型公园、工厂区
5	莱比锡	莱比锡市政	22	—	—	0	过夜	莱比锡火车站旁的停车场
6	德累斯顿	德累斯顿市政 DREWAG	50	19.79	76	7.72	路上办事	市中心、设施齐全
7	—	Allego	50	14.29	43	5.57	路上等待	高速公路加油站、有便利店
8	茨维考	大众电动汽车工厂	22	2.70	43	0	路上办事	大众停车场、周边无其他设施
9	—	Innogy	50	充电失败	—	—	路上	高速公路附近小镇、周围设施少
10	黑姆斯多夫	Allego	50	21.94	56	8.56	路上等待	高速公路麦当劳停车场
11	纽伦堡附近	FASTNED**	50	26.67	50	充电免费	路上办事	高速公路麦当劳附近、周边有麦当劳和两个超市
12	纽伦堡	纽伦堡市政***	22	未记录	—	充电免费 停车费2.27 欧元/小时	路上办事	纽伦堡市中心
13	韦特林根	—	22	未记录	约3小时	充电免费	路上办事	周边设施少、用餐方便
14	海尔布隆	Allego	50	22.20	48	8.66	路上等待	汽车修理厂、偏僻
15	海德堡	海德堡市政	11	4.84	43	1.40	路上等待	周边有餐馆、酒店等设施
16	法兰克福附近	Bürgerladenetz	22	18.62	—	0	路上等待	荒郊野岭

续表

序号	地点	运营商	额定功率（千瓦）	充电量（千瓦时）	时长（分钟）	费用（欧元）	充电时段	周边环境
17	法兰克福	德国铁路	50	充电失败	—	停车费 5 欧元/小时	路上等待	—
18	法兰克福	Innogy	22	29.11	—	11.40	过夜	出租车停靠点
19	吕塞尔斯海姆	欧宝工厂	22	不对外	—	—	路上	工厂内
20	—	Allego	50	充上、计费系统出错	—	—	路上办事	购物中心区
21	科隆附近	Lidl 集团	50	18.71	43.5	—	路上办事	市区，Lidl 超市停车场
22	杜塞尔多夫	Aldi Süd 集团	50	充电失败	—	—	路上	Aldi Süd 超市停车场
23	明斯特	Allego	50	31.80	76	12.40	路上等待	汽车修理厂，周边荒凉
24	埃姆斯比伦	Allego	50	14.38	48.5	5.61	路上办事	园艺市场
25	—	Innogy	50	26.99	74	7.95	路上办事	高速公路附近，有餐厅
26	汉堡	汉堡市政	22	25.01	—	7.25	过夜	港口，设施齐全
27	汉堡	Xcharge	50	3.59	11	1.40	路上等待	较偏僻，设施少
28	维滕堡	Allego	50	19.64	45	7.66	路上办事	高速公路附近，汽车修理厂附近，有麦当劳
29	—	FASTNED	50	—	—	—	路上等待	高速公路附近，有麦当劳
30	柏林	柏林市政	22	5.14	46	1.49	路上等待	地铁口

注：* 后期经尝试，Innogy 50 千瓦充电桩通过 App 预付费可用，单次一口价 7.95 欧元。** FASTNED 项目是收费的，价格 0.59 欧元/千瓦时，这里没有扣费原因不明。*** 通过打热线求助成功充电，本次充电免费，计费方式为有用电合同的用户 1.35 欧元/千瓦时，无用电合同的用户 1.80 欧元/千瓦时。

第十章
挪威和瑞典充电设施

2019 年 8 月，我曾自驾车从瑞典前往挪威奥斯陆、卑尔根、尤坎等地考察，并访问卑尔根大学。虽然驾驶的是燃油车，但仍寻机考察沿途的充电设施。2019 年 11 月，我与杨守斌自驾车从瑞典前往挪威特隆赫姆市的挪威科技大学交流，沿途也注意考察挪威的各类充电设施。在瑞典韦斯特罗斯、乌普萨拉、斯德哥尔摩、哥德堡、林雪平等城市考察期间，我也注意考察了瑞典停车场和充电设施的情况。挪威地区充电网络发达并在不断完善中；瑞典地区电气化停车场应用广泛，并在不断发展数字停车场技术。

一 挪威和瑞典充电设施考察

（一）挪威充电设施考察

挪威电动汽车市场的发展处于世界领先水平。在 2020 年挪威销售的汽车中，电动汽车数量已经超过传统燃油车。同时，挪威的电动汽车充电设施不断增加。不论是在户外，还是在室内停车场，充电设施随处可见。

勒罗斯（Røros）小镇以铜矿而闻名，是挪威的两个全国性重要采矿镇之一，但其矿业早已于 1977 年停止。勒罗斯小镇上的充电站（见图 10 - 1）由芬兰富腾公司运营。在挪威，可以看到富腾公司安装的许多充电设施。

在特隆赫姆市，无论是在市区写字楼区域还是在挪威科技大学的停车场，充电设施密度都很高（见图 10 - 2）。

图 10 - 1　勒罗斯小镇的充电站

图 10 - 2　特隆赫姆市地下停车场中的充电站

挪威的公共交通也在推进电气化，电动公交车的应用较为广泛（见图 10 - 3 至图 10 - 5）。

（二）瑞典充电设施考察

吕勒奥能源公司是瑞典吕勒奥市经营配电网、售电公司、供热公司的综合能源公司。该公司总部办公楼附近有一个功率 175 千瓦的充电站（见图 10 - 6）。

吕勒奥市电动公交车采用受电弓充电方式（见图 10 - 7），充电功率达450 千瓦，在首末车站充电，快速充电 5 分钟左右即可充满。

在林雪平市北部商业区，三个级别的充电桩一字排开（见图 10 - 8）。

图 10 - 3　特隆赫姆市的电动公交车

图 10 - 4　特隆赫姆市电动公交车以顶部受电弓模式充电（1）

图 10 - 5　特隆赫姆市电动公交车以顶部受电弓模式充电（2）

173

图 10 – 6　吕勒奥能源公司的充电站

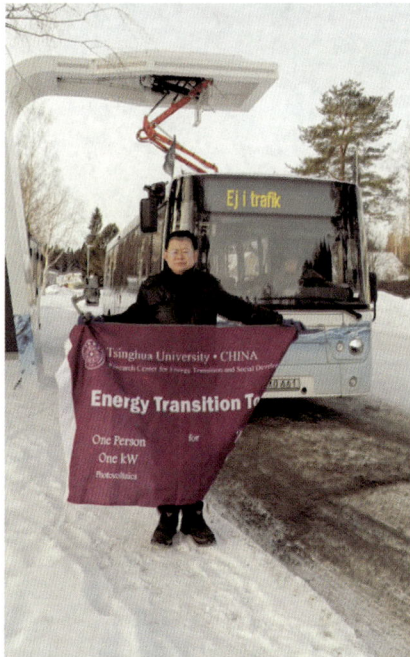

图 10 – 7　吕勒奥市电动公交车充电站

功率最大的是芬兰富腾公司的 50 千瓦直流快充桩（见图 10 - 9），其次是芬兰富腾公司的交流慢充桩，最后是用普通车辆供热插座改造的慢充桩（见图 10 - 10）。使用 50 千瓦充电桩充电的价格是每分钟 2.5 瑞典克朗，使用 22 千瓦充电桩充电的价格是每分钟 1 瑞典克朗。

图 10 - 8　林雪平市北部商业区三个级别的充电桩一字排开

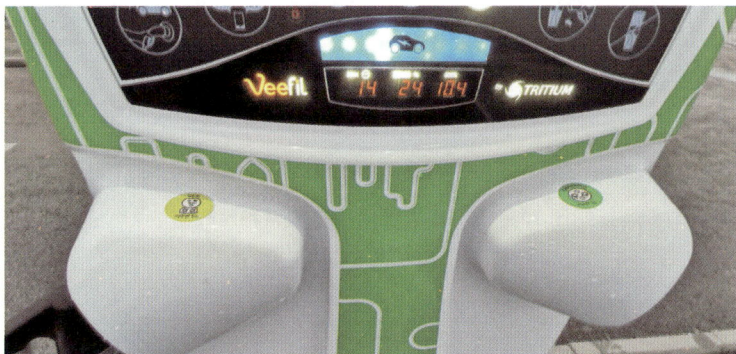

图 10 - 9　芬兰富腾公司直流快充桩有 CCS 和 CHAdeMo 两种制式

北欧是特斯拉的重要市场。距离马尔默 20 多公里的高速公路服务区有 20 个特斯拉充电桩。该服务区停车场还有 ABB 等多种类型的充电桩（见图 10 - 11、图 10 - 12）。

光伏停车场是瑞典汽车电动化的一个形象展示（见图 10 - 13）。位于林雪平市的光伏停车场屋顶采用了晶硅组件，东南面和西南面采用了中国浙江龙焱能源科技（杭州）有限公司的碲化镉组件，由此形成了彩色停车场效果，而且停车场内有许多充电桩（见图 10 - 14）。这种光伏组件的设计增

图 10 - 10　麦当劳停车场的两种慢充桩

图 10 - 11　距离马尔默 20 多公里的高速公路服务区的充电站（1）

加了受光面积，将低碳电力、低碳交通和景观等因素融为一体。

图 10 - 12 距离马尔默 20 多公里的高速公路服务区的充电站（2）

图 10 - 13 瑞典林雪平市的光伏停车场

瑞典很多停车场的车位在很久以前就配备了 16 安的插座（见图 10 - 15），其用途是为汽车供热，以便在冬季气温较低时使汽车发动机容易启动。现在有些电动汽车车主将它用来充电。

图 10 – 14　瑞典林雪平市光伏停车场的充电车位

图 10 – 15　每个车位都配备电插座的停车场

注：每个车位都配备了 16 安的插座。

二　挪威和瑞典交通减排目标

（一）北欧电动汽车发展概况

北欧地区在电动汽车的发展上处于全球领先位置。

挪威从 1990 年开始鼓励使用电动汽车，现在已是全球人均拥有电动汽车数量最多的国家。2019 年，在挪威售出的所有新车中，有 43% 是电动汽车。2020 年上半年，纯电动汽车占挪威汽车销量的近一半，是所有新车注册量的 48%。2020 年 9 月，新注册的电动汽车占比更是达到 61.5%。2019 年，挪威销量最高的电动汽车是特斯拉 Model 3。2020 年，挪威销量最高的电动汽车为奥迪 e-tron。

瑞典电动汽车的发展时间晚于挪威，但在过去 10 年瑞典电动汽车的数量猛增。2009 年，瑞典仅有 157 辆电动汽车注册；2019 年，瑞典电动汽车的数量已超过 3 万辆，其电动汽车的市场规模为欧洲第三，纯电动汽车和插电式混合动力汽车的数量分别占欧洲的 5.1% 和 8.0%。

随着电动汽车数量的增加，北欧国家出现了充电设施的增长落后于电动汽车增长的情况。北欧各国政府和企业正在加大力度建造充电设施。

（二）挪威交通减排目标

挪威计划 2030 年的碳排放至少比 1990 年减少 40%，2050 年的碳排放比 1990 年减少 80%～95%。

挪威政府计划 2030 年交通运输的碳排放比 2005 年减少 35%～40%。其中具体目标包括：2025 年，所有新售出的乘用车和轻型货车实现零排放；2025 年，所有新的城市公交车实现零排放；2030 年，所有新的长途客车较 2005 年减少 75% 碳排放，新卡车减少 50% 碳排放；2030 年，大部分商品在主要城市地区的运输过程实现零排放；2030 年，生物燃料使用量较 2005 年增加 30%。

（三）瑞典交通减排目标

瑞典的长期目标是最迟在 2045 年实现碳中和，2030 年碳排放比 1990

年减少63%，2030年国内运输（国内航空除外）的碳排放比2010年至少减少70%。

三 挪威和瑞典充电设施和停车场

（一）充电设施

挪威的充电网络十分发达，基本覆盖全国，多集中在南部，在北极圈内也有一定数量的充电设施。瑞典的充电设施基本集中于南部及沿海城市，北方的充电设施数量明显少于南方。

欧洲电动汽车慢充插头长期无统一标准，曾同时使用 Type 2 和 Type 3 两种型号。不同制式的电动汽车需使用对应的充电设施进行充电，这对电动汽车和充电设施在欧洲的普及造成负面影响。2013年1月，Type 2 型号插头被确定为欧洲标准插头。直流充电插头主要有 CCS 2 和 CHAdeMO 两种。特斯拉则使用自己的充电标准。

由于挪威电动汽车市场的发展早于其他国家，因此该国在充电设施的建设上也保持全球领先。2011～2017年，挪威充电设施数量年均增长率为20%。

2017年，挪威电动汽车数量占北欧五国电动汽车总数量的71%，其次为瑞典，其电动汽车数量占北欧五国电动汽车总数量的20%。2017年，挪威的公共慢充桩数量占北欧五国公共慢充桩总数量的57%，公共快充桩占比为51%；瑞典的公共慢充桩与公共快充桩数量在北欧五国中的占比分别为25%和26%（见图10-16）。

挪威在鼓励使用电动汽车的同时，也在不断完善充电桩的建设。奥斯陆是挪威最先进行充电桩测试的城市，并且在2008年建立了挪威第一批城市电动汽车充电桩。2009年，挪威拨款600万欧元在全国范围内建造充电设施。截至2020年8月，挪威已拥有超过15000个公共充电桩。挪威的人口约相当于欧盟的1%，但该国的公共充电桩数量几乎相当于欧盟的8%。

挪威的充电基础设施建设主要是由 Enova 公司推动。Enova 公司是挪威国有独资企业，归石油能源部管理，其宗旨是推动挪威能源和环境的可持续发展。Enova 公司负责管理能源基金（Energy Fund），该资金来自电费的

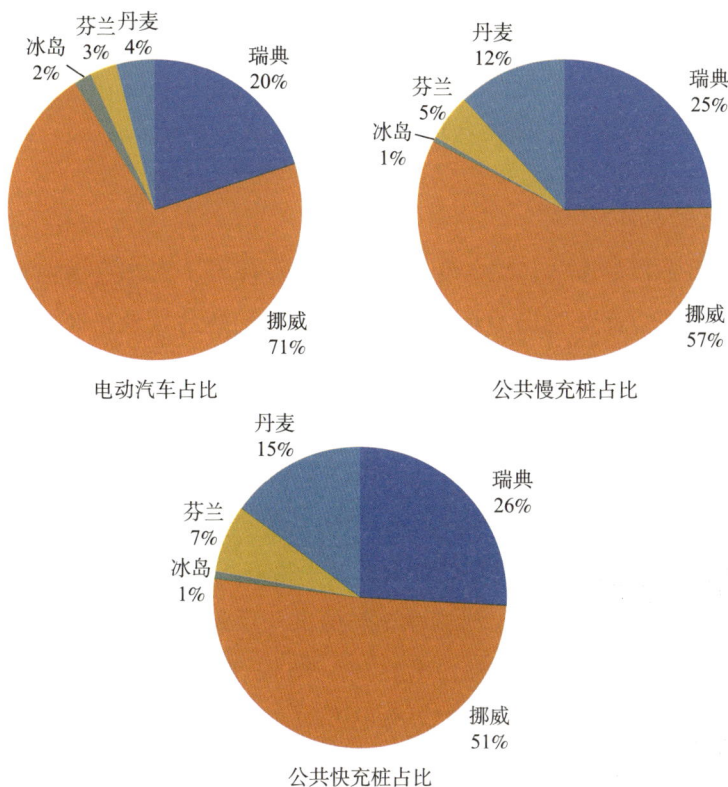

图 10 – 16　2017 年北欧五国电动汽车及公共充电桩占比

附加费，用以资助相关企业的环保减排项目，以降低相关企业的投资成本，促进更多企业开展相关项目。在充电基础设施建设方面，Enova 公司也给予了相应的资金支持。

挪威政府于 2015 年开展了一项建设快速充电站计划，计划在挪威境内主要的公路上每 50 千米建设一个快速充电站，这些公路总长为 7500 千米。该项目中的充电站带有 CHAdeMO 和 CCS 两个快充插口，以及两个 22 千瓦的 Type 2 型慢充口。Enova 公司为该项目提供资金补贴，最高可补贴 100% 的安装费用。2017 年，这些主要公路的充电站数量从 2014 年的 300 个增加至 1500 个。

此外，Enova 公司还支持挪威偏远地区的充电基础设施建设。2019 年，Enova 公司宣布拨款，用于支付在北极圈内芬马克（Finnmark）和特罗姆瑟（Tromso）北部的 25 个充电站的全部建造费用。来自芬兰的富腾公司竞标成功，将开展建造项目。富腾公司已与挪威当地 7 个电力公司合作，为充电网络提供电力支持。

（二）停车场的一体化利用

1. 充电、加热一体化

在气候寒冷的季节，汽车发动机温度相应降低，汽车启动前需要预热发动机。这一方面是要保护汽车性能，因为未加热的发动机若被直接启动会加快磨损；另一方面对环境有益，加热后的发动机消耗的燃油少于未加热的发动机，能够减少二氧化碳及其他废气的排放。发动机的加热器类型主要有电加热器、燃油加热器。北欧国家广泛使用电加热器。电加热器配有电源线，通过与外部插座相连充电加热。

汽车发动机加热器插座在瑞典的普及率很高。2009 年，瑞典约有 60 万个汽车发动机加热器插座。瑞典停车场的电气系统将汽车发动机加热器插座作为设计要件，其加热器插座电流多为 16 安（见图 10 - 17）。在电动汽车充电桩十分短缺的情况下，车主会用 16 安的发动机加热器插座直接进行充电。瑞典在 2009 年的一份有关电动汽车的文件中曾提出升级发动机加热器插座的设想，以使其可用于电动汽车充电。16 安的加热器插座为充电桩的改造打好了基础，只需将电流升级至 32 安即可满足充电条件。由于停车场相关技术设计中包括了电气和地基，所以停车场无须大规模重建，这比全新的充电设施更为经济。一些停车场对加热器插座的电流进行了升级，

图 10 - 17　瑞典埃斯基尔斯蒂纳某停车场的 16 安加热器插座

将原先16安的电流扩充至32安，将停车场改造成为慢速充电停车场（见图10-18、图10-19）。

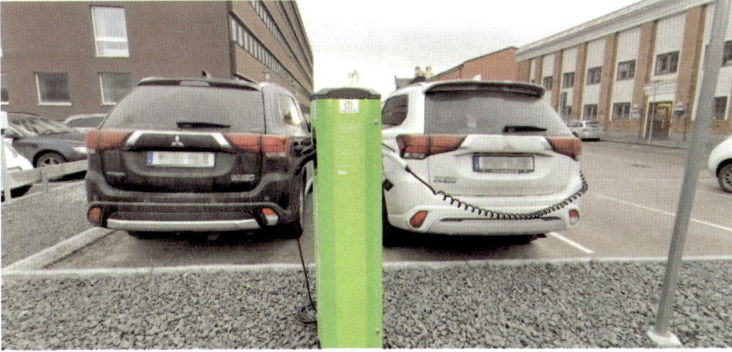

图10-18　瑞典埃斯基尔斯蒂纳某停车场中电流32安的充电桩

图10-19　改造后的电流32安的慢速充电停车场

瑞典于默奥大学的充电站则兼具充电和供热两个功能，有一辆车接了两根线，一个用于充电，一个用于发动机加热（见图10-20）。

2. 光伏停车场

大型的购物商城占用的土地面积往往很大，其屋顶、停车场的空间十

图 10 - 20 瑞典于默奥大学的充电站

分适合协同发展光伏与智能充电设施，特别是光伏停车场。瑞典著名的宜家公司已陆续建设了光伏停车场，安装了屋顶光伏（见图 10 - 21、图 10 - 22）。

图 10 - 21 宜家商场的光伏停车场

图 10 - 22 宜家商场的屋顶光伏

在欧洲，这样的停车场资源还有很多。从社会可持续发展方面考虑，使用大量土地资源的停车场需要合理设计，以使资源利用最大化。安装光伏是一个可行的方案。比如英国剑桥机场周边有很多停车场和租车公司，西班牙马德里机场的停车场占地面积很大，这些都消耗了大量土地资源，如此大面积的区域十分适合安装光伏或建设一体化的光伏车棚充电站。

（三）停车场信息智能化

智慧停车旨在将物联网技术运用于停车系统中，使用无线通信、移动终端、地理信息系统（GIS）、全球定位系统（GPS）等技术进行停车位查找、信息采集、预定付款等。在挪威和瑞典，停车场的智能缴费已经比较方便。停车场的传统缴费方式有直接付硬币和刷信用卡两种。近些年，移动支付成为热门，移动支付方式也有好几种，可以使用手机 App，还可以直接短信缴费。如图 10 – 23 所示，用手机编写短信，填上停车场编码、车牌号和时间发送到指定号码即可完成缴费。

图 10 – 23 停车场编码便于短信支付

1. EasyPark 公司

EasyPark 公司是一家数字停车服务公司，于 1997 年在瑞典成立，提供停车管理相关服务。如今，该公司的业务遍及 20 个国家的 1500 多个城市。

EasyPark 公司的应用程序有多种功能。①支付移动支付。该应用能准确记录停车时间，司机只需要支付实际停车费用。②管理停车位。该应用既可以帮助司机寻找附近的空车位，也可以预定停车位。它对停车场车位进行编码（见图 10 - 24），通过这些编码，司机可以准确确定空车位的位置。此外，司机也可在 App 上延长停车时间以避免超时被罚款。③提供停车信息。该应用可为司机提供所在城市、停车场的相关信息，如停车规定、收费标准等。

图 10 - 24　带编码的停车场缴费机

EasyPark 公司实现了无人值守收取停车费。每个停车位都有唯一编码，通过该编码，车主可在 App 上识别该停车位所在停车场，完成缴费。这首先方便了车主，车主可以随时随地缴纳停车费；其次便于停车场管理，有助于管理者了解缴费情况；最后有助于价格管控，企业停车场价格不一，由于信息不对等，车主很难对停车场收费情况进行判断，统一编码可使车主掌握停车场价格信息。对整个城市的所有停车场进行编码是物联网的一个应用情景。

2. 共享停车

ApParkingSpot 是一个停车位出租平台，它允许停车位拥有者与租户直接交流。停车位的拥有者可在该平台上上传有关停车位的信息（如可供使用的时间、位置、价格等）。所有在 ApParkingSpot 所覆盖区域寻找停车位的用户都可以通过这一平台查到这些停车位。这既能为租户节省寻找停车位的时间，又能为停车位拥有者带来额外收入。对于租户的付款，平台收取20%的佣金，其余80%归出租者所有。该平台还开发了自动检测系统（Autosence Detection System，ASDS）。该系统能够自动建立停车位出租时间表，完成出租的流程。另外，该系统可与汽车相连，在租户预约停车位后检测到达的汽车是否匹配，若匹配，则开始计费；若不匹配，则会通知相关公司移除该车。

四 挪威和瑞典鼓励电动汽车发展的政策

（一）挪威鼓励电动汽车发展的政策

挪威历经30年成为电动汽车应用大国，其电动汽车鼓励政策可以追溯到20世纪90年代。

1990年，挪威对电动汽车免税。在挪威，购买燃油车须缴纳车辆购置税，平均税额为1万欧元；购买电动汽车则无须缴纳车辆购置税。这项豁免政策已于2020年底结束。现在购买电动汽车须支付车辆购置税，税率较低，每年将调整一次。

1996年，挪威政府规定购买电动汽车只须支付较低的道路税。电动汽车车主每年缴纳435挪威克朗，而非电动汽车车主每年缴纳3060挪威克朗。

1999年，挪威政府规定电动汽车可在市政停车场免费停放，并且电动汽车会获得特殊的车牌，其前缀为"EL"或"EK"，之后还引入了"EV"。

2000 年，对于将电动汽车作为公司用车的企业，挪威政府将其车辆购置税降低了 50%。

2001 年，电动汽车无须支付占购买费用 25% 的增值税。

2005 年，电动汽车可使用挪威大多数城镇的公交车专用道。[①]

2009 年，电动汽车在挪威免缴道路通行费[②]和渡轮费。同年，电动汽车被免除渡轮费。

2015 年，租赁电动汽车免缴 25% 增值税。

从 2017 年开始，挪威对电动汽车相关政策进行了较大的修订（见表 10 - 1）。

表 10 - 1　挪威政策转型路线

年份	零排放汽车的激励措施	修订后的政策
1990	免车辆购置税（汽油车和柴油车平均 1 万欧元）	2017 年起对重量超过 2 吨的电动汽车征税
1996	低道路税	2020 年起全额征税
1999	电动汽车获得特殊车牌	电动汽车获得特殊车牌
1999	市政停车场免费停放	2017 年修订：由各地政府分别管理，遵循 50% 原则 *
2000	公司车辆购置税减少 50%	调整为减少 40%
2001	免征占购买费用 25% 的增值税	豁免至 2020 年底，2021 年之后将调整
2005	可以进入公交车专用道	2017 年修订：由各地政府分别管理
2005	免缴道路通行费	未来几年内将开始收费，但遵循 50% 原则
2009	免除渡轮费	2018 年采用 50% 收费原则
2015	租赁免缴 25% 增值税	同原先

注：* 挪威有一条"50% 原则"，指 2017 年以后，由地方政府决定电动汽车能否使用公交车专用道和免费停放在市政停车场，国家也将向电动汽车征收道路通行费和渡轮费，但是电动汽车须缴纳的费用不得超过化石燃料汽车缴费的 50%。

（二）瑞典鼓励电动汽车发展的政策

瑞典的电动汽车市场不断扩大，交通电气化转型取得长足的进步。这

---

① 2017 年以来，奥斯陆要求进入公交车专用道的电动汽车在高峰时段与至少一名乘客拼车。

② 在挪威，道路通行费每年在某些道路上高达数千欧元。

主要是因为政府出台了许多激励措施，包括给予国家补助、税收优惠和相关地方补贴。瑞典的碳税等政策也对电动汽车的发展有重要的促进作用。

瑞典的绿色汽车补贴政策为电动汽车车主提供补贴，其补贴来自国会拨款。根据最新政策，2020 年后购买二氧化碳排放不超过 70 克/公里的汽车将最高可获得 6 万瑞典克朗（约 4.2 万元人民币）的补贴。

在基础设施建设上，瑞典政府也通过政策激励来推动。①瑞典政府将提供资金促进公共充电基础设施的安装，最高补贴金额为投资成本的 50%。②2020~2022 年投资 1.5 亿瑞典克朗，以建立瑞典的快速充电网络。③实施新法规以增加住宅和非住宅建筑物中的充电桩数量。瑞典关于住宅和商业建筑中充电桩的第二个规定是《建筑物能源性能指令》。根据新规定，如果新建筑物的车库停车位数量超过 10 个，那么这些停车位都需要安装充电设施。

五　总结和思考

挪威和瑞典成为全球电气化转型中的佼佼者，与它们实现气候目标的决心有着密切关系。在政府、企业、民众等的积极推进下，这两个国家在零碳道路上稳步前进。

第一，两国政府在推动使用电动汽车的政策上有一致性。挪威和瑞典都征收碳税，并且不断提高碳税税率。两国的油价也几乎是欧洲最高的，这使民众使用化石燃料的成本不断提高。同时，两国出台不同政策激励民众购买和使用电动汽车，而且这些政策随着社会的发展进行调整和创新，促使总体的鼓励路线一直在延续。

第二，两国都注重电动汽车充电基础设施建设。挪威国有企业 Enova 以资金补贴的方式，吸引其他企业在挪威开展充电桩安装项目，使电气化基建紧跟电动汽车市场发展步伐。瑞典将原先的停车场电加热插座改造为充电桩，解决充电桩短缺问题，还针对公共停车场充电设施建设设定强制标准，从而在基础设施方面为电动汽车市场的扩大提供支持。

第三，当地企业还在不停探索电气化转型的更多可能性。大型购物商城充分利用空间资源，建设屋顶光伏与光伏停车场；EasyPark 等科技公司通过物联网停车技术使公共停车场服务更加便捷有效；ApParkingSpot 提倡私人车位共享，促使停车场资源最大化利用。

政策、能源企业和科技企业的协同创新，有效地促进了挪威和瑞典的电动汽车发展。

参考资料

［1］ Norwegian Ministry of Climate and Environment，Norway's National Plan Related to the Decision of the EEA Joint Committee No. 269/2019 of 25 October 2019，https：//www. regjeringen. no/contentassets/31a96bc774284014b1e8e47886b3fa57/norways – national – plan – related – to – the – decision – of – the – eea – joint – committee – no. – 269 – 2019 – of – 25 – october – 2019. pdf.

［2］ https：//www. swedishepa. se/Environmental – objectives – and – cooperation/Swedish – environmental – work/Work – areas/Climate/Climate – Act – and – Climate – policy – framework – /.

［3］ Swedish Energy Agency，Knowledge Base for the Market in Electric Vehicles and Plug – in Hybrids（2009）.

［4］ https：//energimyndigheten. a – w2m. se/ResourceComment. mvc? resourceId = 104843.

［5］ International Energy Agency，Nordic EV Outlook 2018 Insights from Leaders in Electric Mobility（2018）.

［6］ https：//www. oecd. org/finland/nordic – ev – outlook – 2018 – 9789264293229 – en. htm.

［7］ https：//www. enova. no/bedrift/landtransport/omradeutbygging – av – ladeinfrastruktur – for – elbil/.

［8］ https：//www. abcnyheter. no/motor/bil/2019/09/19/195612127/fortum – vil – bygge – 26 – hurtigladere – i – finnmark – venter – pa – pengesvar – fra – enova.

［9］ 瑞典能源署，Kunskapsunderlag Angående Marknaden för Elfordon och Laddhybrider，2009，https：//docplayer. se/3028978 – Kunskapsunderlag – angaende – marknaden – for – elfordon – och – laddhybrider – kamel. html.

［10］ https：//www. easyparkpartners. com/the – paved – road.

［11］ https：//www. apparkingspotnordic. com/https：//www. enova. no/bedrift/landtransport/omradeutbygging – av – ladeinfrastruktur – for – elbil/.

［12］ https：//www. oecd. org/finland/nordic – ev – outlook – 2018 – 9789264293229 – en. htm.

［13］ https：//theicct. org/blog/staff/lessons – learned – sweden – EV – rollercoaster.

［14］ https：//blog. wallbox. com/en/sweden – ev – incentives/.

第十一章
欧洲电气化公路

本章在实地考察的基础上，梳理了欧洲的电气化公路技术方案，并对比分析了瑞典、德国、英国的电气化公路政策、规划与技术。

一 电气化公路的减排技术方案

2019 年 12 月 11 日，欧盟委员会发布《欧洲绿色协议》，确定了 2050 年欧盟温室气体达到净零排放并且经济增长与资源消耗脱钩的目标。该协议还强调了车辆应向电动化转型。一辆重型柴油车的碳排放量几乎相当于 100 辆小汽车的碳排放量，因此世界各国都在不同程度地推动大型车辆电动化和清洁能源化。大型车辆电动化的技术难题主要是如何降低车载储能设备的体积和重量。按照现有车载蓄电池一次储能动力计算，一辆载重 49 吨的六轴货车若连续行驶 500 公里，约需配备重达 10 吨的车载蓄电池组，且需要足够大的安装空间。这在很大程度上制约了大型车辆电动化的应用和推广。

电气化公路系统（Electric Road System，ERS）为大型车辆电动化提供了一个现实可行的技术途径，可以从根本上解决柴油车尾气污染物防治问题。该系统通过不同的电能传输技术（如架空式导电线路、路面导电轨道和无线充电等），为行驶中的大型车辆直接供电。电气化公路系统一方面可实时充电，满足长距离行驶需求；另一方面可显著降低车载蓄电池组重量，减少安装空间，满足车辆超车和驶离电气化公路后的短途行驶需要。另外，电气化公路系统是电动车辆和交通能源网相结合的创新应用技术模式，能为智慧公路和自动驾驶路侧机电设施的建设提供可靠的能源供给。

国际上已通过各种研究项目，开发出一些用于公路电能传输的基础技术。目前，电气化公路主要有三种技术方案：架空式导电线路、路面导电轨道和无线充电（见图 11-1）。

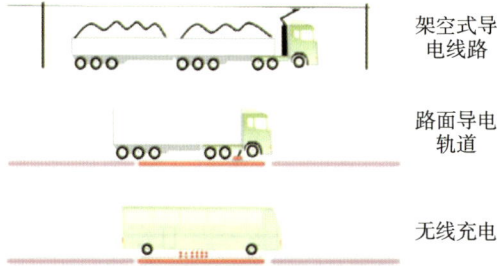

架空式导电线路

路面导电轨道

无线充电

图 11-1　电气化公路的三种技术方案

架空式导电线路技术方案通过车辆上方的导电线（也称为双绞线）为车辆提供能量。能量通过安装在车辆顶部的电力接收装置（即受电弓）传输到车辆上。受电弓随车辆行驶，沿架空线滑动，并在车辆离开该路段时，自动与架空线脱离。

路面导电轨道技术方案是利用安装在道路上的导电轨道提供车辆所需能量。能量通过安装在车辆下方的电源接收杆传输到车辆上，在车辆驶离该路段时，自动脱离轨道。

无线充电技术方案使用磁场为车辆提供能量。安装在道路上的初级线圈中的电流会产生磁场，可以使安装在车辆下方的次级线圈感应出电流。这种方案目前主要应用于短距离城市道路中。

（一）架空式导电线路电气化公路技术

架空式导电线路电气化公路系统主要包括三个部分。①供电网。架设在公路上空的供电线与城市电动公交车和电气化列车上空的供电线类似。德国西门子公司目前试验测试的供电线采用的是 600～750V 直流供电方式。②车载受电弓。车载受电弓控制装置是公路充电系统的核心装置，安装在牵引车上方，可在一定车速条件下控制受电弓与公路上空供电线连接或断开。目前西门子公司试验测试的车载受电弓控制装置可允许车辆运行的最快速度为 90 公里/小时。③用于电气化公路上行驶的货运电动化牵引车辆。货运电动化牵引车辆包括新牵引车制造和旧牵引车改装两种。牵引货车上装配车载受电弓控制装置，即可在公路充电路段行驶并获取电能。大型货运车辆在公路充电路段可采用油电混合动力系统或者纯电动动力系统，在非公路充电路段采用柴油动力或蓄电池模式行驶。

（二）路面导电轨道式电气化公路技术

路面导电轨道式电气化公路技术需要充电轨道与电动车辆协同配合。充电轨道的部件包括沥青砂胶、耐磨钢、电气绝缘层、导电极等。充电轨道槽嵌入在路面内部五六厘米深处，所安装路面表面并没有电。技术核心是在电动车辆的底盘上安装一根能够灵活升降的金属连接臂。当电动车辆行驶在充电轨道上方需要充电的时候，连接臂放下，自动寻找充电轨道槽并与其连接，实现由外部电力直接驱动或为车载蓄电池充电。驾驶员变道超车时，连接臂可以自动与充电轨道断开连接，确保行车安全。一旦车辆减速停车，充电轨道可以限制对车辆的功率输出，以减少整个电网的负荷。当电动车辆不需要充电时，连接臂收回，收藏在底盘中央。

该技术的优势主要在于车辆和接触点之间的距离较短，车辆下方的导电设备适用于所有类型的车辆，包括小型汽车和大型车辆（如公共汽车和卡车）。此外，这种技术可以有效利用现有的设施，每小时可以安装长达1千米的轨道，车辆用电的成本将大幅低于化石燃料的成本。与架空线缆相比，嵌入道路的轨道对驾驶员的视野造成的阻碍小很多。

（三）无线充电式电气化公路技术

电气化公路的实现还可以通过一种无线充电方式，即感应充电。来自电网的电力被转换为高频交流电以产生磁场，然后与车辆下方的通电线圈产生感应电流，从而为车辆充电。

二 瑞典电气化公路政策与实践

（一）电气化公路政策

瑞典政府和议会制定的气候目标是到2045年实现碳中和，此后实现负排放。公路交通碳排放量占瑞典碳排放总量的 33%，其中 1/3 来自货运。瑞典交通署对电气化公路系统方案给予了高度重视。据测算，到 2030 年，瑞典如果有 2/3 的卡车在电气化道路上行驶，将减少大约 100 亿千瓦时的能源消耗，相当于 300 万吨汽柴油燃料。

瑞典交通署表示，瑞典电气化公路网络将需要多方参与者通力协作，包括电力供应商、电网公司、车辆制造商、道路所有者、电气化公路技术运营商、计量和计费提供商，以及电气化公路的使用者。所有权模式可以有所不同：为电气化公路基础设施供电的二级路边变电站可能由电网公司拥有，或者由其他参与者拥有，而电力计量和支付系统可能由独立于基础设施运营商的参与者拥有。

如果把瑞典大约 20000 公里的公路电气化，并且将其设计成横跨瑞典的网格，那么网格的大小将约为 45 公里 × 45 公里，也就是说车辆从一条电气化公路转移到另一条电气化公路的距离大约只有 45 公里。在电气化公路以外，车辆只需要靠电池短距离行驶。这意味着车辆只需携带较小的电池，从而大幅降低成本。这项计划如果完成，将耗资 800 亿瑞典克朗。与当前的汽车燃料成本（每年 700 万吨 × 6000 瑞典克朗每吨 = 420 亿瑞典克朗）进行比较，电气化公路每年（每年 250 亿千瓦时 × 0.4 瑞典克朗每千瓦时 = 100 亿瑞典克朗）将节省 320 亿瑞典克朗。

（二）电气化公路实践

1. 架空式导电线路电气化公路

2016 年，瑞典政府出资在耶夫勒（Gävle）建设架空式导电线路电气化公路试验测试路段（见图 11 – 2）。该路段长 2 公里，试验车辆采用了西门子公司的车载受电弓，试验期间对相关功能进行了测试。

我于 2020 年 10 月在此试验路段进行考察，但并没有找到 eHighway 设施，该试点项目已经于 2019 年 7 月结束。

2. 路面导电轨道式电气化公路

2017 年和 2018 年，瑞典分别在林雪平郊区和斯德哥尔摩城外开通了 1.5 公里和 2.0 公里的路面导电轨道式电气化公路试验路段。试验路段充电

图 11 - 2 瑞典架空式导电线路电气化公路试验测试路段

电缆设置在电气化公路的一侧，每一个充电路段都是单独的充电区间，长度为 51 米，由 4 个 12 米长的轨道和 1 个 3 米长的轨道组成。每个充电区间端与路侧电缆横向连接，每个充电区间独立为行驶在区间内的车辆充电。充电轨道的工作电压是 800V，最大电流是 250A，供电功率为 200 千瓦。电气化公路系统配置以 10 公里路段为例，先设置一个总变电站将电压从 400kV 降至 20kV，再每隔一公里设置一个变压器将电压从 20kV 降至 800V，每个变压器可为 20 个充电轨道（10 公里长）路段供电。

斯德哥尔摩城外的路面导电轨道式电气化公路试验测试路段（见图 11 - 3）是瑞典交通署为推进电气化公路发展而进行的创新科研项目 eRoadArlanda。该路段位于斯德哥尔摩阿兰达机场货运站和 Rosersberg 物流区之间的 893 号公路上，充电轨道长 2 公里。测试该路段的车辆主要是 18 吨卡车，为 PostNord 运送货物。该路段被水淹没的情况下也能保证安全供电，维修期为 20 年。该路段能计算出每辆车消耗的电力，并将费用记在车主账上，实现自动收费。2019 年 9 月，瑞典的卡尔·菲利普亲王参观了 eRoadArlanda 项目，并试驾了电动卡车和电动轿车 Nevs 9 - 3。采取这套电气化公路建设方案，只需对现有的公路进行改造安装充电轨道槽。如果瑞典修建大量这样的电气化公路，那么车辆将只需要配置小容量的电池。

图 11 - 3　瑞典斯德哥尔摩路面导电轨道式电气化公路试验测试路段及电气化车辆

2020 年 10 月 14 日，我考察了这一项目（见图 11 - 4、图 11 - 5）。这一路段是一条双向车道，其右侧车道铺设了充电设备，普通车辆在该路段行使不受影响。

图 11 - 4　瑞典 eRoadArlanda 项目（1）

图 11 - 5　瑞典 eRoadArlanda 项目（2）

除了瑞典交通署推行的 eRoadArlanda 项目，瑞典公司 Elonroad 也开始在 2020 年测试路面导电轨道。EVolutionRoad 项目是该公司的一个为期 3 年的测试和示范项目，第一段道路已于 2020 年 6 月开通，是瑞典城市环境中的第一条电气化公路。车辆下方的导电杆通过滑动触点连接到导电轨道。该系统能够提供高达 300 千瓦的供电功率，充电效率可达 97%。

3. 无线充电式电气化公路

瑞典的 Smartroad Gotland 项目是一条采用无线感应充电技术的电气化公路。这条公路位于瑞典哥特兰岛维斯比机场与维斯比市区之间。以色列科技公司 ElectReon 在哥特兰岛完成了一辆 40 吨长途电动卡车的动态无线充电测试（见图 11 - 6）。这标志着世界上第一辆在公共无线电气化公路上运营的卡车测试成功，同时也是 Smartroad Gotland 项目和电动卡车发展的重要里程碑。试验证明，该系统运行良好，不会受雨雪天气的影响。

Smartroad Gotland 项目的首次测试在 2019 年 11 月进行，当时雨雪交加，整个测试持续了 10 天左右。首先，将管理单元安装在路边，并将其与电网和路下的线圈连接。其次，测试线圈的通信，并通过 5 个接收器对卡车进行静态充电。最后，在 50 米长的路段上，测试卡车在每小时 30 千米速度下进行动态充电的情况。系统通过云计算进行自动操作和远程监控。测试结果令人满意：卡车在行驶过程中电驱功率达到 45 千瓦。2020 年秋季，Smart-road Gotland 项目整体完工，40 吨卡车在机场和市区之间 1.6 千米的公路上

图 11 - 6 世界上第一辆完成动态无线充电测试的长途电动卡车

资料来源：https://www. smartroadgotland. com/post/successful - test - of - dynamic - charging - of - the - truck。

行驶，速度可以达到每小时 80 千米，平均功率为 70 千瓦。该测试项目将在 2022 年春季结束。

三 德国电气化公路政策与实践

（一）电气化公路政策

为了实现碳中和目标，德国联邦交通部计划 2030 年以后，商用车领域比参考发展情景每年减少 1700 万 ~ 1800 万吨二氧化碳排放。然而，在已经出台的措施中，只有卡车可以明确量化每年约 500 万吨的二氧化碳减排效果。

2018 年，德国启动了国家未来交通平台（NPM），以探索在交通领域实现 2030 年碳减排目标的可能路径。此后，德国确定了几个行动领域：改变驱动技术并提高汽车和卡车的效率、使用可再生燃料、加强环境友好型客运和货运模式，以及实现能源和交通数字化。

2014 年，德国政府发布的《2020 年气候保护行动方案》（*Aktionspro-*

gramms Klimaschutz 2020）指出："客运和货运车辆驱动系统日益电气化，对中长期减少运输业的二氧化碳排放具有核心意义。由于减排效果取决于电动汽车的市场渗透率，联邦政府将为电动汽车迅速进入市场和实现2020年100万辆电动汽车的目标创造条件。与预测报告中显示的发展情况相比，假设2020年电动汽车存量为60万辆，这将使二氧化碳排放减少70万吨。由联邦政府和各州共同支持的商用电动汽车特别折旧政策的可能性在此尤为重要。其中，联邦政府将推动建立适当数量的充电站，作为进一步落实欧盟'交通清洁动力'指令的一部分。此外，作为德国正在进行的 ENUBA（面向大城市地区的环保重型商用车电气化）项目的延续，联邦政府将在本立法期内进行重型商用车电驱动的实地试验。"基于此行动方案，德国政府开展了重型商用车电驱动研究试点项目，德国联邦环境、自然保护和核安全部资助了重型混合动力架空线电车（OH – Lkw）的电气化运行研究。

公路运输业务非常注重成本效益。运输市场的高度竞争，要求新型清洁运输方案的成本相比于传统运输方式不能高出太多，否则电气化公路系统有可能因为成本太高而在与其他方案的市场竞争中失败。

改变这种局面的方法有很多，主要集中在电气化公路系统启动阶段，核心是"直接管制二氧化碳排放，同时禁止使用排放二氧化碳的车辆"。例如，为电动汽车和电动卡车提供公共补贴，降低用电税赋；对电动汽车和电动卡车免征道路费；增加化石燃料税或碳税；将二氧化碳排放交易体系引入市场。具体措施包括：①对二氧化碳进行定价，从2021年每吨25欧元上升到2025年每吨55欧元。从2026年起，二氧化碳价格预期达到每吨55~65欧元。②促进铁路货运和使用低二氧化碳排放的卡车。为了加快卡车节能增效措施的市场普及，按卡车二氧化碳排放量进行差异化收费。③自2023年起，通过对卡车征收二氧化碳附加费的方式，对低二氧化碳排放的卡车进行补贴。对于碳中和的替代驱动形式，目前的基础设施收费将减少75%。收费对象将从总重7.5吨以上的货车扩展到所有车辆，收费范围自2018年起扩展到所有联邦公路。④在能源供应方面，制定电动卡车可能的充电方案（包括架空线路基础设施和氢动力卡车加氢站基础设施）。目标是到2030年，重型公路货运里程的1/3所需能源将由电力或包括氢在内的电力燃料提供。⑤在逐步淘汰化石燃料的情况下，在运输市场建立新的投资回收模型，用电气化公路较低的经营成本平衡较高的初期投资成本。

（二）实践：架空式导电线路电气化公路

在德国，首选的电气化公路技术方案是架空式导电线路电气化公路技术，对应的卡车类型是架空线电车，它主要由电动机驱动，通过架空线接收电能。这种技术的优势在于，其电力传输方式已经在轨道交通中进行了长时间的测试，对路面和道路内部没有影响。此外，在德国发展全国骨干架空线网络的情况下，架空线电车技术二氧化碳减排贡献量可高达920万吨。因此，架空线电车技术有利于实现碳中和目标，也可以为德国政府提出的"1/3 的重型卡车实现电气化"的目标做出重要贡献。

海德堡能源与环境研究所于 2020 年向德国联邦环境、自然保护和核安全部提交了《电动重型商用车的引入途径及其架空线电力供应的研究》。该报告指出，只要具备合适的条件，在德国交通繁忙的高速公路路段（约3200 公里）建设架空线基础设施，最早可在 2030 年实现架空线电车市场的大幅拓展。这说明架空线电车只有在国家组织发展建设架空线基础设施的前提下，才能在市场上立足。架空线电车（至少）可以成为在某些重型公路货运领域大幅减少二氧化碳排放的有效解决方案。

该报告还提出，引入架空线电车的实施方案分为三个阶段，即试点阶段、网络发展阶段和巩固阶段（见图 11-7）。其中，试点阶段的主要目标是在更大范围内积累架空线电车技术的经验。因此，试点阶段的核心内容必须是完成一个至少 100 公里的大型试点项目，以便测试架空线电车的长途运输能力，为扩大架空线网络的决策提供依据。网络发展阶段的重点是有计划地发展架空线网络，有针对性地推动架空线电车市场的发展。此外，不同的电驱动系统（电化学电池、燃料电池、架空接触线）之间的协同作用也可以在实践中进行测试。2030 年前后进入巩固阶段。基础架空线网络将使架空线电车在全国范围内物尽其用，并在中期开始从用户收费里进行再融资。在试点阶段之后，即使架空式导电线路电气化公路方案被否定，试点过程中收集的技术数据和各参与方的反馈，也将对推动公路货运向电驱动转变大有裨益。

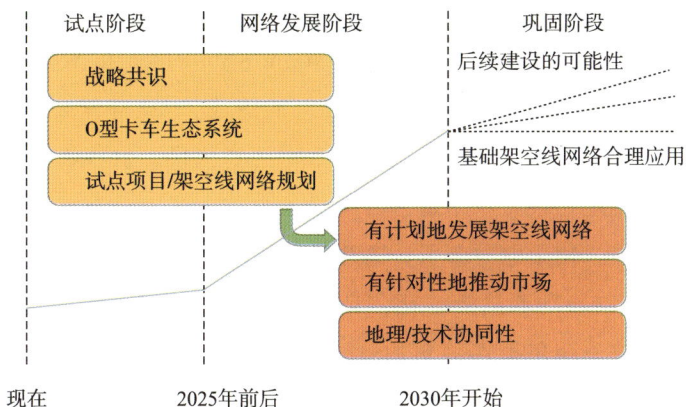

图 11－7 德国引进架空线电车系统的路线
资料来源：Roadmap OH－Lkw。

在德国，最初的试验是西门子公司在柏林附近运营的一条试验轨道上的架空接触线。此后，西门子公司开展了一系列研究项目（ENUBA 和 ENU-BA 2）。从 2015 年起，德国开始了用于货运车辆在线充电的电气化公路试验路段的研究工作，并委托西门子公司和斯堪尼亚卡车公司分别开展车载受电弓充电控制装置和电动化混合动力货车的研发工作。图 11－8 是西门子公司在德国建设的电气化公路试验测试路段。

图 11－8 西门子公司在德国建设的电气化公路试验测试路段

目前，德国共有三个处于不同阶段的实地试验项目，由联邦环境、自然保护和核安全部提供部分资金。

（1）ELISA（高速公路上的电气化创新重载交通）：黑森州 A5 高速公路两侧 5 千米长的路段（GT1），位于 Langen – Mörfelden 和 Weiterstadt 交界处（美因河畔法兰克福和达姆施塔特之间的路段）。该高速公路已于 2019 年 5 月投入使用，营运车辆由斯堪尼亚卡车公司提供，供各物流公司使用。该路段为双向车道，最右侧车道上方架设了电线。当卡车在此路段行驶时，可以升起受电弓，使用电力牵引；离开此路段时，则采用原先的供能方式。

（2）FESH（石勒苏益格 – 荷尔斯泰因州实地测试电气化高速公路）：位于石勒苏益格 – 荷尔斯泰因州的 A1 高速公路，全长 5 千米。2019 年 12 月，该项目进行了双线系统的验收，并交付了第一辆卡车。

（3）eWayBW（eWay Baden – Württemberg）：在 B462 联邦公路上分两部分，共不到 4 千米。该项目已完成规划，于 2021 年开始运营。

2019 年 12 月 30 日，我考察了德国黑森州达姆施塔特附近的一条 eHighway 电气化公路（见图 11 – 9）。

图 11 – 9 何继江考察黑森州 A5 高速公路上的 eHighway 电气化公路

四　英国电气化公路规划

英国商业、能源和产业战略部的统计数据显示，2018 年地面交通（公路交通/铁路交通）排放的温室气体占英国温室气体排放总量的 25%。在英国，公路运输温室气体排放量在国内货运（以吨公里为单位）温室气体排放量中的占比接近 80%。其中，重型货运卡车一直是化石燃料消耗大户，其温室气体排放量在英国温室气体排放总量中的占比高达 5%。2019 年 7 月，英国政府修订《气候变化法案》，要求到 2050 年实现温室气体净零排放。因此，公路货运零排放方案变得至关重要。

通过对比长途公路货运的五种主要技术（大容量电池电动卡车、电气化公路系统、氢燃料电池汽车、生物燃料、低碳合成燃料）的优缺点可以发现，大容量电池不适合长途运输，采用氢燃料和低碳合成燃料实现脱碳的技术与实际应用还有较远的距离，生物燃料受限于供给量也不适合国家层面的应用。因此，英国的研究认为，在英国乃至欧洲，长途公路货运最实用的解决方案是电气化公路系统。

针对英国电气化公路系统建设，英国可持续道路货运中心提出包含四个阶段的规划方案。第一阶段预计 2025 年前完成小范围试点项目，在南约克郡 A156 公路和 M18 公路之间的 M180 区域建设总长 40 千米的电气化公路。试点项目拟投资 8000 万英镑，项目完成后将覆盖英国 65% 的公路货运任务。通过试点项目，可以探索电气化公路建设过程中的政策问题、征税方法、规划注意事项、公众态度、运营策略、基础设施安装方法、土地使用权问题、能源网络的影响、供应链、车辆技术选择与国际货运系统的兼容性以及温室气体排放对环境的影响，从而降低成本，最大限度地降低后期全国性项目的风险并加快建设速度。

后期项目拟于 2025 年开始，计划在 15 年内完成三个大范围扩展阶段，共投资 193 亿英镑，累计建设电气化公路 13808 公里。从直观经济效益角度来看，电气化基础设施投资者可以通过售电得到显著的投资收益，预计可在 15 年内收回成本；货车车主对电动货车的投资，可以通过降低能源成本在 1.5 年内收回成本。另外，电气化公路的建设可以促进政府税收的增加，例如对卡车使用的电力征税，货运系统能源效率的提高也将通过电力消费税、道路使用税或其他形式的税收创造财政收益。经测算，若采取合理的定价方案，其产生的税收有极大潜力超过目前对混合动力车征收的燃油税收益。

由于新冠肺炎疫情危机，英国的经济出现前所未有的衰退。电气化公路建设可以刺激投资和增加就业机会。将英国国内主要道路快速电气化，可以经济高效地实现重型货运汽车脱碳。

除此之外，电气化公路系统的基础设施还可以为 5G 和车联网等的布设提供载体，有利于促进智慧交通发展。

五　电气化公路能否从试点到路网？

上文分别介绍了瑞典、德国和英国的电气化公路建设方案，本节对三国的情况进行对比分析（见表 11 - 1）。

表 11 - 1　瑞典、德国和英国电气化公路建设方案比较

比较项目	瑞典	德国	英国
减排目标	2045 年净零排放	2030 年以后每年减少 1700 万 ~ 1800 万吨二氧化碳	2050 年零碳货运
运输服务目标	重型商用车	重型商用车	覆盖 65% 的货运
拟建设里程	20000 公里	3000 ~ 4000 公里	13808 公里
拟建设里程和建设年限	2030 年总计修建 7500 公里电气化公路	2030 年总计修建 1700 公里电气化公路	2025 年修建完成第一条永久性电气化公路，2030 年扩建 2000 公里电气化公路，2045 年总计扩建 3000 公里电气化公路
建设成本	800 亿瑞典克朗，平均每公里 400 万瑞典克朗	50 亿 ~ 100 亿欧元，平均每公里 180 万欧元	共 193 亿英镑，平均每公里 140 万英镑
充电技术方案	架空供电网、路面导电轨道、道路感应供电	混合动力架空供电网	拟采用架空供电网
赢利模式	以收费/税收为融资来源	项目中期开始从用户收费中进行再融资	电力消费税、道路使用税或其他形式的税收

总的来说，三国都将电气化公路作为解决长途公路货运碳排放问题的

重要方案，并且已经各自制定了建设方案。从目前的资料来看，瑞典在这方面的尝试最多。然而，各种方案仍处于小规模试点阶段，尚未真正推广。

建设电气化公路会在很多方面改变长途公路运输，影响众多的利益相关者。由此带来的挑战大致可以从以下四个方面进行考虑。①接受程度：参与者是否准备支持新技术？②可靠性：电气化公路技术方案在技术上是否稳定，是否符合公路货运的要求？③费用：电气化公路技术方案对价值链上的所有行为者是否具有经济可行性？④环境：哪些外部因素可能会对电气化公路系统的可能性或有用性提出质疑？在这方面，技术方案的可预测性尤为重要，即参与各方对电气化公路未来技术框架稳定性或者变化程度的判断——当前确定的技术框架，在未来是否会继续沿用，或者是否接受小幅度的变化。

具体的挑战又可以根据电气化公路系统受影响的部分来细分，例如车辆、基础设施、运营商或物流结构。表 11-2 提供了一些示例性问题，可以为决策者提供参考。

表 11-2　电气化公路主要参与方对于四大方面挑战所应思考的重要问题

挑战	车辆	基础设施	运营商或物流结构
接受程度	电驱动对卡车司机有什么影响？	基础设施是否会造成视觉障碍？	运营商是否愿意为电动卡车的环保运输支付费用？
可靠性	电动卡车的快速维修是否有保障？	电气化公路设施损坏会造成什么后果？维修是否便利？	预定的交付是否会受到技术不确定性的威胁？
费用	二级市场上的普通电动卡车是什么价位？	电气化公路系统未来在财务上是否可行？	运输哪些货物可以确保成本效益？如何创造盈利？
环境	替代驱动如何发展？	带有快速充电基础设施的车辆是否适合长途运输？	数字化将如何改变汽车的使用？

从试点阶段开始，就必须注意从宏观和微观两个不同角度考虑电气化公路建设方案。宏观角度，需要将电气化公路运营涉及的所有领域看作一个综合系统，无论采用哪种电气化公路技术方案，都必须从整体出发，让参与各方就该技术未来的意义和作用达成战略共识。微观角度，需要不断研究和改进技术，以确定不同驱动技术之间、驱动技术和车辆技术（如自动驾驶技术）之间协同与切换使用的模式。在较小的试点项目取得阶段性

成功之后，通过更大规模的试点项目提高对技术的认识。

六　对中国的借鉴和启示

瑞典、德国和英国的电气化公路经验，可以为中国未来长途公路货运尤其是重型卡车运输的减排方案带来一些启示。

（一）从经济角度来看

使用电气化公路的先决条件是基础设施，项目前期需要政府的大量财政支出以支持基础设施建设。

瑞典、德国和英国的研究都认为，电气化公路投入使用后，其成本回收期不会很长。然而，三国对于哪种技术成本更低的看法又有相互矛盾之处。更详细、准确的经济测算，还需要更多数据支持。

（二）从技术角度来看

目前已有的三种电气化公路技术各有利弊，建设时需要因地制宜地选择合适的方案。必须注意的是，中国幅员辽阔，地形地貌复杂多变，与欧洲国家情况不同，因此试点乃至推广建设电气化公路必须考虑更多影响因素。

此外，随着氢能技术的发展，氢能重型卡车和铁路运输等都可能成为长途公路货运减排方案中的有力竞争者；不同技术方案之间如何抉择或者相互补充，必须翔实考察实际情况，多方论证，审慎考虑。

七　专家点评[①]

（一）交通能源转型前景明朗

第一，交通能源转型是每个国家都必须面对的问题和挑战。各国结合

---

① 贾利民，北京交通大学教授。

自己国情，采取了不同政策和措施。总的来说，只要是以低碳、碳中和为目标的安排，都是合理的；但最具合理性的路线是对本地区资源充分利用的技术路线。其中，合理可行的政策、广大民众的支持，都是很重要的。瑞典、德国和英国的做法对中国解决碳达峰、碳中和问题具有非常大的借鉴意义。

第二，交通能源领域是各个国家实现碳中和非常重要的先行领域。事实上，如果交通能源领域不能实现零排放，整个社会的碳中和就无法实现。交通能源清洁化涉及社会治理、政府治理、行业之间的协同关系等方方面面，各个国家有所差别，欧洲国家间的差别会小一点，但中国各地区的差别非常大。路径选择会受到很多非技术因素和非经济因素的影响，各方面交织互动非常复杂。因此，鼓励大家在不同的地区、不同的场景尝试借鉴欧洲国家已经成功的模式或做法。例如，中国东北地区和广大的森林覆盖地区，与北欧相似；中国东南部一些经济发达地区，与中欧相似。

第三，交通运输领域要实现低碳化乃至碳中和，目前从它的赋能、使能技术来看不存在太大障碍，需要做的是找到有经济意义的且受国家政策保障和获得广泛民意支持的解决方案。

（二）中国的交通能源融合

第一，2018 年，我们倡导并发起了"交通能源融合"的研究。中国交通网络承载的可再生能源资源禀赋，对交通能源系统真正实现清洁化具有巨大的作用。

第二，就中国而言，其能源系统实际上很脆弱。不是电源脆弱，而是由于资源禀赋不同，负荷富集区与一次能源富集区的经济发展水平差别很大，导致负荷富集与一次能源富集极度不均衡，形成我们现在看到的特高压输电网络。这种特高压输电网络适合负荷与一次能源极度不匹配的国家与地区，有利于实现长距离输电。竞争性电力市场尚未完全形成，也带来了建设特高压输电网络的动力；国情和能源管理体制共同作用，造就了现在的电网。特高压输电网络布局决定了它的高度脆弱性，其脆弱性又会导致交通系统的弹性丧失，从而阻碍社会经济活动顺利开展。所以能源技术与交通场景相融合，形成基于资源禀赋、沿交通网络、具有自我供能能力的新型交通能源系统，对中国具有极其重大的意义。对于中国的交通网，尤其是在电气化铁路占比达到70%的情况下，如何形成新型的交通能源系统，是我们想大力推动并需要得到支持的事情。

第三，非常希望能源领域的专家和我们一起，为解决中国能源结构转型、交通能源清洁化和自洽化问题做出贡献。目前，中国的石油依存度为69.4%，进口的石油、天然气中有70%消耗于交通领域。所以，交通和能源领域的转型在实现碳中和的过程中需要重点推进，特别希望何博士的团队积极支持我们，有效推进该项工作。

另外，提两个与交通能源融合相关的信息。一是国家中长期科技发展规划纲要已经把交通能源融合（交通能源清洁化）作为交通领域的重大科技创新方向；二是"十四五"科技规划、交通领域科技规划也已经把交通和能源的融合作为交通基础设施绿色化和交通用能清洁化的重大研究任务进行部署。希望各位专家和同人积极参与进来，从科技创新的角度，率先针对中国繁复多样的场景进行研究，最终形成清洁化的交通能源系统。

参考资料

[1] The Guardian, World's First Electrified Road for Charging Vehicles Opens in Sweden, 2018, https://www.theguardian.com/environment/2018/apr/12/worlds - first - electrified - road - for - charging - vehicles - opens - in - sweden.

[2] J. Jöhrens, H. Helms, Roadmap für die Einführung eines Oberleitungs - Lkw - Systems in Deutschland, IFEU, 2020, https://www.ifeu.de/fileadmin/uploads/2020 - 08 - 05 - Roadmap - OH - Lkw - web.pdf.

[3] F. Hacker, M. Mottschall, J. Jöhrens, H. Helms, J. Kräck, and J. Rücker, CollERS: Freight Transport Strategies - Status Quo and Perspectives at EU and National Level, Öko - Institut, IFEU, 2020, https://www.oeko.de/fileadmin/oekodoc/National - and - EU - freight - transport - strategies.pdf.

[4] Eckpunkte für das Klimaschutzprogramm 2030, Klimakabinett, 2019, Online available at https://www.bundesregierung.de/resource/blob/975232/1673502/768b67ba939c098c994 b71c0b7d6e636/2019 - 09 - 20 - klimaschutzprogramm - data.pdf? download = 1, last accessed on 20 Nov 2019.

［5］ M. Gustavsson, F. Hacker, H. Helms, Overview of ERS Concepts and Complementary Technologies, RISE Research Institutes of Sweden, Öko – Institut, IFEU, 2019, https://www. diva – portal. org/smash/get/diva2: 1301679/FULLTEXT01. pdf.

［6］ F. Hacker, R. Blanck, W. Görz, T. Bernecker, J. Speiser, F. Röckle, M. Schubert, G. Neubauer, Bewertung und Einführungsstrategien für oberleitungsgebundene schwere Nutzfahrzeuge, Öko – Institut e. V. , Hochschule Heilbronn, Fraunhofer IAO, Intraplan Consult GmbH, Berlin, 2020, https://www. oeko. de/fileadmin/oekodoc/Stra – tON – O – Lkw – Endbericht. pdf.

［7］ D. T. Ainalis, C. Thorne, and D. Cebon, White Paper Decarbonising the UK's Long – Haul Road Freight at Minimum Economic Cost, http://www. csrf. ac. uk/2020/07/white – paper – long – haul – freight – electrification/.

第十二章
欧洲自行车与交通减排

我曾骑自行车考察瑞典韦斯特罗斯和斯德哥尔摩的各个角落，在德国波恩和科隆之间进行骑行考察，在英国伦敦、芬兰赫尔辛基和埃斯波骑共享单车进行考察，在荷兰阿姆斯特丹、瑞士苏黎世、挪威特隆赫姆等城市观察分析当地的自行车道、骑行设施和当地人的骑行生活。此轮考察让我深切地体会到，在欧洲，自行车正在由于其低碳等特点而复兴，承担起市内通勤交通工具和旅游交通工具的角色，而自行车的电动化即电助力自行车正在成为这一轮自行车技术变迁的主流。

一　自行车作为通勤工具的复兴

特隆赫姆是挪威北部的峡湾山城，位于北纬 63 度，11 月的时候白雪皑皑。在这座城市，自行车是重要而普遍的交通工具。

在特隆赫姆，我曾访谈一位骑电助力自行车通勤的女士（见图 12 - 1）。她家离单位 9 公里，路途中有一个大坡，如果不是电助力，骑普通自行车会非常吃力。她的电助力自行车续航里程接近 50 公里，两天充一次电，自行车价格 18000 挪威克朗。特隆赫姆是一座山城，电助力自行车非常受当地居民欢迎。女车主单位所在的写字楼有一个专门的自行车停车场，停着很多电助力自行车。

在瑞典古老城市乌普萨拉郊区的一个停车场，我访谈过一位骑电助力自行车的女士。这个停车场位于乌普萨拉的老城博物馆附近，是一个免费停车场。她的自行车挂在汽车后面。女车主介绍，她从乌普萨拉市内骑电

图 12 - 1　骑电助力自行车通勤的女士

助力自行车 6 公里来到这个停车场，把电助力自行车挂在车上后，再驾车回家。这一周她采取了驾车和骑行组合的上下班方案（见图 12 - 2）。她说从家里到单位 15 公里，平时直接骑电助力自行车往返。她的电助力自行车的续航里程 50 公里左右，在不同助力模式下，续航里程是不一样的。她上下班骑行 30 公里，再加上购物等骑行，基本上每天都充电。

图 12 - 2　瑞典乌普萨拉驾车和骑行组合的通勤方案

在这两个案例中，电助力自行车作为一种新形态的自行车，更适用于远距离的骑行通勤。在汽车已经非常普及的北欧，自行车作为通勤工具迎来了复兴。

二　种类繁多、不断发展的自行车

（一）博物馆里的文物自行车

作为自行车的发源地，欧洲有着悠久的自行车骑行历史。1886 年，德国工程师卡尔·本茨制造出人类历史上第一台汽车。比这早 69 年，即 1817

年 6 月 12 日，32 岁的德国男爵卡尔·冯·德莱斯跨上自己发明的木质两轮"自行车"（德语直译为"行走机器"），在曼海姆市完成了 14 公里的骑行。这趟行程被视作自行车的"首行"，开启了人类骑自行车出行的历史。在发展的前期，自行车的前轮特别大，后轮特别小。当时人们称这种自行车为"便士旧铜币"，即英国两种不同大小的硬币。这种自行车没有传动链，脚踏板直接与轮子相连，脚踏板转一圈，轮子相应地转一圈。一个大轮子能使脚踏板每转一圈覆盖较大的距离，因此这种前轮很大的自行车行驶速度较快，尽管操作起来很不容易，也不够安全。

我在克罗地亚的卡尔洛瓦茨博物馆和芬兰的坦佩雷博物馆看到过这种古老的自行车，并与之合影（见图 12 - 3）。卡尔洛瓦茨博物馆有很多自行车文物和自行车模型（见图 12 - 4）。

图 12 - 3　古老的自行车

注：左图为克罗地亚卡尔洛瓦茨博物馆，右图为芬兰坦佩雷博物馆。

图 12 - 4　卡尔洛瓦茨博物馆展示学生制作的自行车模型

（二）多种多样的自行车及配套装备

在欧洲，具有变速系统的自行车非常普遍。按照当地安全要求，前车灯、后车灯等装备都是必需的。在瑞典，自行车上必须装有车灯，以在夜晚和冬季为车主和行人提供安全提示；还有一些运动款的自行车具有减震前叉等装备；带小孩的自行车配有儿童安全座椅（见图12－5）。

图 12－5　瑞典的一辆自行车配有儿童安全座椅

在欧洲，带拖斗的自行车非常多，有的是前斗，有的是后斗。有些斗是用来带小孩的，有些斗是用来载货的。那些载货的带斗自行车，大多有电助力功能（见图12－6、图12－7）。

图 12－6　不同种类的带拖斗的自行车

图 12 – 7　瑞典韦斯特罗斯市图书馆里的电助力送货自行车

在瑞典，骑行佩戴安全头盔几乎是标配。瑞典法律规定，15 岁以下儿童无论是骑自行车还是坐在自行车上都要佩戴头盔（见图 12 – 8）。该法律自 2005 年开始执行。瑞典是世界上交通事故死亡率最低的国家。瑞典政府甚至于 1997 年正式提出"零伤亡愿景"，以期实现道路交通系统零死亡并减少严重伤害。从全球范围来看，澳大利亚、新西兰、纳米比亚和阿根廷均立法要求骑自行车时佩戴头盔，法国、瑞典均立法要求骑自行车和乘坐自行车的儿童必须佩戴头盔。虽然瑞典法律并不强制成人骑自行车戴头盔，但实际上戴头盔骑行是大多数当地人的选择。

图 12 – 8　瑞典儿童自行车和头盔

我在瑞典为了安全骑行，配置了一套装备，包括头盔、前灯、后灯、反光背心，冬季时还买了一个配 LED 灯的帽子（见图 12 – 9）。

图 12 – 9 瑞典自行车骑行装备

在欧洲，骑自行车出行至少有这样几个典型应用情景，一是市内通勤（见图 12 – 10），二是全家郊游（见图 12 – 11、图 12 – 12），三是旅游景区的骑行越野。

图 12 – 10 荷兰首都阿姆斯特丹骑自行车下班的人流

荷兰当之无愧是自行车王国，73% 的人拥有自行车。这大约也能解释为什么荷兰很少有共享单车。在荷兰，传统租赁自行车业务很发达，价格相当高，一天十几欧元。

图 12 – 11   一家四口骑自行车出游

注：全家出游是很普遍的一种郊游方式，图中的红衣女孩戴头盔自己骑儿童自行车。两位成人未戴头盔。一辆自行车有儿童后座，有一个儿童戴头盔坐在后座上。

图 12 – 12   母亲带着两个孩子骑自行车郊游

注：一位母亲带着两个儿童郊游，小的孩子坐在自行车后座上，戴着安全头盔，较大的孩子骑儿童自行车，戴头盔，车上装了一个旗帜，以增强识别度，提高安全性。

在荷兰和丹麦，骑自行车通勤的人非常多，自行车道上的车速很快。

在欧洲，还存在小朋友坐在自行车后的小拖斗里的情况。有的自行车拖斗上挂有一个很小的儿童自行车，孩子体力好的时候就自己骑一段，骑不动时就钻进拖斗，把自行车挂在拖斗上。小孩的自行车和拖车都有旗杆和旗子，因为小孩的自行车太矮，装上旗杆和旗子可以吸引周边人员的注意，以提高安全性。拖斗车的用途与中国的低速电动汽车接近，但体积更小，占用道路资源也少，安全程度也更高一些。

这种全家骑行的方式非常适合周末郊游，可以随时停车，安全又有保障。以这种方式出游，小朋友的旅游体验感会明显好于乘坐汽车。因为在汽车里，小孩子只能被固定在安全座椅里，无法自由地体会周边的环境。

我曾在奥地利阿尔卑斯山区齐勒河谷看到骑行越野旅游的自行车车手（见图 12-13）。齐勒河谷海拔大约 600 米，两侧的山海拔 1000 多米，远处有 3499 米高的高山。这里非常适合骑自行车、徒步，冬天适合登雪山和滑雪。越来越多人的旅游需求从观光旅游向休闲旅游转变。

图 12-13 在奥地利齐勒河谷骑行越野旅游的自行车车手

（三）电助力自行车成为新风尚

瑞典、挪威、荷兰、德国、芬兰、瑞士等国有很多电助力自行车（见图 12-14），欧洲人称之为 E-bike，主要是由锂电池提供助力的自行车。在北欧，很少见到电动摩托车，东欧国家所见多一些。法国巴黎、意大利罗马街头有很多燃油摩托车和电动摩托车。

图 12 - 14　瑞典韦斯特罗斯市诗园儿童乐园的电助力自行车

欧洲出台的电助力自行车技术标准是助力最高时速 25 公里，电池最大功率 250 瓦。欧洲的法律给予这种车型很多激励，具体包括视同自行车管理，无须缴纳强制性机动车保险，无须强制性佩戴摩托车头盔，无须驾驶执照，能在自行车专用车道上行驶。

（四）共享单车

欧洲很多城市积极推进共享单车系统建设。法国北部边境城市里尔的共享单车系统 V lille 已经形成一定规模（见图 12 - 15）。21 世纪初以来，里尔为促进自行车使用付出很大的努力。从 2011 年开始，里尔推出共享单车服务，提供至少 2000 辆自行车，分布在 220 个站点。该服务还提供 3000 辆自行车，用于长期租赁，而且价格非常优惠，租用 24 小时的费用是 1.7 欧元，租用 7 天的费用是 7.3 欧元，如果买年票的话，费用只有 37.5 欧元。里尔政府不仅为共享单车的运营提供了一定的补贴，还积极建设自行车道。2012 年，里尔自行车道里程已经超过 450 公里。

图 12 – 15　法国里尔的共享单车系统 V lille

在芬兰赫尔辛基，我注册使用了共享单车（见图 12 – 16），买了有效期 7 天的票，费用 10 欧元。在实际使用的 3 天里，我共骑行 32 公里，骑行时间 4 小时 18 分钟。赫尔辛基的共享单车有几个特点：①注册时系统分配一个 7 位数的用户码，用户再设一个 4 位数的密码，以后每次取车输入这两个码，就不用打开手机 App 扫码。②变速，三档。时速曾达到 22 公里。爬坡用一档。③前车筐很深，还有一个很有力的松紧带，便于固定，安全。④车把里藏着一个钢软索，在泊车位没有空位的时候，可以用它来锁车。⑤日票 5 欧元，周票 10 欧元。这种计费方式对游客非常实用。在使用中也有两个不方便之处：①需要登录网站才能查询相关信息，尤其是找周边的泊车位很不方便。②最后一次骑车时，多次还车不成功，显示骑了 20 分钟，里程为零，显然是出了问题。赫尔辛基旅游部门介绍说，该市有超过 2500辆共享单车，200 多个泊车位，鼓励游客骑单车出行。

在英国伦敦，我曾经尝试骑行桑坦德公司的共享单车。经过多次的观察、询问、尝试，终于成功使用。这种单车必须使用信用卡，有芯片的信

图 12 – 16　芬兰赫尔辛基有桩共享单车

用卡是插卡使用，没有芯片的信用卡是在右侧的槽刷卡使用。第一次刷卡 2 英镑，打印出一个纸条，上面有一个五位数的码。还车时，直接将车卡到车位上就可以。一天费用 2 英镑，但每次骑行不能超过半小时。再次取车时要刷卡，但不用付费，而是打印一张纸条，显示这次的开锁密码。这种方式与中国的扫码支付相比，实在是太麻烦，必须带着信用卡。每次都要打印一个纸条，也不低碳。

（五）共享电助力自行车

在芬兰赫尔辛基，我还见到 freebike 共享自行车，带锂电池，电助力，最高时速 25 公里，车重 35 千克，每次充电可行驶 120 公里（见图 12 – 17）。这种自行车还配备了能量回收装置，制动时电池会充电。该车由捷克公司设计和制造，目前除了捷克，还在芬兰、英国、美国和加拿大等国运行。

在芬兰图尔库市，游客乘坐公交车的单程车票价格为 3 欧元，24 小时的通票价格为 7 欧元。该市共享电助力自行车 2 小时的租赁价格为 35 欧元，一天的租赁价格为 75 欧元（按 1 欧元兑 8 元人民币计算，一天的租赁费用

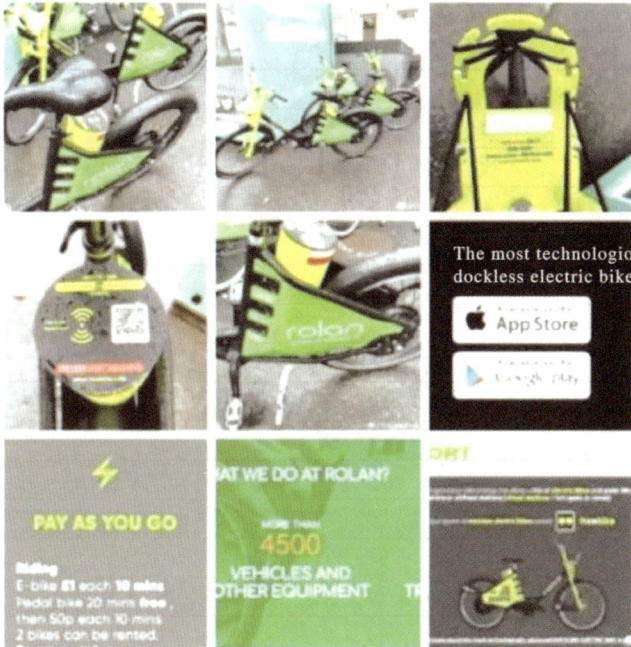

图 12 - 17　芬兰赫尔辛基的 freebike 共享自行车

高达 600 元人民币）（见图 12 - 18）。这个价格非常高，远高于公共交通的价格。这种可租赁电助力自行车应该是主要用于越野旅行，在当地很可能是一种较高端的体验式旅游方式。

（六）电动滑板车

2019 年 7 ~ 8 月，瑞典斯德哥尔摩经历了共享电动滑板车大爆发（见图 12 - 19）。最初是绿色的电动滑板车。很快，斯德哥尔摩街头出现了各种颜色的电动滑板车，乱停车的问题开始出现，安全隐患也不少。我曾看见一位母亲带着两个孩子站在一辆电动滑板车上，虽然车身上写着 18 岁以下不得使用。

在爱沙尼亚，电动滑板车成为共享单车的主流车型，颜色没有斯德哥尔摩多，收费很贵，要下载 App 才能使用。

芬兰赫尔辛基的共享电动滑板车可以通过下载 App 使用，起步价格高达 10 欧元。

图 12 - 18　芬兰图尔库的可租赁电助力自行车

图 12 - 19　种类众多的共享电动滑板车

三　自行车道考察

（一）德国科隆市的自行车路网规划

2020 年 6 月，我曾骑自行车在德国波恩周边的自行车道考察。有一次考察是从波恩经由绿色走廊的自行车道骑行到科隆（见图 12 - 20、图 12 -

21)，然后沿莱茵河边的 EuroVelo 5 自行车道返回。波恩距离科隆约 40 公里，当天往返，全程约 80 公里。

图 12 – 20　波恩至科隆绿色走廊的自行车道

图 12 – 21　波恩至科隆绿色走廊自行车道中的一个节点

注：图中的标志牌介绍了该自行车道附近的景点等。

波恩仅有 30 多万人口，而科隆是一个拥有百万人口的大城市。科隆绿色体系的诞生可追溯到 1917 年，时任科隆市市长康拉德·阿登纳（二战后曾任西德总理）的理想是形成统一和有机的城市形状，在其中为居民提供广阔的绿色空间。科隆绿色体系的一个中心思想是，绿色空间不仅应作为休闲区，而且应构成整个城市的主体；基本要素是一条连贯的绿化带，包括一系列与建筑结合的绿色空间，这些绿色空间几乎遍布市中心；总体概念是基于环行线和绿色走廊系统，形成城市景观结构。现在科隆绿色体系已经形成六个走廊和三条环状绿化带。科隆至波恩的自行车道位于其中的一个绿色走廊上。

在科隆的自行车路网规划里，有各类自行车道（见图 12 – 22），城市里有在汽车路两侧单独建自行车道的，有在汽车路上用白线划出一条道的，市中心也有与汽车路混用的自行车道，有一种很有特色的是长条状绿带配套的自行车道。城市之间大部分是在汽车路的一侧建上下行的自行车道，与汽车路硬隔离，也有依托公园或绿化带的独立自行车道。

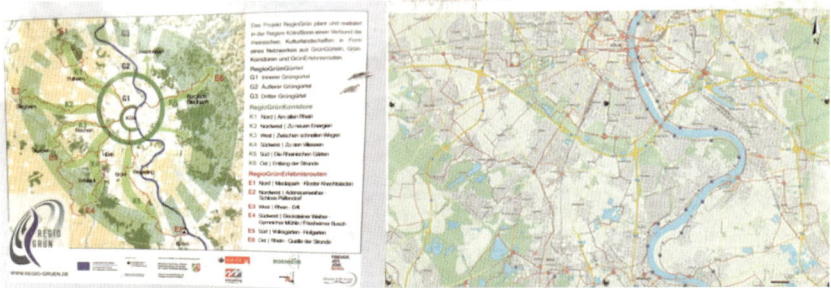

图 12 – 22　科隆市的自行车路网规划

在科隆一环至二环的带状绿地，道路划分得很细致，有车人共享道路，有自行车道，有行人步道，草丛里还有一条窄窄的路（见图 12 – 23）。

图 12 – 23　科隆市内公园里的自行车道

科隆自行车道上有非常清晰的标识（见图 12 - 24），标明从此处到其他几条自行车道的若干节点的距离。

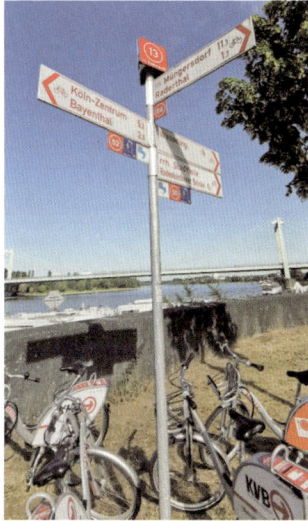

图 12 - 24 科隆自行车道上清晰的标识

（二）瑞典韦斯特罗斯的自行车道

瑞典鼓励骑自行车出行，其城市道路基础设施对自行车非常友好。韦斯特罗斯这个仅有十几万人口的小城市有 380 公里的骑行道路，拥有瑞典最大的自行车道路网（见图 12 - 25）。

该市在交叉路口修建了有坡度的自行车道，自行车不用上下台阶；修建了自行车专用过街天桥，使汽车和自行车尽量分道而行。

韦斯特罗斯市中心区道路很窄，于是该市把汽车道改成了单行道，设计了上下行的自行车道（见图 12 - 26）。

图 12 - 27 是韦斯特罗斯市横跨 E18 公路的一座跨线桥，自行车道与汽车道被隔离开，自行车道是上下行的。坡道型的天桥没有台阶，人们可以骑自行车通过。距离此桥约 150 米处，有一个环岛。自行车也可以在环岛处过桥。自行车专用桥很显然是后来修的，就是为了减少过环岛的时间，也为了提高安全程度。减少自行车道与汽车主干道的交叉，可以提高安全水平。

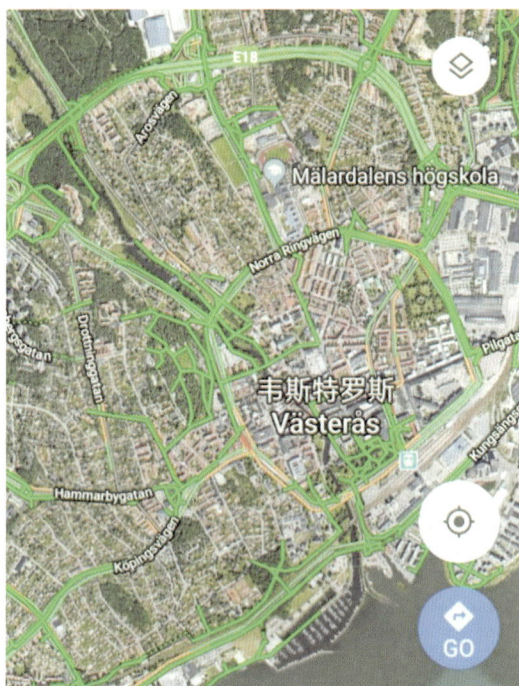

图 12 - 25　韦斯特罗斯市中心区的自行车专用道路（绿色）

图 12 - 26　韦斯特罗斯市中心汽车单行道与自行车双向车道

　　在交通繁忙的路口，自行车过马路，容易发生拥堵，安全风险也会加大，于是会修一些可骑行的涵洞式道路（见图 12 - 28）。虽然这样绕路距离变长了一些，但不用等红灯，也大幅降低了安全风险。相比过街天桥至少 4.5 米的高度要求，涵洞高度低，绕行距离短，可保持全程骑行状态，但涵洞在治安、卫生方面的风险相应加大了，也面临内涝时进水的风险。

图 12 - 27　韦斯特罗斯市横跨 E18 公路的自行车跨线桥

图 12 - 28　韦斯特罗斯市可骑行的涵洞式自行车道

在瑞典、丹麦、奥地利、德国，很多高速公路的外侧有城际自行车道。图 12 - 29 中的自行车道是新修的，与公路之间有隔离栏。修建这种城际自行车道彰显了欧洲对骑行系统的高度重视。

图 12 - 29　在行驶的汽车内拍摄路侧自行车道

（三）自行车道与以人为本

1. 法国里尔市的自行车道标线

法国里尔市的自行车道标线非常清晰（见图 12 - 30），与哥本哈根类似。里尔市大部分道路有自行车道，而且这些自行车道明显好于首都巴黎的自行车道。里尔既是古城，也是工业化老城。在可持续发展理念的指引下，里尔城市基础设施不断更新，自行车骑行系统的更新尤为突出。

图 12 - 30　法国里尔自行车道的标线非常清晰

2. 德国某小区排水道不影响骑行

德国某小区的排水道比路面稍凹一点，以便于排水。排水道的盖板是弧形的，对骑自行车和步行都很友好（见图12-31）。

图12-31　德国某小区排水道

3. 德国波恩的自行车友好型大桥

沿莱茵河自行车道，我考察了两座对自行车都很友好的大桥。北侧的弗里德里希·艾伯特大桥于1967年6月28日通车，以德国第一任总统弗里德里希·艾伯特（Friedrich Ebert）的名字命名。河西侧修了螺旋状自行车道上桥，河东侧是之字形自行车道上桥。南侧的肯尼迪大桥始建于1896年，二战期间被炸毁，战后重建。1963年6月23日，美国总统肯尼迪在波恩市政厅楼梯上发表"波恩市是自由世界的首都"的讲话。1963年12月2日，肯尼迪总统遇刺10天后，在美国大使乔治·麦吉和波恩市长威廉·丹尼尔斯博士见证下，这座桥改名为肯尼迪大桥。2011年，肯尼迪大桥进行了重建，桥梁比以前宽10米，汽车道和电车道收窄，步道和自行车道加宽（见图12-32）。

4. 挪威特隆赫姆市自行车优先的道路设计

图12-33展示了挪威特隆赫姆市的某条道路设计。汽车道为单行道，自行车道为双向道，以保障自行车优先。

图 12 - 32　德国波恩肯尼迪大桥

图 12 - 33　挪威特隆赫姆市自行车优先的道路设计

（四）国际自行车道——EuroVelo

在德国波恩期间，我经常在莱茵河畔的自行车道上骑行。这条路属于 EuroVelo 15 号线，沿莱茵河两侧，全线贯通，全长 1230 千米，跨越瑞士、德国、荷兰等国。我曾骑行波恩至科隆段，约40公里（见图12-34）。

图 12 - 34　波恩至科隆沿莱茵河的自行车道

EuroVelo 15 号线从瑞士阿尔卑斯山的源头一直延伸到北海，是一个非常成功的项目，是第一条获得全面认证的 EuroVelo 路线，由瑞士、法国、德国和荷兰四国合作建设。

欧洲认证标准（ECS）是欧洲骑自行车爱好者联合会（ECF）制定的一套规则，用于认证 EuroVelo 自行车道并评估其质量。在 2019 年夏季，ECF 批准的路线检查员使用 ECS 对整个 EuroVelo 15 号线再次进行了评估，EuroVelo 15 号线再次被认证为欧洲自行车道网络中的高质量路线。

ECF 倡导的 EuroVelo 项目，已经建成 16 条欧洲国际自行车线路。其中，7 号线，太阳路线，从挪威最北端的北冰洋到阳光明媚的意大利西西里岛，连接欧洲 9 国，全长 7700 千米；15 号线，莱茵河滨水之道，全长 1230 千米；13 号线，铁幕之道，冷战对垒的前沿，可以体验欧洲分裂的这一重要历史，从巴伦支海延伸至黑海，全长 9950 千米，经 20 国；10 号线，环波罗的海线，全长 9000 千米，途经 9 国；6 号线，大西洋至黑海，是最受欢迎的路线之一，海岸、河流、城堡、一流的基础设施和相对平坦的地形使在这条 4450 千米长的路线上骑行成为所有自行车车手的梦想之旅；还有地中海线、大西洋线、北海线、东欧线等。

EuroVelo 项目的目标是：①保证在欧洲所有国家/地区建设高质量的欧洲国级自行车道，传递欧洲最佳实践并统一标准；②与决策者和潜在用户沟通这些路线的存在，促进其使用并进行市场推广，为人们提供有关欧洲自行车道的信息；③通过这种方式，鼓励大量的欧洲民众尝试骑自行车旅游，从而促进其向健康、可持续旅行方式的转变。

四 自行车相关设施考察

（一）瑞典韦斯特罗斯市的自行车停车位

瑞典自行车停车位有三大特点，体现了以人为本的理念。一是易于固定自行车。效果是停车有序，车辆不易摔倒，方便停放和取用。二是便于挂锁，特别是在拥挤停车的情况下。三是多样化。形态各异，不千篇一律（见图 12 - 35 至图 12 - 40）。

图 12 - 35 便于固定前轮的停车位（1）

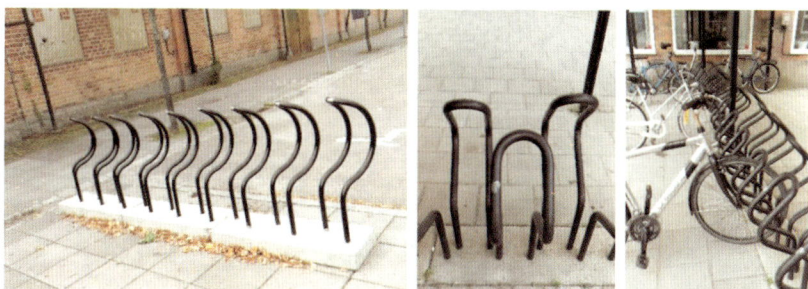

图 12 - 36　便于固定前轮的停车位（2）

图 12 - 37　便于固定前轮的停车位（3）

注：这种停车位同时起到隔离墩的作用，中间的缝是用来固定自行车前轮的。

图 12 - 38　公园区的自行车停车位

注：这种停车位有一定的艺术气质，中间的洞是用于挂锁的。

图 12 - 39　方便挂锁的自行车停车位（1）

注：考虑到车多的时候前车轮挤在一起，于是设计了这个黑色柄用来挂锁。

图 12 - 40　方便挂锁的自行车停车位（2）

注：下部固定自行车前轮，上部有一个铁环，铁环可以拉出很长，便于锁定车辆。

（二）双层停车场

瑞典韦斯特罗斯某新建的零碳社区建有多个双层的自行车停车场，带顶棚（见图 12 - 41）。这个小区每幢楼都配了一个自行车停车场。

图 12 - 41　瑞典韦斯特罗斯某零碳社区的双层自行车停车场

欧登塞（Odense）是丹麦第三大城市，位于丹麦第二大岛菲英岛。我们在该市考察时，欧登塞火车站正在大兴土木，地下停车场优先停放自行车（见图 12-42）。在丹麦，如哥本哈根火车站等公共场合，双层自行车停车场十分普遍。在英国伦敦的帝国理工学院也可以见到双层自行车停车场（见图 12-43）。

图 12-42　丹麦欧登塞双层自行车停车场

图 12-43　英国帝国理工学院的双层自行车停车场

（三）把自行车竖起来的停车场

挪威特隆赫姆某写字楼地下自行车停车场的停车方式是将自行车竖立起来（见图 12-44）。这样可以节省空间，提高停车容量。

（四）阳台停车位

瑞典韦斯特罗斯市某居民楼的阳台有自行车停车位，可以把自行车挂起来。有的阳台有 5 个停车位，有的阳台有 7 个停车位。这可能是一个家庭的停车位，也可能是一个楼层的共用停车位（见图 12 - 45）。

图 12 - 44　挪威特隆赫姆某写字楼的　图 12 - 45　瑞典韦斯特罗斯市某居民楼
地下自行车停车场　　　　　　　有自行车停车位的阳台

（五）自行车冲洗设施

挪威特隆赫姆市某写字楼下的停车场里设有免费的自行车冲洗设施（见图 12 - 46）。

（六）免费的自行车打气装置

瑞典韦斯特罗斯市内多处有市政府提供的免费的自行车打气装置（见图 12 - 47）。

在奥地利阿尔卑斯山的某个旅游小镇，有自行车的集成维修装置，包括打气筒、扳手等设施，这些设施通过钢丝固定在一个设施架上，可以免费使用，不能带走。

图 12 - 46　挪威自行车停车场的洗车装置

图 12 - 47　瑞典韦斯特罗斯市街角的免费自行车打气装置

（七）光伏自行车车棚

瑞典耶夫勒大学的光伏自行车车棚修建于 2016 年，组件功率 300 瓦，双玻，LG 出品，当时已是非常好的新产品（见图 12 – 48、图 12 – 49）。

图 12 – 48　瑞典耶夫勒大学的光伏自行车车棚（1）

图 12 – 49　瑞典耶夫勒大学的光伏自行车车棚（2）

意大利奥斯塔河谷的某个旅游小镇也有多个光伏自行车车棚（见图 12 - 50 至图 12 - 52），光伏板背面是当地自行车旅游图，光伏发电可以为电助力自行车充电。可惜的是，我们考察时没有一辆自行车在充电车位上，因此无法确定这些自行车是都被租赁出去了，还是处于运营不正常的状态。

图 12 - 50 意大利奥斯塔河谷某旅游小镇的光伏自行车车棚（1）

图 12 - 51 意大利奥斯塔河谷某旅游小镇的光伏自行车车棚（2）

图 12 - 52 意大利奥斯塔河谷某旅游小镇的光伏自行车车棚（3）

五　欧洲政策鼓励自行车

（一）自行车是欧洲重要的减排交通方式

骑自行车出行是欧洲城市出行规划中一个古老但发展迅速的组成部分。在欧洲 2050 年碳中和的目标下，自行车出行的重要性得到凸显。欧洲大部分城市正在广泛地重新引入自行车。

不同出行方式的温室气体排放量有很大的差别。不同的交通工具涉及的温室气体排放主要分为四个方面：交通工具生产环节的排放，燃料燃烧的排放，基础设施建设环节的排放和运行服务环节的排放。

私人汽车每公里排放温室气体 100~150 克，出租车燃料的温室气体排放与私人汽车是相当的，但加上运行服务环节的排放，其每公里温室气体排放量大约会超过 250 克。相比私人汽车和出租车这两大类高排放的交通方式，较为低排放的交通方式主要有以下几种：①地铁；②公交车；③私人电动汽车；④各类自行车。其中最低排放的是私人自行车和私人电助力自行车。

据测算，2019 年欧洲自行车出行所减少的排放量相当于 1600 万吨二氧化碳，约等于克罗地亚一年的二氧化碳排放量。

（二）自行车行业与可持续发展

自行车除了具有碳减排作用，还具有重要的促进可持续发展的作用。第一，减少噪声污染。在欧洲，道路交通产生的噪声污染是每年约 8900 人过早死亡和近 80 万例高血压病例的原因之一。第二，减少空气污染。作为欧洲最大的环境健康风险，空气污染每年造成约 40 万人过早死亡。第三，减少土壤及水污染。自行车基础设施所需的空间少于汽车基础设施。更少的空间需求意味着更少的密封土壤、更少的土壤污染和更少的水污染。

骑行对于骑行者的健康具有明显的正向作用。欧盟曾推出 PASTA（Physical Activity Through Sustainable Transport Approaches）计划，号召欧盟民众通过可持续性的交通方式来增加体育活动，鼓励民众采用以自行车为载体的主动出行方式（AM）。主动出行为人们获得足够的健康锻炼提供了一种现实的方式，并使城市更宜居。肥胖对公共健康的威胁日益增加，步行、骑自行车或与公共交通相结合是增加身体活动的有效解决方案，同时有助于实现交通规划的目标。PASTA 团队的研究人员进行了一项涉及 10000 多名参与者的纵向研究。他们得出的结论是，主动出行提高了身体活动的水平并减少了与交通相关的碳排放。通过步行和骑自行车可得到锻炼的好处，还可以减少空气污染或撞车风险的潜在危害。他们研究表明，经常骑自行车的人体重指数通常低于驾车者。90% 的骑自行车者达到推荐的每日身体活动水平，而非骑自行车者只有 29% 达到这一水平。如果 167 个欧洲城市的自行车出行率都达到 25% 左右，那么每年可以避免大约 15000 人过早死亡。根据巴塞罗那全球健康研究所的研究，如果所有旅程的 24.7% 是骑自行车，伦敦每年可以减少 1210 人过早死亡，罗马每年可以减少 433 人过早死亡，巴塞罗那每年可以减少 248 人过早死亡。另外，骑行者选择骑行主要基于以下原因：①低排放；②锻炼大脑；③降低心脏病发病率；④停车方便、免费；⑤可以随时停车；⑥更省时间；⑦可以发现新世界；⑧节省费用。

（三）欧盟有关骑行促进交通能源转型的目标与政策

骑自行车对欧洲各国交通管理计划和欧洲城市的可持续发展具有战略重要性。2011 年，《欧洲交通白皮书》提出 40 项举措，其中有两项与自行车骑行有关。该报告还分析了促进自行车替代汽车的可行性。

在《2016 年低排放交通战略》中，关于城市行动的章节强调了地方行动和可持续城市交通计划（SUMP）在促进和鼓励骑自行车方面的重要性。2016 年，负责欧盟内部城市事务的欧盟部长非正式会议制定了《阿姆斯特丹公约》，指出骑自行车是实现可持续和有效城市交通的重点内容之一。

2018 年，欧盟各国交通部长和环境部长在奥地利格拉茨通过了"格拉茨宣言"，认可自行车是一种平等的交通方式，制定了一项欧洲战略和支持框架以促进主动出行，并将主动出行纳入当前和未来的欧洲融资计划。

德国政党基金会伯尔基金会（Heinrich-Böll-Foundation）出版的《2021年欧洲交通报告》分析了欧洲交通运输行业的关键因素和数据，并指出随着交通方式向更具有可持续性的方向发展，欧洲自行车行业展现出巨大的潜力。欧盟委员会第一副主席弗兰斯·蒂默曼斯（Frans Timmermans）强调："骑行是减少机动车排放量的重要解决方案之一，欧洲自行车行业在实现欧盟绿色目标方面可以发挥重要作用。"

欧洲国家还通过《维也纳宣言》推广自行车和步行等绿色健康出行方式，并指出新冠肺炎疫情凸显出骑行和步行等"积极的出行方式"在公共卫生领域所发挥的重要作用，以及交通设施在危机和灾难期间所必须具备的抵御能力。欧洲各国均同意，疫情后的复苏计划需要重点关注通过创新方式，发展清洁、安全、健康和包容的交通出行体系，减少对汽车的依赖，改善公共交通，并大幅加强对骑行和步行人员的安全保障。

《泛欧自行车出行总体规划》是第一个促进自行车运动的欧洲总体规划，是在奥地利和法国的倡议下制定的总体规划，为跨国界的积极行动提供了动力。该规划旨在完成以下目标：

- 到 2030 年将欧洲区域的自行车出行比例提高 1 倍；
- 显著提高各国的骑行和步行比例；
- 为骑行和步行分配充分的道路空间；
- 完善每一个国家与骑行和步行相关的基础设施；
- 加强针对骑行和步行的安全保障；
- 制定国家骑行政策、战略和计划，将交通友好纳入交通法规和指南；
- 将骑行纳入公共卫生、基础设施和土地使用政策规划；
- 改善自行车出行统计工作和促进自行车旅游。

对于鼓励自行车出行，德国出台过较多政策。德国为雇主提供税收优惠，鼓励为工人提供可租赁的自行车。德国将雇主为员工提供电动自行车的免税优惠延长到 2030 年底。德国联邦交通和数字化基础设施部于 2021 年 4 月正式启动新的自行车路网促进计划。至 2023 年底，德国将投入 4500 万欧元到此计划中。德国自行车路网由重要的自行车旅游路线组成，包括自行车路网计划中的 12 条路线、"德国统一自行车路网计划"中的路线，以及"欧洲单车"骑行路线中的 13 号线。此计划旨在建立一个跨州的安全、全面、有吸引力的国家级长途自行车路网，提高自行车在日常生活、休闲和旅游中的使用率，将德国打造成一个全方位的自行车国家。此计划同时在为德国数字化自行车路网提供支持。该计划中建立的数据库不仅包含线路信息，还包括自行车线路的质量和类型信息。例如，自行车道是否无障碍、自行车线路是城市路线还是林间小路、沿路是否有道路工程等。所有数据将提供给各利益相关方，这将有利于开发安全、高质量的自行车线路软件。

丹麦首都哥本哈根制定了 2025 年成为净零排放城市的目标，并计划在 2025 年实现自行车在出行中的分担率达到 50%（这个目标已经在 2019 年实现）。目前，哥本哈根 62% 的城市居民以自行车为上班或上学的代步工具，当地人每天的骑行里程加起来达到 144 万公里。哥本哈根在一步一步地拼接其自行车地图，用 12 座新修的自行车和行人友好的大桥连接城市各地。该市新修的自行车快速路达 167 公里。

比利时港口城市安特卫普继续强化其自行车友好城市的优势。基于对舒适度和便捷性需求的理解，该市政府能够有效地回应民众需求。该市提出的自行车计划（Bicycle Plan）便专注于完善自行车道网络，比如改善十字路口、交通灯管理，以及把所有街道的行驶速度都限制在 30 公里/小时及以内。为了加强通勤，安特卫普在火车站增加了自行车停放区域，并且正在延长自行车友好的高速公路。安特卫普的自行车分担率在 2015 年时就已经达到 33%，骑行者中有不少是女性。

芬兰赫尔辛基立志成为世界上拥有最好的可持续交通的大都市之一，其城市的自行车分担率也已超过 30%。

（四）欧洲电助力自行车市场正在快速发展

欧洲轻型电动汽车贸易协会数据显示，2019 年欧洲自行车总销量为 2000 万辆左右，该数据包含传统自行车和电助力自行车；电助力自行车销量比上一年增长了 23%，达到 340 万辆，约占自行车总销量的 17%。欧洲最大的电助力自行车市场是德国。2019 年，德国售出电助力自行车 136 万辆，是 2016 年的 2 倍多，居欧洲第一；其次是荷兰的 42.3 万辆和比利时的 23.8 万辆。2019 年，在欧洲国家中，电助力自行车销量在自行车总销量中所占份额排名前 3 的国家分别是比利时（51%）、荷兰（42%）和德国（31.5%）。

欧洲的电助力自行车市场分布较为集中，渗透率持续提高。欧洲各国的补贴及相关政策支持电助力自行车发展。从补贴力度来看，欧洲电助力自行车单车均价为 1000～3000 欧元，补贴金额 400～1000 欧元不等。继续推行加大补贴力度的政策，有利于电助力自行车进一步普及。

自行车行业的一个明显优势是其电气化水平领先于汽车行业，市场上的电助力自行车数量远远超过电动汽车。自 2018 年开始，德国的电助力载货自行车销量超过电动汽车。在欧洲，电助力自行车普及的趋势越来越明显，新冠肺炎疫情促进了自行车的使用。

2020 年 1～6 月，德国一共售出 320 万辆自行车和电助力自行车，同比增长 9.2%，其中电助力自行车达到 110 万辆，同比增长 15.8%。在各种电助力自行车销量猛增的同时，德国的汽车销量呈下滑态势。2019 年，德国汽车销量为 360 万辆，到 2020 年上半年，其汽车销量同比下跌了 35%。

欧洲自行车工业联合会（CONEBI）预测，2025 年欧洲电助力自行车销量将比 2019 年增长近 1 倍，达到 650 万辆，而到 2030 年，电助力自行车销量将再翻一番左右，达到 1350 万辆。

在欧洲，自行车有不少是从中国进口的，包括电助力自行车。欧洲本土也有强大的自行车制造企业，如荷兰的 Gazelle 公司已经有 120 多年历史，目前是荷兰最大的自行车企业，近年每年销售 25 万辆自行车，现在也进入了电助力自行车生产领域。Gazelle E-bikes 的宣传语是"像荷兰人一样骑行"，其标识是一只瞪羚。

德国著名的汽车配件公司博世（Bosch）公司不断研发各类汽车电器和电子产品。现在，博世也进入了电助力自行车领域。博世的电助力自行车在同类产品中是比较高档的。2020 年 6 月，其网站上显示最便宜的一款电助力自行车 2199 欧元，最贵的一款 4699 欧元。博世电助力自行车的电池很高档，重量小，与车身的集成度很高，有很强的设计感。以生产豪华跑车著称的保时捷公司也进入了电助力自行车的生产行列。

六　总结和思考

（一）总结

第一，欧洲自行车的复兴展现了在汽车时代交通方式的一种转向。在市内通勤、家庭郊游、越野旅游方面，自行车具有汽车所不具备的一些优势。配置电助力自行车成为有车家庭的升级选择，而汽车主要用于购物和远途旅行。

第二，欧洲自行车的技术演进方向与中国有明显差异。欧洲自行车高比例地配置了变速系统，中国自行车配置变速系统的较少。欧洲自行车没有向配置铅酸电池的摩托化方向发展，燃油摩托也基本淡出欧洲市场。欧洲发展出带前斗或后斗的可以接送儿童的功能自行车，并逐步电气化。中国则发展出四轮的电助力车。欧洲自行车的演进走向人电混合动力。中欧之间的不同，很重要的一个影响因素是对环保和安全的考虑不同。

第三，欧洲已经形成鼓励自行车出行的政策体系和基础设施。自行车道、自行车停车设施等都体现了欧洲自行车优先的城市规划。

第四，自行车出行比例的提高对于实现交通碳中和意义重大，哥本哈根已经给出极好的范例。

（二）对中国的思考

第一，中国是自行车的生产大国。锂电池驱动的两轮电助力自行车将成为中国为世界提供碳中和解决方案的一项重要产品。同时，随着价格的下降和消费者消费观念的变化，这种电助力自行车在中国将有很大的发展空间。

第二，中国电动车的充电车棚已经形成相当规模，中国在充电设施、计费服务、光伏与车棚的一体化方面都走在世界领先位置。由光伏供能的电助力自行车车棚将成为中国为世界提供碳中和解决方案的另一项重要产品。

第三，从安全角度考虑，人电混动的两轮电助力自行车的安全性明显强于带转把的摩托化的电动自行车。随着中国对交通安全认识的提高、居民消费能力的提升，电助力自行车会逐步替代电动自行车。

第四，中国实现自行车的复兴具有很好的基础，以北京为代表的城市已经建起非常宽阔的自行车道，也进一步完善了配套设施，自行车在北京这样的城市将成为重要的通勤工具。

第五，中国的城市交通规划如何体现自行车优先，还有很多要探索和改进的地方。

第六，欧洲的自行车演进虽然提供了很好的借鉴，但远未提供全部问题的解决方案。欧洲夏季骑行不热，冬季骑行可以穿厚点保温。中国南方地区夏季天气炎热，阳光曝晒，骑自行车的遮阳或降温问题非常难以解决。

七　专家点评

加强自行车出行体系建设的建议[①]

第一，利用各种绿色廊道，打造"城市风轮"，拓展绿色交通新基建。"城市风轮"利用滨河空间、铁路沿线空间、环湖空间、道路绿色空间等连通既有便道，完善路面铺装，安装附属交通设施，实现步行和骑行连续。打破干路、铁路等形成的交通阻隔，为居民提供既能满足日常通勤，又能休憩娱乐的通道。中国城市多有环路，也不乏河流，以"城市风轮"为代表的自行车道路绿色新基建能有效提升绿色出行水平。

第二，增加自行车停车配套设施。大力推进建设自行车换乘公交（B＋R）系统。针对现有地铁站、公交场站、交通枢纽、大型商圈等人员密集场所自行车停车设施缺失或建设标准偏低等问题，充分论证实际客流水平，根据需要设置足量的自行车停车设施，并考虑停车设施与周围环境的协调性，设计清晰指示标志，提高辨识度，解决设施缺失或不足造成的非机动车乱停乱放问题。在公交场站、交通枢纽等公共交通集散地，从规划和用地上保障自行车换乘公交（B＋R）系统建设，建立非机动车与各类公共交通的多元化接驳体系。

第三，保障自行车路权。在机动车道与自行车道之间设置机非隔离带，对其进行适当绿化。隔离机动车和自行车不仅可以防止机动车侵占自行车道，也可以阻止自行车进入机动车道，一举两得。研究制定自行车设施标准。加强执法，切实保障自行车路权。通过设置交通标志、标线，明确机动车禁止停车路段，对机动车违规停车行为严格依法处理。在有需要的路段采用"二次过街"、电动自行车限速坡等软硬件手段，多措并举保障出行者安全。自行车路权管理要以设施为基础，离开设施的管理很难长久有效。

[①]　此政策建议由杨新苗（清华大学交通研究所）、何继江等人合作撰写，被全国人大代表姜希猛采用，作为第十三届全国人民代表大会第四次会议 3121 号建议。

第四，强化督察考核，建立绿色交通监督与评价机制。建议组织成立绿色交通工作推进机构，授权城市交通主管部门具体负责，明确各有关部门职责分工，设置明确的监督考核标准。以街道或区域为单位，对绿色交通系统的建设与服务水平进行评价，并及时向各部门反馈考核结果。对于未达标的，限期完善整改。考评指标应做到定性与定量相结合，可重点参考当地居民意见，使绿色交通真正实现想群众之所想，解群众之所需。

第五，倡导绿色出行文化，完善相关法律法规。规定或倡导骑行者佩戴安全头盔出行，晚上出行穿戴反光背心或其他装备，强制要求自行车配置车灯。

第六，修建标志性城际自行车道暨母亲河文化走廊。根据《关于实施中华优秀传统文化传承发展工程的意见》，选择一批城际母亲河，打造城际自行车道暨母亲河文化走廊。中国有相当多滨河而建的城市，应从中选择一批城际河流段落，建设自行车道暨母亲河文化公园。如补建桑干河—永定河流域的滨水自行车道，打造桑干河—永定河国家文化公园。该公园可自黄河万家寨水利枢纽经过朔州、大同、张家口至北京，总长600多公里，串联桑干河湿地公园、永定河滨河公园等河畔公园。应协同好生态修复和沿线历史文化设施保护，宣传母亲河历史文化，满足人民群众休闲、旅游、出行等多种需求。北京至杭州的大运河也完全有条件修建沿河自行车道暨大运河国家文化公园。母亲河文化走廊既能满足绿色城市健康出行的需求，也可推动城市文化及精神文明发展。

参考资料

［1］ Is Everybody in Germany E-biking Now，https：//micromobility. substack. com/p/is - everybody - in - germany - e - biking.

［2］ L. Andre et al. ，Transportation Research Part F：Traffic Psychology and Behaviour，ELSEVIER.

［3］ PASTA Project，https：//pastaproject. eu/home/.

［4］ Active Mobility Pairs up with Transport in the Healthiest Cities，https：//cordis. europa. eu/article/id/220334 - active - mobility - pairs - up - with - transport - in - the - healthiest - cities.

［5］《欧洲交通白皮书》，Ref. Ares（2017）3676309 – 20/07/2017。

［6］Communication from the Commission to the European Parliament，the Council，the Europe-an Economic and Social Committee and the Committee of the Regions，A European Strategy for Low – emission Mobility，swd（2016）244.

［7］Treaty of Amsterdam Amending the Treaty on European Union，The Treaties Establishing the European Communities and Certain Related Acts Luxembourg：2016.

［8］Graz Declaration，https://www. eu2018. at/latest – news/news/10 – 30 – Graz – Declara-tion. html.

［9］宋若函：《欧盟报告称，新冠疫情极大提升了电动自行车普及度》，《中国自行车》2021 年第 2 期。

［10］《欧洲国家通过〈维也纳宣言〉推广自行车和步行等绿色健康出行方式》，https://news. un. org/zh/story/2021/05/1084302。

［11］http://www. chinautc. com/templates/H_magazine/articlecontent. aspx？nodeid = 5992&page = ContentPage&contentid = 100007。

［12］陈燕申、陈恩凯：《丹麦哥本哈根市自行车发展战略探讨及启示》，《现代城市研究》2018 年第 2 期。

［13］Easy – Going Cycling Route，https://www. visitantwerpen. be/en/transport – antwerp/ant-werp – by – bike – en/easy – going – cycling – route.

［14］The Past，Present and Future of Helsinki's Bike Sharing System，https://www. bikeciti-zens. net/kaupunkipyorat – helsinkis – bike – sharing – system/.

［15］《CONEBI 预测 2025 年电动自行车销量将增长 1 倍以上》，http://www. china – bicy-cle. com/News/View/83e58d15 – 2ec7 – 44f4 – b2de – a3750adcae77。

后 记

这本《欧洲能源转型万里行》收录了对欧洲国家能源转型情况的考察研究报告，共12章，涉及电力、供热、建筑、生物质能源、垃圾能源化、电动汽车、电气化公路、自行车等内容。因在瑞典考察时间最长，而且瑞典的能源转型在欧洲具有领先性，所以大部分章节或多或少涉及瑞典的内容。另外，芬兰和德国的考察内容各单独有一章，挪威、英国、丹麦、拉脱维亚等国的考察内容列有单独的小节，在欧洲考察所涉24国在书中有不同程度的收录。

本书成稿经历了三个阶段：一是现场考察；二是结合文献考察，撰写微信公众号版考察报告和PPT版考察报告；三是撰写word版报告。

现场考察包括2018年9～11月对瑞典的考察、2019年7月至2020年10月对欧洲24国的考察。考察瑞典的同伴有戚永颖、杨守斌、宋晨晨、李勇、杨广武、姜玲、宋艳芳、马菁等人，考察挪威的同伴有杨守斌等人，考察芬兰的同伴有代春艳、杨守斌、宋晨晨、唐进等人，参与德国现场考察的同伴有陈欣、朱丹宁、刘洋、荣玉、谢海玉、郭澍昱、王碧辉、贾玮、肖媛媛等人，我的妻子和女儿在2020年1～2月的寒假期间陪同我进行了瑞典、芬兰、波罗的海三国、丹麦和德国的考察。

结合现场考察，我和学生团队、研究伙伴开展了搜集资料、线上讨论和撰写考察报告的工作。其中一部分考察报告发布在我本人的微信公众号里，如关于丹麦、瑞典生物质供热的考察报告，对瑞典韦斯特罗斯自行车出行的考察报告，对欧洲生物质炉具的考察报告，等等。2021年1月在"清华大学·大同能源转型国际论坛"上，我们将对欧洲能源转型的考察制作成了若干PPT报告，由我们团队的同学做了报告。在这些工作的基础上，我们完成了本书各章的撰写。

代春艳教授主笔撰写了第二章和第三章。其他参与研究和撰写的人员如下。

第一章：李若水，美国杜克大学硕士研究生；姚尚衡，清华大学工程管理硕士研究生。

第二章：张忠伟，重庆工商大学硕士研究生。

第三章：叶丹，重庆工商大学硕士研究生。

第四章：王薇，德国柏林工业大学硕士研究生。

第五章：缪雨含，德国柏林工业大学硕士。

第六章：宋晨晨，清华大学社会科学学院能源转型与社会发展研究中心博士后；王薇，德国柏林工业大学硕士研究生；肖帆，华北电力大学硕士研究生。

第七章：秦心怡，瑞典皇家理工学院硕士研究生。

第八章：周渼冰，德国多特蒙德工业大学硕士研究生。

第九章：朱丹宁，德国多特蒙德工业大学硕士；马晓青，德国马尔堡大学硕士。

第十章：秦心怡，瑞典皇家理工学院硕士研究生。

第十一章：马晓青，德国马尔堡大学硕士；鹿畅，同济大学博士。

第十二章：陈戈，德国柏林工业大学博士研究生；牛万星，乔治华盛顿大学本科毕业生；荣玉，北京外国语大学/德国波恩大学硕士研究生。

朱园园、刘晔文、肖帆、孙楚钰等人参与了本书的整理和编校工作。

跋

"欧洲碳中和丛书"终于与大家见面了。这三册书的内容源自考察，主要是 2019 年 7 月至 2020 年 10 月对欧洲 24 国的考察，也收录了 2017 年对冰岛的考察内容。

考察是一个学习过程，可以引发比较，激发思考。这样的比较一旦开始，就没有终点：对欧洲与中国国情的比较；对欧洲与中国能源转型情况的比较；对欧洲各国能源转型情况的比较；对现场考察与文献的比较；与考察团成员的交流和与读者的对话也是一种比较——不同人对同一个东西的看法有许多差异；回国后的总结不仅是文本的总结，也是身在中国对中欧的另一种比较。不断切换视角的多重比较能够带来更深入的思考。基于这些比较，以及进而的反思，形成六个关键词，与读者分享。这六个词是差距、差别、经验、教训、自信、赶考。

一 差距

欧洲国家为应对石油危机启动的可再生能源转型比中国早，为实现碳中和的能源转型进程也比中国快。作为先行者，欧洲的能源转型为世界各国推进碳中和提供了重要的范例。在很多方面，中国相比欧洲还有很大差距。欧洲在低碳、零碳和负碳技术方面的起步比中国早，欧洲在电力系统和供热系统方面的技术方案为中国提供了较为清晰的路线图。欧洲以 2050年碳中和为重要目标、以可持续发展为目标的生态文明建设政策体系值得中国学习。最关键的差距是对环境和生态的重视程度不同。这三本书的主要内容是谈差距的，也就是欧洲比中国领先或者有特色的内容。需要特别强调的一点是，欧洲注重环保是由于环境破坏倒逼促进了技术和社会的共同演化。欧洲在农业文明时代属苦寒之地，在工业革命时期对环境造成了极大破坏。正是在环境破坏的极大压力下，欧洲开始探讨可持续发展道路。事实上，北欧已经走出经济社会发展与资源脱钩、与碳排放脱钩的发展模式。

二 差别

中欧之间有很多差别，中国的能源转型不能简单地对欧洲进行追赶或模仿。

一是能源消费特征有差别。中国的工业化和城镇化还在进程中，能源消费量还有较大的增幅。中国人口密度高，特别是超大规模城市，对本地可再生能源保障能力构成巨大挑战。1万多平方公里的北京，人口超过德国的鲁尔工业区，也超过4万多平方公里的荷兰，甚至超过45万多平方公里的瑞典。北欧地区还没有人口超过百万的城市。北欧地区供热系统脱碳化的经验，用于解决中国超大城市供热系统脱碳化问题是远远不够的。荷兰是欧洲人口密度最高的国家之一，也是欧洲可再生能源占比最低的国家之一，它所面临的困难也是中国相当大部分地区要面对的。

二是经济发展阶段有差别。北欧农村电气化程度很高，热泵等一系列低碳供暖技术很普遍。中国农村无法直接照搬欧洲的清洁供暖技术方案，因为很多农民收入水平较低，难以负担价格昂贵的清洁供暖方案。

三是生活方式有差别。在欧洲，烤箱和洗碗机几乎是家庭标配。然而必须反思的是，这两种家电是高碳的。前者耗电多，后者耗水多。对于加工面食，欧洲人很少用"蒸"的方式，而在中国，"蒸"很普遍，如蒸馒头、蒸包子等，"蒸"是一种更低碳、可持续的炊事方式。欧洲在工业化进程中演化出将牛肉和牛奶作为重要的补充蛋白质的食品，而中国将豆腐作为摄入蛋白质的重要食品，豆腐的碳足迹明显小于牛肉和牛奶。

四是技术演进路径有差别。在交通工具现代化的进程中，中国的技术演化与欧洲有所不同。中国的电动化发展比较快,特别是电动自行车。相比汽车,电动自行车的减排效益巨大,而且对城市空间的占用少得多。这使中国的交通能源转型与欧洲的交通能源转型在路径上有所不同。

中欧之间的诸多差别,既表明中国要面对比欧洲国家更多的挑战,也意味着中国的碳中和与欧洲有所不同。

三 经验

欧洲国家在能源转型方面的经验,可以帮中国省掉一些"学费"。

煤电和 CCS(碳捕集和封存)在碳中和方案中的角色有多重要?20 多年前,欧洲开始推进能源转型,认为未来的碳中和世界不可能没有煤电,因此 CCS 是与煤电配合的关键技术之一。然而经过 20 多年的探索,CCS 技术并未如预想那样快速发展,反而电力系统的技术进步使越来越多的欧洲国家认可未来的电力系统是可以不要煤电的,而 CCS 技术主要与生物能源结合,作为负碳技术发挥独特作用。

当然,CCS 技术仍然很重要,它与生物能源相结合,形成负碳排放的 BECCS 方案,即使全球实现碳中和,也会继续发挥作用。

生物能源曾经作为替代石油的战略选项而受到高度重视。然而生物能源的生产需要太多的土地,容易引发"能源吃人"的社会问题。德国现在有 14% 的耕地用于种植生物能源作物,如果把这些土地全部用来安装光伏系统和风力发电机,所发电力将超过全德国的能源需求。鉴于此,中国不必考虑大规模发展生物能源的方案,可以专心研究如何把农林剩余物和餐厨垃圾等生物能源利用好。

欧洲对养殖业的探索也值得中国反思。欧洲在山区地带大规模退耕还草,发展养牛业。这样做,可以一举几得:①提供牛奶和牛肉等高蛋白食品;②使土地生产力得到恢复;③有利于旅游业发展;④可用牛粪制造沼气,以压缩天然气(CNG)形式为汽车供气。然而,面对碳中和,奶牛排放的甲烷成了一个突出的问题。中国的奶牛养殖业既要学习欧洲的经验,又要积极探索如何更好地解决奶牛的甲烷排放问题。

四　教训

欧洲能源转型道路也有许多特别需要警醒的教训。

德国交通系统的能源转型与其电力系统的能源转型相差很大。1990 年，德国电力系统中可再生能源占比不到 5%，到 2020 年这一占比达到 45.4%。德国交通系统中可再生能源占比 2008 年时大约为 7%，之后有所下降，直到 2020 年才回升到 2008 年的水平。德国交通系统能源转型缓慢的一个重要原因是其强大的汽车工业对于碳中和态度消极，政府和民众也没有好的办法来应对这种情况。现在，德国人发现其电动汽车产业的发展比中国和美国等国滞后，在国际竞争中处于落后态势，面临的挑战非常严峻。

法国的战略犹豫也是一个教训。对于零碳能源，是选择核电还是可再生能源，法国在战略上犹豫了很长时间，导致核电无法新建机组，光伏发展也远远落后于德国。现有核电站到期退役后，法国将建设一个怎样的零碳电力系统，将是一个未知数。

资源诅咒是最需要警醒的。煤炭资源丰富的波兰，可再生能源发展得不理想。光照资源丰富的意大利和西班牙，虽然光伏发展得还不错，但供热能源明显依赖于天然气，转型进程慢于北欧，经济发展水平也明显落后于北欧。

五　自信

德国电动汽车充电基础设施和充电服务体系显著落后于中国，在 2019 年底时大约比中国落后一年到一年半。不经意间，中国的电动汽车、电池产业已经走在世界前沿，中国农村的交通电动化程度更是远超欧洲。

中国的光伏产业具有领先全球的优势。欧洲考察所到之处，看到中国的许许多多光伏产品。英国最大的户用储能 VPP 调频项目是用浙江艾罗能源公司生产的光伏储能系统实现的；荷兰最大的光伏电站是由杭州正泰新能源公司投资建设的；瑞典林雪平市光伏停车场用的是浙江龙焱公司生产的碲化镉光伏组件；挪威特隆赫姆 powerhouse 净零能耗建筑的光伏采用的是天津中环半导体股份公司的硅片。中国已经是碳中和产业的世界工厂。2020年，中国山东户用光伏近 20 万户，平均装机容量达到 33 千瓦。这样大的单户装机规模与中国光伏产品价格低廉是分不开的。中国正在为全世界生产质优价廉的光伏产品。中国的光伏产业不但将为中国的碳中和做出关键贡献，还将为世界各国的碳中和做出不可忽视的贡献。

欧洲人正在为牛肉的高碳排放而苦恼，投入大量精力、财力研发素肉制品。中国淡水养殖业提供的鱼类则是相对低碳的蛋白质，中国的豆腐也是非常低碳的蛋白质来源。中国的豆腐、淡水渔业都有为世界的碳中和做出巨大贡献的机会。

面向碳中和，中国已经有太多可以自信的资本。碳中和是一场全球的创新竞赛，但还没有谁站在竞赛的终点上。

2020 年 11 月，我在中欧工商峰会上发言，倡议中德、中欧间发起每人 1 千瓦光伏的竞赛。会后，我把发言情况通过邮件发送给合作伙伴弗劳恩霍夫太阳能系统研究所的一位德国研究员。他回复邮件说，衷心希望在这场竞赛中，环境成为最终的胜利者。

六　赶考

1949 年 3 月，党中央从河北西柏坡前往北京时，毛泽东主席曾说："我们是进京赶考，一定要考出好成绩！"在 2021 年 3 月举行的中央财经委员会第九次会议上，习近平主席说："实现碳达峰、碳中和是一场硬仗，也是对我们党治国理政能力的一场大考。"

我们正在从工业文明时代走进生态文明时代，这是人类文明的赶考，一定要考出好成绩！我也非常确信，中国能够考出好成绩！

放眼全球，中国能源转型的探索，中国碳中和目标的实现，必将成为人类文明的重要成果，并将为全人类所共享。

中国将通过贡献新产品、新技术和新治理模式，推动全球的能源转型，成为"全球生态文明的参与者、贡献者和引领者"，为打造人类命运共同体，为人类文明的可持续发展做出伟大贡献。

致 谢

感谢陪同我考察各个路段的队友。感谢陪我在大雪中穿越斯堪的那维亚山脉考察挪威特隆赫姆和瑞典谢莱夫特奥的杨守斌，感谢一起经历瑞典、丹麦、德国、荷兰、比利时考察之旅的杨守斌、戚永颖、宋晨晨、花亚萍等人，感谢一起驾驶电动汽车开展环德国考察的陈欣和朱丹宁，感谢陪我进行东欧考察的郭澍昱和樊铁男，感谢一同考察芬兰的代春艳、杨守斌、唐进等人。

在中国－芬兰政府间合作重点专项"EIR 计划－新型城镇能源互联系统研究及试点应用"的支持下，我们与芬兰合作方进行了深入的交流，并得以对芬兰进行全方位的考察。中国产业发展促进会生物质能产业分会和清华大学社会科学学院能源转型与社会发展研究中心共同组建成立的"中欧生物质清洁供热研究课题组"，把我在欧洲关于生物质供热的现场考察与中国的生物质供热政策研究结合在一起，推动了国家能源政策的发展。

感谢那些接待我们考察和帮忙联络考察项目的朋友。正是你们的帮助，让考察内容如此丰富。感谢丹麦科技大学尤石、南丹麦大学刘刚、荷兰乌德勒支大学胡晶、荷兰瓦赫宁根大学刘珍、英国国家电网公司马志博博士、英国帝国理工学院滕飞、英国零碳工场郭岩、全球能源互联网发展合作组织欧洲办公室郑漳华。感谢丹佛斯公司的车巍先生帮我联系考察丹麦森讷堡市的零碳工程。感谢车晓娜女士帮我联系谢莱夫特奥市的领导，使我们得以考察北纬 64 度的离网的光伏氢能房子。感谢中国驻欧盟使团、驻德国大使馆、驻匈牙利大使馆对我们调研活动的支持。这个名单还可以列很长很长……

感谢北京国际能源专家俱乐部组织的"建言'十四五'能源发展"活

动。陈新华提醒我参加双周一次的线上研讨会，是督促我不断总结和思考，与国内同人分享考察收获的重要动力。与杨雷副院长、翟永平总监、杜祥琬院士、周大地老师等专家每两周一次的线上碰面，给予我思路上的激发，也是特别重要的鼓励。

感谢在微信朋友圈、微信公众号、新浪微博、雪球财经、快手视频关注这次考察活动的网友。你们的关注、评论给了我很多鼓励。你们的鼓励和期待是我着手编辑出版本丛书的重要动力。

感谢60余名全球实习生参与这次欧洲能源转型考察的文献整理。针对考察情况和研究方案，同学们迅速收集英文、德文、瑞典文等文种的资料，整理文字，形成这三本书的重要组成部分。

感谢大同市前市长武宏文及大同市各部门的领导。我们共同举办的"清华大学·大同能源转型国际论坛"促使我们团队加快研究进度，在2021年1月形成了90多份PPT报告。参加大同论坛的嘉宾对报告内容提出很多有针对性的建议，帮助我们丰富报告，修订不足。

感谢杜祥琬院士、周孝信院士、张玉卓院士、生态环境部气候司司长李高、国家气候战略中心首任主任李俊峰、北京国际能源专家俱乐部总裁陈新华、通威集团刘汉元、桑尼科技董事长李新富、隆基股份李振国、英利中国苗连生为本丛书作序。

感谢杨亚、蒋利萍、冯雨、冯建伟、张大勇、窦克军、贾利民、杨新苗、曹华等专家为本丛书撰写点评。

感谢国家留学基金委对本次赴欧访学活动的支持。特别感谢 *Applied Energy* 主编严晋跃先生和亚洲开发银行翟永平先生，没有你们，这次在欧洲长时间的访学和考察活动几乎不可能发生。

感谢通威集团对清华大学社会科学学院能源转型与社会发展研究中心的支持和对欧洲能源转型万里行考察活动的大力支持。

2020年11月，杭州桑尼能源科技股份有限公司董事长李新富向我表达了愿意出资支持每人1千瓦光伏事业的愿望。特别感谢该公司慷慨提供了本丛书出版的主要经费。这份鼓励非常珍贵，非常有力。

图书在版编目（CIP）数据

欧洲能源转型万里行／何继江等著. -- 北京：社
会科学文献出版社，2022.2
（欧洲碳中和丛书）
ISBN 978 - 7 - 5201 - 9366 - 5

Ⅰ.①欧…　Ⅱ.①何…　Ⅲ.①能源发展 - 研究 - 欧洲
Ⅳ.①F450.62

中国版本图书馆 CIP 数据核字（2021）第 224406 号

欧洲碳中和丛书

欧洲能源转型万里行

著　　者／何继江　等

出　版　人／王利民
组稿编辑／宋月华
责任编辑／梁力匀　韩莹莹
责任印制／王京美

出　　　版／社会科学文献出版社·人文分社（010）59367215
　　　　　　地址：北京市北三环中路甲 29 号院华龙大厦　邮编：100029
　　　　　　网址：www.ssap.com.cn
发　　　行／社会科学文献出版社（010）59367028
印　　　装／三河市东方印刷有限公司

规　　　格／开　本：787mm × 1092mm　1/16
　　　　　　印　张：17.75　字　数：280 千字
版　　　次／2022 年 2 月第 1 版　2022 年 2 月第 1 次印刷
书　　　号／ISBN 978 - 7 - 5201 - 9366 - 5
定　　　价／158.00 元

读者服务电话：4008918866